Ute Brand-Berg
...du sollst ein Segen sein

Ute Brand-Berg

… *du sollst ein Segen sein*

Leben und Werk der Katharina von Rauter
Ein ostpreußischer Roman

edition fischer

Bibliografische Information der Deutschen Nationalbibliothek
Die Deutsche Nationalbibliothek verzeichnet diese Publikation in der Deutschen Nationalbibliografie; detaillierte bibliografische Daten sind im Internet über http://dnb.d-nb.de abrufbar.

Zitate aus 1. Mose 12, 1–4, rev. Lutherbibel 1984 mit freundlicher Genehmigung der Deutschen Bibelgesellschaft, Stuttgart

© 2014 by edition fischer GmbH
Orber Str. 30, D-60386 Frankfurt/Main
Alle Rechte vorbehalten
Schriftart: Times 11pt
Herstellung: ef/bf
ISBN 978-3-86455-898-6

Dank sei allen, die mich bei meiner Arbeit
zu diesem Roman unterstützt haben:

Frau Gabriele Bastemeyer,
die Herren Willi Cajan und Peter Westphal,

und die Mitarbeiter des
Geheimen Preußischen Staatsarchivs in Berlin

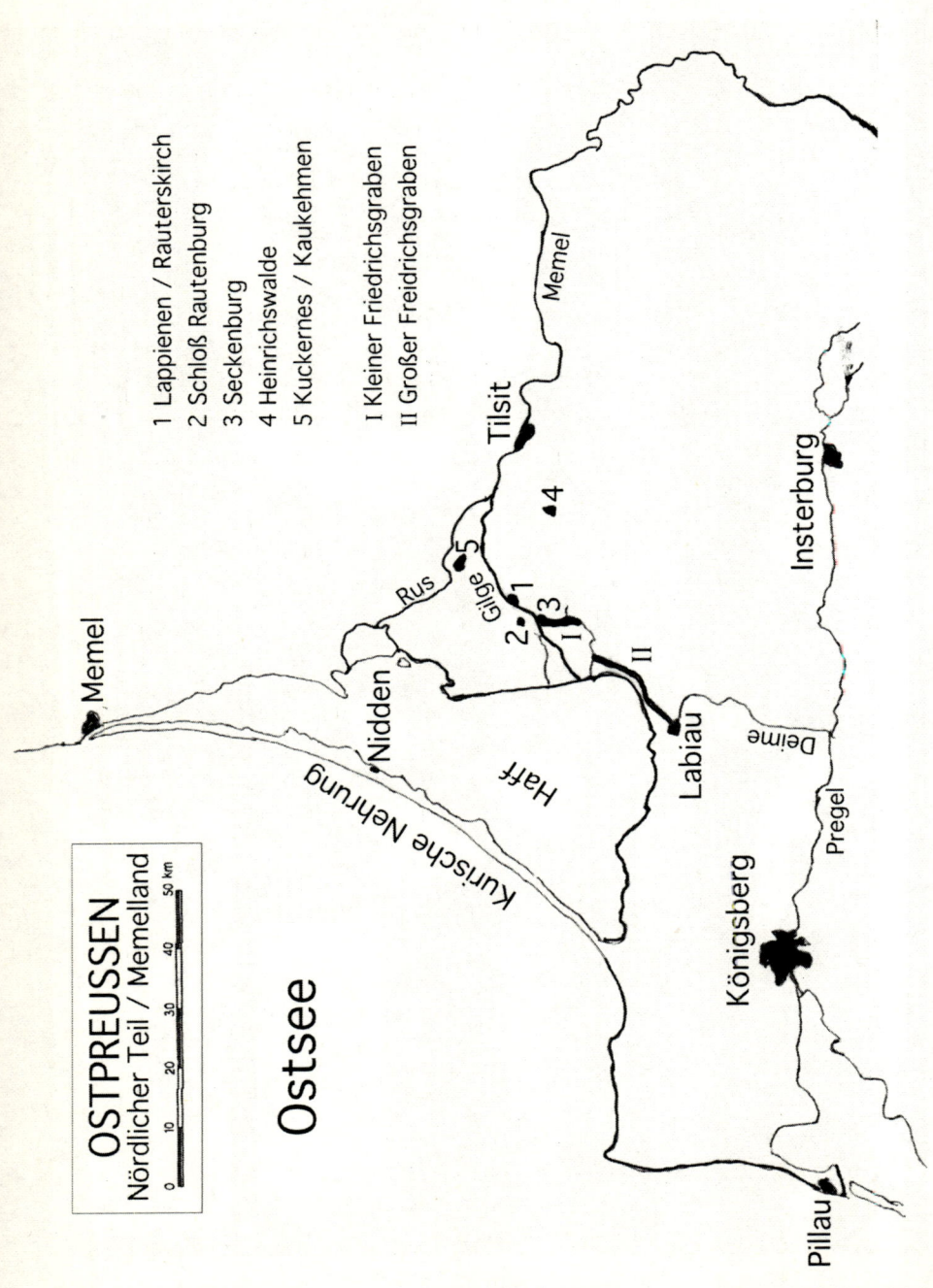

1

Anna Wittschke stapfte müde durch den nassen Schnee, der jetzt noch, Ende April, die Felder, Wiesen und Wege bedeckte. Im März hatte es ein paar sonnige Tage gegeben, aber seit Anfang April war der Winter wieder zurückgekehrt. »Das ist schlecht für die Aussaat«, dachte Anna und schüttelte den Kopf. »Wenn dieser Sommer wieder nur eine schlechte Ernte bringt, dann sehe ich schwarz für die Menschen hier.« Noch litten sie an den schlimmen Folgen des »großen Krieges«, der erst wenige Jahre zurücklag. Ja, eigentlich war erst seit zwei Jahren Frieden. Anna Wittschke schauderte, als sie an die Zeit zurückdachte. Die marodierenden Soldaten hatten das Land ausgeraubt, erst die Schweden, dann die eigenen brandenburgischen Soldaten, und dazwischen waren die Polen aufgetaucht – einer so schlimm wie der andere. Anna dachte zurück an die Zeit des großen Hungers, als man ihnen alles abnahm, Getreide, Obst und das Vieh, und die Leute sich von Rinde und Beeren ernähren mussten. Ihr eigener Vater war regelrecht verhungert und viele Kinder starben. Und dann waren viele Männer, die zum Soldaten gepresst worden waren, nicht wieder zurückgekehrt. Ihr Mann war zwar wieder zu Hause, aber er war krank und so musste sie mit ihrer Arbeit als Wehmutter die Familie – das hieß auch drei Jungen und zwei Mädchen im Alter von zwei bis vierzehn Jahren – ernähren.

Das älteste Mädchen war jetzt mit zwölf Jahren nach Willkamm gegeben worden, aufs Gut der Rauters. Anna Wittschke war stehen geblieben und blickte hinüber, wo die Gebäude des Gutes sich dunkel vom heller werdenden Himmel abhoben. Die graue Wolkendecke hatte im Osten einen helleren Glanz bekommen und bald würde sich die Sonne über den Horizont schieben. Anna Wittschke war die ganze Nacht auf einem der Vorhöfe gewesen und hatte die Pächtersfrau von ihrem dritten Kind entbunden. Anna lächelte, als sie an den strammen Burschen dachte, den sie der Mutter in den Arm legen konnte. Glücklich, wenn eine Geburt so reibungslos ging, wie dieses Mal. Anna seufzte. Das geschah nicht oft, viel häufiger waren die schwierigen Geburten und oft verlor sie trotz all ihrer Bemühungen Mutter und Kind.

Anna Wittschke schaute wieder hinüber zu den hohen dunklen Bäumen, wo das Gutshaus stand. Ja, auch dort hatte es zuletzt nur Trauer gegeben. Das vorletzte Kind der Frau von Rauter war wenige Monate nach der Geburt gestorben, es war ein schwächlicher Junge gewesen. Besonders traurig aber war die letzte Geburt dort verlaufen. Nach dreitägigem Kampf war das Kind tot geboren worden, ein Mädchen, und zum ersten Mal hatte Anna bei dem strengen Herrn Ludwig von Rauter, Kammerherr des Kurfürsten, Herr auf Willkamm, Blandau und Sobrost, Tränen in den Augen gesehen. Es hatte sie überrascht, dass sich der Herr so sehr eine Tochter gewünscht hatte, nach den beiden ältesten Söhnen, Wilhelm Albrecht, der jetzt acht Jahre alt war, und Ernst Ludwig, dem Sechsjährigen.

Und nun wurde wieder ein Kind auf Willkamm erwartet. Anna, die noch immer stand und nach Osten blickte, merkte, wie Kälte und Nässe in ihre Stiefel eindrangen. Sie stapfte ein paarmal heftig auf, während sie überlegte, ob sie vielleicht nach Willkamm gehen sollte und dann erst nach Hause. Sie kannte die Köchin gut und vielleicht gab es ja in der Küche eine heiße Milch für sie. Außerdem konnte sie noch nach ihrem kleinen Mädchen sehen.

Dieser Gedanke beflügelte sie, sie verließ den Weg und folgte der breiten Allee, die geradewegs zu den Gutsgebäuden führte. Sie ging aber links um das Hauptgebäude herum und erreichte den Wirtschaftshof, an den sich die Ställe und Scheunen anschlossen.

Hier war schon reges Treiben und aus den Stallungen drang das Muhen der Kühe und das Klappern der Milchkannen. Anna Wittschke stieg ein paar Treppenstufen, die in das Souterrain führten, hinunter, öffnete eine schmale Tür und betrat die große Küche, wo ihr eine wohltuende Wärme entgegenkam. Als sich ihre Augen an das Dämmerlicht gewöhnt hatten, sah sie die Köchin am Herd stehen.

»He, Willuweiten, einen schönen guten Morgen«, rief sie ihr munter zu. Die Köchin drehte sich um und starrte sie entgeistert an. »Seid Ihr geflogen?«, fragte sie, scheinbar verwirrt. Anna Wittschke guckte sie ihrerseits erstaunt an. »Was meint Ihr damit?« »Nun, es sind noch keine zehn Minuten, dass ich Gustaven losgeschickt habe, um Euch zu holen.« »Mich zu holen?«, fragte Anna erstaunt. »Ja, denn bei der Gnädigen haben wohl die Wehen eingesetzt und sie hat befohlen, Euch zu holen.« »Oh Gott, oh Gott«, jammerte Anna und ließ sich auf die Küchenbank nieder, »das ist ja wieder mindestens zwei Wochen zu früh.« Hatte sie ein Schutzengel nach Willkamm gelenkt? Nun gut, sie war da und vielleicht, Anna rang die Hände, würde ja dieses Mal alles gut gehen. Eben noch müde von der durchwachten Nacht, war sie nun hellwach. »Dann werde ich mich mal nach oben begeben«, sagte sie, »macht viel heißes Wasser und haltet es die ganze Zeit bereit.« Sie stand auf, aber die Köchin hielt sie zurück: »Hier, trinkt erst einmal eine Tasse heiße Milch, das weckt die Lebensgeister. Inzwischen setze ich das Wasser auf. Ich weiß zwar nicht, wofür Ihr so viel Wasser braucht, und von dem neumodischen Kram halte ich auch nicht viel, aber wenn Ihr es sagt, hilft es ja vielleicht.« Anna Wittschke nickte. In den nun zehn Jahren, da sie als Wehmutter die Kinder zur Welt brachte, hatte sie einiges gelernt. Und die Erfahrung hatte gezeigt, dass eine gewisse Sauberkeit die Gefahr für Mutter und Kind geringer machte.

Sie trank ihre Milch aus und verließ die Küche mit den Worten »Betet zu Gott, dass er diesmal gnädig ist«. Auf der Treppe, die in die oberen Wohnräume führte, begegnete ihr niemand, aber als sie sich dem Schlafzimmer der gnädigen Frau näherte, hörte sie Gemurmel. Sie öffnete hastig die Tür und sah sich einem mit Menschen gefüllten Raum und lautem Stimmengewirr gegenüber. Energisch betrat sie den Raum und wandte sich an den Herrn von Rauter, der mit seinen beiden Söhnen am Fußende des großen Himmelbettes stand. Die Kinder blickten verstört auf die wimmernde Frau, die sich, unter einem gewaltigen Federbett verborgen, hin und her wälzte. »Der gnädige Herr möge das Zimmer mit den Kindern verlassen und vielleicht in der Bibliothek warten«, meinte sie. Dann drehte sich Anna um und sagte zu den drei alten Tanten, die auf der anderen Seite des Bettes standen: »Auch Ihr dürft draußen warten.« Danach schickte sie auch alle Mägde bis auf die Zofe und eine junge Frau, von der sie wusste, dass sie erst vor einigen Monaten entbunden hatte, aus dem Raum.

Jetzt wandte sie sich der Gebärenden zu. Amelie von Rauter, geborene von Podevils, lag unter einem gewaltigen Federbett, nur die schweißnasse Stirn und das verklebte Haar waren zu sehen. Mit einem Ruck zog Anna Wittschke die Bettdecke vom Bett. Was sie sah, entsetzte sie. Die Frau lag auf einem nassen, stinkenden Bettlaken, das weiße Leinenhemd klebte schweißnass an ihrem Körper. »Holt so viele saubere Bettlaken, wie Ihr finden könnt«, befahl sie. »Außerdem eine Wanne mit heißem Wasser und ein frisches Hemd.« Während sie die Schwangere untersuchte, sprach sie beruhigend auf sie ein: »Gnädige Frau, es ist alles in Ordnung, das Kind liegt richtig, der Kopf steckt schon ganz weit unten, es wird nicht mehr lange dauern.« Frau von Rauter stöhnte, aber sie wagte nicht zu schreien, obwohl Anna sie dazu aufforderte. Kaum waren die beiden jungen Frauen mit Bettlaken, heißem Wasser und Wanne da, kaum hatte Anna mit ihrer Hilfe das Bett frisch bezogen und die Gebärende gewaschen, da setzten die Presswehen ein und kurze Zeit danach erfüllte ein kräftiger Schrei des Neugeborenen den Raum. »Das ist aber diesmal glatt gegangen«, freute sich Anna und drückte der erschöpften gnädigen Frau das Bündel in den Arm.

»Es ist ein Mädchen, das weiß, was es will. Hört nur den kräftigen Schrei, die wird im Leben stehen«, sagte sie lächelnd zu Herrn von Rauter, der inzwischen den Raum betreten hatte. Man merkte ihm die Freude an, als er auf den Säugling blickte.

Auch die Brüder waren herangekommen, Ernst Ludwig ein wenig zögerlich, Wilhelm Albrecht, der Ältere, selbstbewusst. »Du bist noch so klein, aber ich werde dich beschützen«, sagte er freudig. »Das ist ein guter Vorsatz, mein Sohn«, sagte Ludwig von Rauter. Er verließ das Schlafzimmer seiner Frau und eilte in die Bibliothek. Er schlug das Familienbuch auf und notierte: »Heute, den 22. April, anno 1650, zwei Jahre nach dem großen Krieg hat es GOTT, dem Herrn, gefallen, uns eine gesunde Tochter zu schenken. Sie soll auf den Namen Louise Katharina getauft werden. Möge GOTT, der Herr, ihr ein gesundes, glückliches und langes Leben gewähren. Amen.«

***

In dem Raum mit den hohen Fenstern war es trotz der Mittagszeit dämmrig und kühl. Die Herren, die sich hier im Schloss zu Cleve eingefunden hatten, standen in kleineren Gruppen zusammen und unterhielten sich leise. Es lag eine gespannte Erwartung in der Luft. Der Hausherr, Johann Moritz von Nassau-Siegen, stand am mittleren Fenster, von dem man die Einfahrt überblicken konnte, und schaute angestrengt in den Regen hinaus, der seit zwei Tagen unaufhörlich vom Himmel fiel. Nur das gelegentliche Zucken seiner Hände, die er auf dem Rücken verschränkt hatte, zeigte eine gewisse Nervosität. Mit einem Seufzer wandte er sich an den jungen Mann, der neben ihm stand. Dieser war nach der neusten Mode gekleidet, trug das dunkle schulterlange Haar offen und ungepudert und sein bräunlicher Teint verriet die südländische Herkunft. »Nun warten wir schon wieder an die zwei Stunden, Chièze«, sagte der Statthalter. »Hoffentlich schafft es der Tross mit dem kurfürstlichen Paar heute bis Cleve, ich hätte euch so gerne mit dem Kurfürsten bekannt gemacht und morgen müsst ihr ja reisen.« Philipp von Chièze nickte: »Ja, eigentlich müsste ich heute schon fort, man erwartet mich in Haag.« Wieder blickte Johann Moritz von Nassau-Siegen, auch der »Brasilianer« genannt, weil er mehrere Jahre Gouverneur der Niederländischen-Westindischen Compagnie in Brasilien gewesen war, angestrengt hinaus in den Regen. Schon gestern sollten die hohen Herrschaften aus Cölln in Cleve ankommen, aber am Nachmittag war ein Bote eingetroffen mit der Meldung, man habe einige Meilen vor Cleve Quartier beziehen müssen, da man nicht in der Dunkelheit über die durch den Dauerregen tiefen Wege weiterfahren wollte. Der Nassauer dachte auch an die Kurfürstin und ihre schwache Gesundheit nach der Fehlgeburt im vergangenen Jahr. Aber sie hatte sich dennoch nicht abhalten lassen, bei der Hochzeit ihrer Schwester Albertine von Oranien im Clever Schloss anwesend zu sein. Die Hochzeit sollte im Mai stattfinden, und nun regnete es in diesen letzten Apriltagen ohne Unterlass und das Reisen wurde noch beschwerlicher als sonst. Johann Moritz machte sich große Sorgen, da noch immer kein Anzeichen für die Ankunft der Herrschaften zu sehen war. So wandte er sich wieder dem jungen Mann zu, der auch angestrengt in den Regen starrte, und sagte: »Ihr wäret mit eurer Erfahrung im Bau von Kanälen wirklich der richtige Mann für den Kurfürsten.« Chièze lächelte, als er antwortete: »Ich bin erst gerade in den schwedischen Dienst getreten, da kann ich mir einen Wechsel nach Brandenburg nicht recht vorstellen.«

Der Statthalter unterbrach ihn: »Wenn ich euch dem Kurfürsten vorstelle, erwähnt um Gottes Willen nicht die Schweden. Der Kurfürst hat zwei große Ziele: die Schweden aus Pommern zu vertreiben und die

Lehnshoheit des polnischen Königs über Preußen abzuschütteln. Ihr seht, auf die Schweden ist er nicht gut zu sprechen, verderbt ihm also nicht die Laune.« Wieder warf er einen Blick nach draußen. Der Regen war nicht mehr so dicht und unten bei der Auffahrt zum Schloss schien Bewegung zu sein. Da sprengte auch schon ein Reiter heran. »Sie kommen«, rief der Nassauer erfreut. Sofort eilten alle anwesenden Herren an die Fenster. »Tatsächlich, da kommt schon die erste Kutsche in den Schlosshof gefahren.« Johann Moritz von Nassau, seit drei Jahren Statthalter in den clevischen Landen, die seit einiger Zeit dem Brandenburger gehörten, verließ eilig den Saal, gefolgt von den Herren, unter denen auch einige Vertreter der Landstände waren, mit denen sich der Kurfürst in einer Art Dauerstreit befand.

In der Eingangshalle war bereits die Dienerschaft zum Empfang versammelt, als der Kurfürst, gefolgt von seiner Gattin, Louise Henriette, eintrat und mit offenen Armen auf seinen Statthalter zukam: »Wir hätten uns keine schlechtere Reisezeit aussuchen können«, sagte er und umarmte Johann Moritz. »Wahrlich nicht, Euer Durchlaucht«, antwortete dieser, »und ich hätte viel darum gegeben, das Wetter ändern zu können.« »Ja, Ihr seid anderes Wetter gewöhnt in Brasilien.« »Aber da hatten wir auch manchmal tagelang den heftigsten Regen«, meinte Johann Moritz, »nur war es dabei ein bisschen wärmer«, setzte er lachend hinzu. Der Kurfürst lächelte auch und seine üble Laune, die er eben noch zur Schau getragen hatte, verschwand.

Die Kurfürstin hatte sich sofort nach der Ankunft und der kurzen Begrüßung mit dem Statthalter in ihre Gemächer zurückgezogen, die Johann Moritz besonders liebevoll hatte herrichten lassen und in deren Kaminen überall ein wärmendes Feuer brannte. Er war Louise Henriette sehr zugetan und sie erwiderte die freundschaftlichen Gefühle. Die zwei feinsinnigen Menschen mit ihrer Liebe zu ihrem Herkunftsland, den Niederlanden, hatten sich seit der ersten Begegnung gut verstanden.

Der Kurfürst hatte inzwischen seinen weiten, wollenen Umhang, der schwer vom Regen war, einem Diener übergeben und ließ sich nun die in der Halle versammelten Herren vorstellen. Mit jedem begann er ein kurzes Gespräch, besonders lange widmete er sich den Vertretern der Stände, wusste er doch zu genau, dass viele seiner Pläne von deren Wohlwollen abhingen, dass sie ihm nicht sehr zugetan waren und ihm immer wieder großen Widerstand entgegensetzten. Schließlich stellte Johann Moritz von Nassau auch Philipp von Chièze vor: »Dieser junge Mann hat seine Abreise nach Holland verschoben, um Euer Durchlaucht begrüßen zu dürfen.« »Chièze«, sagte der Kurfürst fragend, »seid Ihr ein Franzose?« »Nein, Euer Durchlaucht, eigentlich stammt meine Familie aus dem Piemont, da heißt sie de la Chiesa, aber mein Großvater, ein Protestant, ging nach Frankreich und nannte sich Chièze und mein Vater wiederum zog in die Niederlande. Ich selbst bin in Amersfoort geboren und dort auch zum Baumeister ausgebildet worden.« Friedrich Wilhelms Gesicht überzog sich mit einem Lächeln, als Chièze die Niederlande erwähnte. »Ah, das ist gut, sehr gut«, sagte er gedehnt, »dann habt Ihr auch den Kanalbau studiert?« Philipp von Chièze nickte. »Wunderbar, solche Leute kann ich in Brandenburg gebrauchen, besonders in dieser Zeit. Ich habe es bei den Holländern gesehen, wie wichtig gute Wege für den Handel sind und noch besser ist der Transport von Ware auf dem Wasser. Ich werde in Brandenburg Kanäle bauen und so den Handel beleben. Das wird nicht nur den Städten zugute kommen, sondern auch den Menschen auf dem Land, wo es schlimm aussieht nach dem großen Krieg. Aber«, hier seufzte der Kurfürst, »ich brauche dafür nicht nur gute Männer, sondern auch viel Geld, was mir die störrischen Landstände«, er hob die Augenbraue und blickte zornig zu den Männern hin, die sich in den Hintergrund der Halle zurückgezogen hatten. »Sie denken nur an ihre Privilegien und nicht an das Land«, setzte er hinzu. »Eines Tages werden sie einsehen, dass sie Steuern zahlen müssen, um das Land und den Handel zur Blüte zu bringen, und sie werden erkennen, dass es nicht zu ihrem Schaden sein wird. Dann brauche ich Männer wie Euch und dann hoffe ich, Euch in meinem Schloss in Coelln zu empfangen.« Er lächelte Philipp noch einmal zu und wandte sich dann wieder seinem Statthalter zu.

Dieser ließ den Kurfürsten in seine Gemächer führen und meinte zum Schluss noch zu Philipp von Chièze: »Ihr habt das Wohlwollen des Kurfürsten. Reist jetzt erst einmal zu den Schweden, vergesst aber sein Angebot nicht. Vielleicht sehen wir uns dann in kurfürstlichen Diensten wieder.«

***

Die Kutsche holperte über die ausgefahrenen Wege. Besorgt blickte Philipp von Chièze auf seine Frau, die ihm gegenübersaß. Sie sah blass aus, die lange Reise schien sie sehr anzustrengen. Sie war im siebten Monat schwanger und die Schwangerschaft belastete sie sehr. Und nun war sie unterwegs in einem ihr fremden Land zu einem neuen Heim und fremden Menschen, vor denen sie sich zu fürchten schien. Sie hatte aber nichts davon gesagt, als er ihr seine Pläne mitgeteilt hatte, aus dem schwedischen in den Dienst des Brandenburgers zu wechseln. Acht Jahre war es jetzt schon her, dass der Kurfürst mit ihm in Cleve gesprochen und ihn für sein Fürstentum geworben hatte.

Philipp von Chièze lehnte sich zurück und dachte an die Ereignisse zurück, die einen früheren Wechsel in dieses Land verhindert hatten. Mehr als fünf Jahre hatte der Krieg gedauert, den der Kurfürst gegen seine Nachbarn geführt hatte, zuerst mit den Schweden gegen den polnischen König. Nachdem die schwedische Königin Christine abgedankt hatte und katholisch geworden war, hatten sich Brandenburg und Schweden verbündet, um die polnischen Ansprüche auf den schwedischen Thron abzuwehren.

Chièze musste lächeln, als er daran dachte, wie Moritz von Nassau ihn damals in Cleve davor gewarnt hatte, dem Kurfürsten gegenüber ja nicht zu erwähnen, dass er in schwedischen Diensten stand. 1656 hatten sich Schweden und der Kurfürst verbündet und in der Schlacht von Warschau siegte die Allianz. Der Kurfürst, der Meister der kleinen Schritte, hatte damit erreicht, dass Schweden ihm die Souveränität über Preußen zugestanden hatte. Und am 1. September 1657 hatte der Kurfürst schließlich auch das erreicht, was er vor allem mit dem schwedischen Bündnis und dem Kampf gegen Polen hatte erreichen wollen; im Friedensvertrag von Wehlau bestätigten auch die Polen die Souveränität der Brandenburger in Preußen; die Lehnshoheit der Polen war abgeschüttelt. Wieder lächelte Chièze vor sich hin. Gerade, als er ins Auge gefasst hatte, die günstige Situation zu nutzen und in die Dienste des Kurfürsten zu treten, hatte dieser ihm einen Strich durch die Rechnung gemacht, als er von der schwedischen Seite auf die polnisch-dänische Seite wechselte und den Kampf gegen die Schweden wieder aufnahm. Chièze erinnerte sich, welche Empörung dieser Wechsel überall, nicht nur in Schweden ausgelöst hatte.

Wankelmütig nannte man den Kurfürsten, genauso wie sein Vater sollte er sein. Aber man hatte sich offensichtlich getäuscht; während der Vater ein Zauderer gewesen war, wusste Friedrich Wilhelm offensichtlich genau, was er wollte. Er hatte das eine Ziel schon erreicht, die Anerkennung seiner Souveränität in Preußen und nun ging er eben sein zweites Ziel an, die Schweden aus Pommern zu vertreiben, und das mithilfe der Polen und der Dänen.

Das Gesicht von Philipp von Chièze verzog sich, als er an den nächsten Schritt des Kurfürsten dachte, an das Bündnis zwischen Brandenburg und dem Kaiser. Man munkelte, es sei ein Tauschgeschäft gewesen, der Kaiser schickte Truppen für den Kampf gegen die Schweden und der Kurfürst gebe Leopold seine Stimme bei der Kaiserwahl in Frankfurt.

Auch die Holländer unterstützten Friedrich Wilhelm und er konnte kleinere Erfolge erringen wie die Vertreibung der Schweden aus der Festung Fredericia, was er, Philipp von Chièze, übrigens aus nächster Nähe miterlebt hatte.

Vor einem Jahr hatten die Friedensverhandlungen mit den Schweden begonnen und im Mai diesen Jahres war es zum Friedensschluss von Olivia gekommen. Chièze schüttelte den Kopf. Was war schließlich herausgekommen? Westpreußen blieb weiterhin polnisch und die Odermündung und Vorpommern waren fest in schwedischer Hand. Aber die polnische Lehnsoberhoheit über Preußen war zu Ende und im Reich begann man auf das aufstrebende Fürstentum aufmerksam zu werden. Nun war auch seine Zeit gekommen. Zwar war das Land von den Kriegen verwüstet und die Staatskasse war leer, aber die großen Pläne zur Belebung der Wirtschaft, des Handels und des Verkehrs, von denen der Kurfürst damals gesprochen hatte, würden jetzt in die Tat umgesetzt werden, und dabei konnte er sicher mitwirken und er würde auch seinen Nutzen daraus ziehen können.

Wieder wurden die Stöße in der Kutsche härter und Chièze fluchte leise vor sich hin. Man müsste die Kutschen anders bauen, damit sie die Schläge besser abfedern könnten. Bei nächster Gelegenheit wollte er sich mit diesem Problem einmal befassen. Aber jetzt galt es, erst einmal sicher nach Coelln zu gelangen.

Er hatte dort ein großes Haus gemietet und neu herrichten lassen für sich und seine junge Frau und das Kind. Er lächelte sie an und sie lächelte zurück, aber es war nur ein zaghaftes kleines Lächeln. Sie teilte seine Aufbruchstimmung gar nicht, sie wäre lieber in Holland geblieben, wo er die letzten zwei Jahre verbracht und sie auch geheiratet hatte.

Philipp von Chièze zog die Gardine zur Seite und blickte hinaus. Die Kutsche rollte jetzt etwas ruhiger durch die Straßen der Stadt. Aber was er sonst sah, war deprimierend. Die Häuserfassaden waren grau und schmutzig, der Kot türmte sich vor den Häusern, überall blätterte der Putz ab. Die neuen Anordnungen des Kurfürsten hatten sich noch nicht so recht durchgesetzt. Chièze hatte davon gehört, dass der Kurfürst und der Geheime Rat die Hausbesitzer verpflichtet hatten, gepflasterte Bürgersteige anzulegen und sich um die Straßenreinigung zu kümmern, aber viel war davon in Coelln nicht zu sehen.

Auch das Schloss sollte gründlich erneuert werden und unter dem Baumeister Johann Gregor Memhardt, mit dem er ja von nun an zusammenarbeiten sollte, wurde ein Lustgarten angelegt.

Er hatte die Stelle eines Kammerjunkers und Baumeisters bei Hofe inne und er freute sich auf seine neuen Aufgaben.

***

Ludwig von Chièze eilte mit großen Sprüngen die Treppe hinauf. Ein Diener hatte ihm gesagt, dass sein Vetter sich wahrscheinlich oben in seinem Zeichenraum aufhalten würde. Er lief den langen Flur entlang und stieß die Tür des letzten Zimmers auf. Erschrocken blieb er stehen, entsetzt starrte er in das Zimmer und auf das chaotische Bild, das sich ihm bot. In dem großen Raum, der von zwei Fensterreihen Licht bekam, sah es aus, als habe ein Sturm getobt. Tische, Stühle und der Boden waren übersät mit größeren und kleineren Papierbögen. Mitten in dieser Unordnung stand sein Vetter Philipp über das Zeichenbrett gebeugt und schien weder das Öffnen der Tür noch den erstaunten Ausruf seines Besuchers mitbekommen zu haben. Ludwig trat ein und schloss leise die Tür hinter sich. »Hier vergräbst du dich also«, sagte er und ging auf Philipp zu. Dieser hatte endlich bemerkt, dass er nicht mehr allein war, und hob fragend den Kopf. Als er seinen Vetter sah, huschte ein kurzes, schmerzliches Lächeln über sein Gesicht. Ludwig blickte erschrocken in das Gesicht seines Vetters; es war unnatürlich blass, die Augen waren gerötet und die Bartstoppeln zeigten, dass er schon mehrere Tage nicht rasiert worden war.

Was war aus seinem immer so gepflegten und modisch gekleideten Vetter geworden, der jetzt den Kopf wandte und mit ärgerlichem Unterton fragte: »Was willst du? Könnt ihr mich nicht in Ruhe lassen?«

»Die hast du wahrlich jetzt lange genug gehabt. Ich verstehe ja deine Trauer, aber es ist mehr als ein halbes Jahr her, dass deine Frau gestorben ist, und die Welt dreht sich weiter. Außerdem musst du an deine kleine Tochter denken.«

Philipp war bei der Erwähnung seiner Frau zusammengezuckt, jetzt schüttelte er den Kopf, sagte aber nichts. »Ja, die Welt dreht sich weiter, das Leben geht weiter, Henriette lebt und du hast deine Arbeit.« Philipp machte eine wegwerfende Handbewegung, drehte seinem Vetter den Rücken zu. »Ja, dreh dich nur um, das hilft dir nichts«, sagte dieser mit festem Ton. »So geht das wirklich nicht weiter. Ich komme gerade von einem Gespräch mit dem Kurfürsten und mit Memhardt. Sie warten darauf, dass du dich wieder bei Hof sehen lässt und die Arbeit wieder aufnimmst.« Philipp, der am Fenster stand und in den Garten hinausstarrte, schüttelte den Kopf. »Ich kann nicht«, sagte er leise. »Natürlich kannst du, und wenn ich mir das Chaos hier betrachte, sehe ich, dass du fleißig bei der Arbeit bist.« Philipp drehte sich um und blickte seinen Vetter an. »Wenn ich zeichne, denke ich für ein paar Stunden nicht an das Elend, das über mich gekommen ist.« »Siehst du«, sagte Ludwig, »du erkennst selbst am besten, was dir gut tut: arbeiten, arbeiten, arbeiten, nichts anderes will der Kurfürst von dir. Er rühmt jedes Mal deine bisherige Arbeit und deine guten Ideen. Du stehst hoch in seiner Gunst, verspiele das nicht.« Philipp zuckte nur kurz mit den Achseln und drehte sich wieder zum Fenster. Ludwig nahm einen großen Bogen Papier auf, der vor ihm auf dem Boden lag, und studierte ihn genau. Nach kurzer Zeit stieß er einen lauten Pfiff aus. »Das ist ja prächtig, was du da gezeichnet hast«, rief er, »das muss der Kurfürst sehen, er wäre begeistert.« Philipp kam näher und betrachtete sich interessiert das Blatt. »Ach das«, sagte er schleppend, »ja, daran habe ich jetzt drei Tage lang gearbeitet, das könnte wirklich gut sein.« »Das ist gut, sehr gut, genau das, wovon der Kurfürst heute Morgen die ganze Zeit sprach. Du weißt ja, es ist sein Lieblingsthema, Brandenburg mit Kanälen zu durchziehen und so eine Schifffahrtsverbindung von der Oder bis zur Elbe zu schaffen. Und er könnte damit den Schweden ein Schnippchen schlagen und von der Ostsee in die Nordsee fahren, an Pommern vorbei«, setzte Ludwig lachend hinzu. Er sah mit Freude, wie in Philipps Augen ein Funken von Interesse zu glimmen schien, als er sich ihm wieder zuwandte. »Hat der Kurfürst immer noch so große Pläne im Kopf?«, fragte er. »Du weißt, dass er stets daran denkt und es wäre ja auch eine nützliche Sache, und du könntest gut dabei verdienen.« Das hätte er lieber nicht sagen sollen, dachte Ludwig, als er jetzt das schmerzverzerrte Gesicht seines Vetters sah. »Für wen soll ich viel verdienen? Wofür Reichtümer anhäufen?«, fragte dieser bitter. »Versündige dich nicht, du hast eine reizende kleine Tochter und … einen solchen Kanal zu entwerfen und zu bauen, das wäre doch ein reizvolle, technische Aufgabe«, sagte Ludwig, »und eine Herausforderung.«

Philipp nickte: »Ja, das wäre es, ein Kanal von der Oder in die Spree zu bauen und so Cölln und Berlin mit dem großen Strom im Osten zu verbinden. Und den Weg nach Preußen zu verkürzen.« Ludwig war plötzlich freudig erregt. Hier konnte er seinen Vetter packen und aus seiner Trauer herausreißen. Der Kurfürst war am Morgen schon recht ungeduldig gewesen und er hatte versprochen mit seinem Vetter zu reden. Das schien jetzt Erfolg zu haben. Er trat zu einem der Tische, die am Fenster standen, fegte mit einer Handbewegung alles Papier herunter und breitete den Plan aus. »Sehr gut«, meinte er, »ich verstehe ja mehr vom Häuserbauen, aber was ich hier sehe, gefällt mir sehr. Ich schlage vor, wir studieren zunächst noch einmal die Karten, wegen der Linienführung und morgen reisen wir nach …«, er zögerte und studierte die Zeichnung, »… nach diesem Müllrose und erkunden die Gegend auf ihre Tauglichkeit.«

Philipp seufzte: »Nicht so schnell, mein kleiner Vetter, bei dir bricht dein südländisches Temperament wieder einmal durch. Aber«, er zögerte, »ja, du hast vielleicht recht; ich sollte mich in die Arbeit stürzen, und der Bau eines solchen Kanals ist schon eine große Herausforderung.« Ludwig lächelte, was er vor einer Stunde noch nicht für möglich gehalten hatte, war eingetreten, Philipp war wieder bereit, ins Leben und zur Arbeit zurückzukehren. Und dies, er klopfte leicht aufs Papier, dies würde der neue Anfang sein für eine erfolgreiche Arbeit in Brandenburg, dessen war er sich ganz gewiss.

***

Und Philipp von Chièze stürzte sich in die Arbeit, um seinen Schmerz über den Tod seiner Frau zu vergessen. Immer neue Pläne entstanden, nachdem er mit seinem Vetter mehrmals das Gelände, durch das der Kanal geführt werden sollte, genauestens inspiziert hatte. Die vorgelegten Pläne gefielen dem Kurfürsten sehr. Hier war die Möglichkeit gegeben, den großen Umweg der Schiffe um Dänemark herum in die Elbe endlich abzukürzen, und so erhielt Philipp Ende des Jahres bereits seine Bestallungsurkunde: »*Nach dem seine königliche Durchlaucht jetzt gesonnen sein, den Neuen Graben aus der Oder in die Spree fertigen zu lassen, also haben Sie die Direction solcher Arbeit dero Kammerjunker dem von Chièze hiermit dergestalt auftragen wollen, dass er solche nach seinem besten Willen und Verstand befordern und vollführen: denen dabei arbeitenden Soldaten kann er entweder Taglohn geben oder ihnen die Arbeit anverdingen, nach dem er es am nützlichsten und zuträglichsten ermessen wird: den Anfang der Arbeit hat er zwischen Mühlrose und Neu Häusgen zu machen.*«

Philipp heuerte nun fast 500 Arbeiter an und übergab die Oberaufsicht an den Holländer Michael Matthias Smids, der beste Kenntnisse im Wasserbau mitbrachte. Am 8. Juni des Jahres 1663 wurde der Bau in Anwesenheit des Kurfürsten begonnen. Dass der Kurfürst dazu extra angereist war, zeigte allen, welch großes Interesse er an diesem Bau hatte. Und sozusagen als Dank übereignete er seinem Baumeister von Chièze das Schloss in Caputh.

Auch diese Arbeit übernahm Philipp mit großem Eifer. Das frühere Gutshaus war während des großen Krieges von schwedischen Truppen zerstört worden. Als Philipp zusammen mit seinem Vetter die Ruine besuchte, entstanden sofort in seinem Kopf die Pläne für ein Schlösschen in französischem Landhausstil. Um sich zu entspannen, fuhr er an warmen Sommertagen hinaus nach Caputh und überwachte dort das Fortschreiten der Arbeiten. Zum ersten Mal seit längerer Zeit machte es ihm Spaß, etwas Schönes zu schaffen, nicht nur etwas Nützliches.

Auch der Kurfürst, der das Schloss kurz nach seiner Fertigstellung besuchte, war so angetan von der Arbeit von Chièze, dass er ihm schließlich die Herrschaft Caputh verlieh. Sorgen bereitete ihm aber die Rastlosigkeit seines Quartiermeisters, der immer neue Pläne hatte und der mit seinem Vetter zusammen Haus um Haus baute, bevorzugt auf dem Werder. Schließlich schickte er ihn nach Paris in diplomatischen

Diensten. Philipp graute vor einer so langen Fahrt über schlechte Straßen. Da erinnerte er sich, dass er schon einmal über eine bessere Konstruktion einer Kutsche nachgedacht hatte, damals, als er mit seiner jungen Frau nach Coelln kam. Nun ließ er einen zweisitzigen Wagen bauen, der in Riemen aufgehängt war. Seine Freunde staunten, als sie das Gefährt sahen, nach einer Fahrt mussten sie zugeben, dass es sich darin viel bequemer reisen ließ.

Auch in Paris staunte man, manch einer ließ sich eine solche Kutsche nachbauen und bald war sie unter dem Namen »Berlines« überall in Frankreich bekannt.

Aber all dies befriedigte Philipp von Chièze nicht, er drängte den Kurfürsten, ihm immer neue Aufträge zu geben: War es nicht besser, die Festungswerke um Berlin zu erneuern? Zusammen mit General von Uffeln, Oberst Groende und dem Generalbaumeister Memhard legte er neue Entwürfe vor. Sollten nicht auch die Festungen in Küstrin, Kolberg und Stargard erneuert werden? Sollte nicht das im Kriege verwüstete Schloss in Potsdam wieder errichtet werden? Und Philipp von Chièze, inzwischen Generalquartiermeister seiner Durchlaucht, erhielt auch für einige Zeit die Oberaufsicht beim Bau des Schlosses in Berlin. Daneben baute er die Münze, das Zollgebäude und den Packhof in Berlin. Mit Sorge sahen sein Vetter und seine Freunde, wie Philipp durch seine Arbeit seine Gesundheit zu ruinieren begann und sich fast gar nicht mehr um seine kleine Tochter kümmerte, die er erfahrenen Kinderfrauen übergeben hatte.

***

Amalie von Rauter, geborene von Podevils, stand am Fenster und blickte hinunter in den Hof mit der mächtigen Buche in der Mitte und den kleinen Blumenrabatten rechts und links davon. Sie sah aber nicht die ersten Frühlingsblumen, die das Ende des langen Winters anzeigten, sondern ihr Blick folgte der kleinen Gestalt, die gerade hinter der Buche verschwand, in Richtung der Ställe. Amalie runzelte die Stirn, denn in der Gestalt hatte sie ihre dreizehnjährige Tochter Louise Katharina erkannt und diese schien sich, gegen ihr ausdrückliches Verbot, wieder einmal bei den Pferden herumzutreiben, anstatt sich bei ihrer jüngeren Schwester in der Stickstube aufzuhalten. Und hätte die

Mutter sehen können, was sich bei den Ställen abspielte, so wäre ihre Missbilligung noch größer gewesen und sicher in Zorn umgeschlagen.

Denn Louise Katharina von Rauter traf hier auf den Stallmeister, der gerade zusammen mit den Stallburschen dabei war, in aller Eile drei Pferde zu satteln. »Reitet Ihr zur Koppel?«, fragte Louise noch atemlos vom schnellen Lauf. Der Stallmeister unterbrach seine Arbeit und wandte sich Louise zu: »Ja, wir müssen raus, Ruga ist verschwunden.« Louise stieß einen kleinen Schrei aus. Ruga, das war die junge Stute, die Vater erst vor einigen Wochen gekauft hatte, ein scheues, nervöses Tier, das im Stall sehr unruhig gewesen war. Erst seit ein paar Tagen hatte man die Pferde auf die Koppel gebracht und dabei gehofft, Ruga würde sich bei größerem Auslauf vielleicht etwas beruhigen. Und nun war sie offensichtlich entlaufen. »Weiß der Himmel, wie und wo sie über die Umzäunung gekommen ist«, sagte der Stallmeister mürrisch, »ich habe dem Tier sowieso nicht getraut.«

Louise lächelte, als sie daran dachte, welche Probleme er mit dem Jungtier gehabt hatte. Aber auch ihr gegenüber war Ruga abweisend gewesen, sie hatte öfters mit dem Tier gesprochen, um es zu beruhigen, aber Ruga hatte sich auch von ihr nicht anfassen lassen. Trotzdem hatten sie so etwas wie Freundschaft geschlossen und Louise wurde es schwer ums Herz, als sie nun an die Stute dachte. »Sattelt mir meinen kleinen Braunen«, sagte sie befehlend zu einem der Pferdeburschen, »ich reite mit Euch.« Der Stallmeister wollte schon protestieren, hielt sich aber zurück. Die kleine Comtesse verstand was von Pferden und vielleicht würde sie ja hilfreich sein beim Einfangen des Tieres. Der Pferdebursche brachte Louises Reitpferd, das ihr der Vater zum zwölften Geburtstag geschenkt hatte.

Behände schwang sich Louise auf das Pferd, und die Mutter wäre wohl entsetzt gewesen, wenn sie jetzt ihre Tochter gesehen hätte, denn Louise saß keineswegs im Damensitz auf dem Pferd, der Rock ihres blauen Leinenkleides war heraufgerutscht und die nackten, stämmigen Beine des Mädchens waren sichtbar.

Louise drückte kurz ihre Ferse in die Flanke des Pferdes und schon trabte es los. Der Stallmeister und die beiden Burschen mussten sich beeilen, um der jungen Reiterin zu folgen.

Bald hatten sie die Koppel erreicht, auf der einige Pferde friedlich grasten. Louise hielt an und überblickte die Weide. Der Zaun schien überall in Ordnung zu sein, also musste Ruga ihn übersprungen haben. Aber wo war das Pferd? Louise richtete sich im Sattel auf und ließ ihre Blicke schweifen. Rechts von ihr war leicht welliges Land mit den Weiden. Zum Gut hin lagen einige frisch gepflügte Felder. Vor ihr breiteten sich ebenfalls Wiesenflächen aus, die sich bis zu einem kleinen Bach hinzogen. Dahinter begann ein dichter Wald. Links von ihr fiel das Gelände etwas ab zu einer großen ebenen Fläche, deren flacher Bewuchs anzeigte, dass hier das Moor begann. Louise schauderte, wenn sie daran dachte, dass Ruga vielleicht dorthin gelaufen war, denn dann war das Pferd verloren.

Von klein auf hatte sie gelernt, dieses Gebiet zu meiden, und man erzählte sich darüber so allerhand Schaudermärchen und gruselige Begebenheiten. Wenn sie sich in der Küche aufgehalten hatte, dann hatte sie so manche schaurige Geschichte zu hören bekommen.

Sie sah den Stallmeister ängstlich an, der ihrem Blick gefolgt war. Er schüttelte den Kopf: »Ich glaube nicht, dass das Pferd ins Moor gelaufen ist, wahrscheinlicher ist, dass es in den Wald geflüchtet ist.« Louise nickte. »Ja, wir sollten hinüberreiten und dort suchen.«

Langsam ritten sie auf den Wald zu, den Waldrand absuchend. Es war der Stallmeister, der das Tier entdeckte. Ruga stand ganz ruhig und blickte auf die vier Reiter, fast so, als habe sie auf diese gewartet. Louise glitt langsam vom Pferd, ließ sich von einem der Burschen das mitgenommene Seil reichen und näherte sich der Stute, leise auf sie einsprechend. Bisher hatte das Tier sie nicht näher als auf Armlänge herangelassen, würde es jetzt gelingen? Wieder hatte Louise den Eindruck, das Tier habe sie erwartet, denn Ruga rührte sich nicht einmal, als das Mädchen ihr das Seil um den Hals legte und sie zu den anderen Pferden führte. »Das habt Ihr gut gemacht«, lobte der Stallmeister, »wir bringen sie am besten zur Koppel zurück.«

Auf dem Weg zurück kam ihnen ein Reiter entgegen. Louise erschrak. »Lieber Gott, lass es nicht Vater sein«, betete sie. Ihre Erleichterung war groß, als sie ihren Bruder Albrecht erkannte. Er war zum Lernen zurzeit auf einem der Nachbargüter und wollte offensichtlich Willkamm einen Besuch abstatten. Als er Louise erkannte, stutzte er. »Was machst du hier draußen in diesem Aufzug«, fragte er erstaunt und musterte seine kleine Schwester, die wenig damenhaft auf ihrem Pferd saß. »Ach Albrecht, wir haben nur Ruga wieder eingefangen. Sag dem

Papa aber nicht, dass ich dabei war.« Albrecht von Rauter musste lachen. Er liebte seine Schwester und kannte ihre Vorliebe für Ställe und Tiere.

Ja, er war sogar ein bisschen stolz; sie war keine von den bleichgesichtigen Mädchen, die kaum den Mund aufmachten. Er dachte an das Mädchen, das ihm verlobt war. Sie hätte etwas von der Stärke und dem Selbstbewusstsein seiner Schwester gebrauchen können, dann wäre es nicht immer so schrecklich langweilig, wenn er mit ihr zusammen war.

Albrecht dachte an den Tag zurück, an dem, nun vor fast genau dreizehn Jahren, diese Schwester geboren worden war. Er hatte sich geschworen, sie immer zu behüten. Nun sah er, dass sie stark war, er brauchte sie nicht zu behüten, aber er wollte ihr immer hilfreich zur Seite sein.

Louise hatte ihren Bruder beobachtet, während sie weitergeritten waren, und gesehen, dass er tief in Gedanken versunken war. Jetzt wendete sie sich ihm zu, um ihn etwas zu fragen, was sie schon lange interessierte. Hier hatte sie die Gelegenheit, einmal ganz allein mit ihm zu sprechen: »Albrecht, das Sumpfland hier«, sie zeigte mit der Hand auf das Moor, »kann man es nicht trocken legen?« Erstaunt blickte Albrecht sie an. »Ich habe vor einiger Zeit ein Gespräch von Vater mit einem seiner Nachbarn mitgehört. Sie sprachen davon, dass man diese Moore trockenlegen könne, im Norden hätte man damit begonnen, mithilfe von Niederländern. Die sollen das von ihrer Heimat her am besten können.« Albrecht nickte: »Ja, Mariellche, das wäre möglich, aber das kostet sehr viel Geld und das ist wiederum knapp. Ich denke auch, das Land, das man gewinnen würde, wenn es trocken wäre, wäre ganz gutes Land, besser als unsere Sandböden da drüben.« »Und man könnte es den Leuten verpachten, die zu wenig Land zum Leben haben.« »Mariellche, Mariellche«, lachte Albrecht, »worüber du dir so deine Gedanken machst. Überlege lieber, wie du ungesehen ins Haus kommst.« »Du wirst mir helfen und mich vor Mutter schützen«, erwiderte Louise schelmisch. Liebevoll blickte sie ihren Bruder an, der ihr der Liebste von allen Geschwistern war.

***

Louise Katharina blickte an sich herab; wie wunderbar der Stoff glänzte. Zum ersten Mal in ihrem Leben trug sie ein Festkleid, denn heute durfte sie – auch das zum ersten Mal – an einem Fest teilnehmen.

Es war am Abend eines erfolgreichen Jagdtages im Herbst 1664 und die Eltern hatten entschieden, dass Louise Katharina an diesem Ball auf Willkam teilnehmen durfte. Und Mutter hatte erlaubt, dass die Schneiderin ihr für diesen Anlass ein neues Kleid nähen sollte. Louise Katharina drehte sich langsam um die eigene Achse. Wie der hellblaue Stoff im Schein der Kerze glänzte. Bis zu diesem Zeitpunkt war sie eher nachlässig mit ihrer Kleidung umgegangen, hatte, wenn es die Eltern nicht sahen, unter ihren einfachen Leinenröcken auch schon mal Hosen getragen, die bei ihren oft wilden Ausritten sich als viel praktischer erwiesen hatten als die langen Unterröcke.

Jetzt aber freute sie sich über die vielen steifen Unterkleider, die den Rock so weit abstehen ließen und ihre Taille betonten. Das war auch nötig, denn Louise Katharina war von gedrungener Gestalt, was sie bis jetzt nicht gestört hatte, aber heute wäre sie gerne so schlank gewesen wie ihre Mutter. Louise Katharina seufzte, als sie an die Mutter dachte. Den ganzen Nachmittag hatte sie sie mit Traktaten überhäuft bezüglich ihres Benehmens an diesem Abend. Amalie von Rauter fürchtete offenbar, dass ihre älteste Tochter ihr Temperament auch an diesem Abend nicht zügeln können würde, denn vornehme Bescheidenheit war nicht einer der Vorzüge ihrer Tochter.

Louise Katharina lächelte. Natürlich würde sie sich heute Abend in diesem prächtigen Kleid ganz anders benehmen, da war sie sich sicher. Sie würde immer brav die Augen niederschlagen, still zu allem, was die Herren sagen würden, nicken und ihnen auf keinen Fall Widerreden geben, ganz so, wie die Verlobte ihres Bruders, ein blasses, kränklich wirkendes Mädchen, das von einem der Nachbargüter stammte und ihrem Bruder versprochen war.

Mutter fand ihr Benehmen vorzüglich, und hatte sie Louise Katharina immer als Vorbild hingestellt, aber sie wusste, dass ihr Bruder gar nicht glücklich damit war, er fand seine zukünftige Frau schlicht »fad«, wie er es einmal nach einem in Langweile verbrachten Abend verzweifelt zu seiner Schwester gesagt hatte. Louise Katharina lächelte wieder: Wenn das die Mutter wüsste! Aber natürlich würde sie so etwas nicht weitersagen, dafür liebte sie ihren Bruder zu sehr. Gerade, als sie an ihn dachte, klopfte es leise an die Tür und Albrecht betrat das Zimmer. Erstaunt blieb er stehen: »Was ist mit dir passiert? Vor mir steht ja eine Dame«, sagte er lachend. Louise Katharina wollte ihm um den Hals fallen, verharrte aber mitten in der Bewegung, nickte dann nur und sagte: »Vielen Dank, liebster Bruder, für Euer Kompliment.« Albrecht brach in schallendes Gelächter aus: »O weh, was hat Mama mit dir gemacht.« »Ich soll brav und bescheiden sein; war ich das eben?« »O ja, es ist nur so ungewohnt bei dir. Aber ich denke, sehr lange wird das Vornehmtun bei dir nicht halten«, lachte Albrecht.

Louise Katharina zog einen Schmollmund, musste dann aber auch lachen. »Also gehen wir nach unten und machen wir die Probe aufs Exempel«, sagte sie und hängte sich bei ihrem Bruder ein.

***

Zwei Stunden später fühlte sich Louise Katharina erschöpft und am liebsten hätte sie die Gesellschaft verlassen, als die Tafel aufgehoben wurde und man sich in den Salons verteilte. Sie saß im kleinen Salon, einem Durchgangszimmer zwischen den beiden größeren Salons, zusammen mit einigen anderen jungen Damen und jungen Herren aus der Nachbarschaft, während im Nachbarzimmer die Männer sich zusammengefunden hatten und die verheirateten Damen sich in den Salon ihrer Mutter zurückgezogen hatten. Louise Katharina hielt die Augen gesenkt und hörte schweigend den endlosen Reden ihres Nachbarn über die Ernteergebnisse des letzten Sommers zu. Es war langweilig und, wie Albrecht es nannte, fad. Wenn man wenigstens über Pferde oder die interessanten Trockenlegungsmaßnahmen, die jetzt überall begonnen hatten, sprechen könnte, aber die jungen Herren waren offensichtlich nur daran interessiert, sich gegenseitig mit Erntezahlen und Jammertiraden zu übertreffen. Louise Katharina rückte langsam und unmerklich ihren Stuhl näher an die offen stehende Tür des Nachbarzimmers, wo die Herren immer lauter und heftiger zu debattieren begannen. Ja, das was interessanter. Man hatte wohl das zweite Edikt des Kurfürsten angesprochen, das eben erst im September erlassen worden war. Louise Katharina hatte bei Gesprächen zwischen dem Vater und dem Pfarrer in der letzten Zeit so einiges erfahren.

Sie wusste, dass der Kurfürst den Streit zwischen den Lutheranern und den Reformierten mit einem Erlass hatte schlichten wollen, was ihm aber nicht gelungen war, der Kampf ging weiter, am heftigsten in Berlin, aber auch in ihr fernes Preußen waren die Auseinandersetzungen gedrungen und der Pfarrer wetterte jeden Sonntag von der Kanzel gegen das Edikt. Auch die Aussage, dass alle reformierten Ketzer seien, wie der Pfarrer es sagte, war verboten worden, unter Androhung einer Strafe. »Und jetzt sollen alle Pfarramtskandidaten ein Revers unterschreiben mit der Verpflichtung, das Edikt einzuhalten.«

»Das geht zu weit!«, hörte Louise Katharina die donnernde Stimme ihres Vaters: »Und die Pfarrer in Brandenburg und Preußen dürfen nicht mehr im sächsischen Wittenberg studieren.« Das war die etwas weinerliche Stimme des Pfarrers. »Aber gut, dass wir fromme Streiter haben, solche wie unsern Liederdichter Paul Gerhard.« Beifälliges Gemurmel begleitete diese Aussage. Louise Katharina nickte, diesen Namen hatte sie auch schon gehört. »Dieser Pfarrer Gerhard hat dem Kurfürsten und seinem Pfarrer Bartholomäus Stosch seine Meinung so richtig kundgetan.« Das war wieder die Stimme des Pfarrers: »Er hat ihnen unmissverständlich klargemacht, dass es nimmermehr und in Ewigkeit eine Toleranz zwischen uns und den Reformierten geben kann. Ja, er hat sogar gesagt«, hier hob sich die Stimme des Pfarrers, der es genoss, so im Mittelpunkt zu stehen, »er könne die Calvinisten überhaupt nicht für Christen halten.«

Auch diese Aussage wurde mit beifälligem Gemurmel begleitet. Dieses ging nun aber über in Einzelgespräche, und Louise Katharina konnte nicht mehr verfolgen, worüber gesprochen wurde. So wandte sie sich wieder ihren Nachbarn zu, die sich jetzt über verschiedene Arten der Jagd unterhielten, was sie aber auch nicht interessierte, sodass sie heftig mit der Müdigkeit zu kämpfen hatte. Ihre Mutter, die den Raum betrat, erlöste sie schließlich, indem sie sie aufforderte mit ihr zu kommen, womit für sie der Abend beendet war.

***

Die Luft im Raum war stickig. Louise Katharina öffnete den obersten Knopf ihrer schwarzen Bluse, denn sie meinte zu ersticken. Immer mehr Leute drängten sich in dem Zimmer zusammen, um dem Gutsherrn die letzte Ehre zu erweisen.

Ludwig von Rauter lag in einem Eichensarg, der mit feiner Seide ausgeschlagen war. Louise Katharina blickte durch einen Tränenschleier in das friedliche Antlitz ihres Vaters. Trotz der Wärme in dem Raum, die die vielen Menschen verursachten, zitterte sie und kalte Schauer liefen ihr den Rücken hinunter, gleichzeitig glaubte sie zu ersticken. Sie griff sich an die Kehle, keine Minute konnte sie länger hier bleiben. Mit einem Blick auf ihre Mutter und ihre Geschwister, die nahe am Sarg saßen und Totenwache hielten, erhob sie sich und zog sich langsam zur Tür zurück. Die Mutter würde wahrscheinlich sehr böse sein, wenn sie bemerkte, dass ihre älteste Tochter nicht mehr im Zimmer war, aber das war Louise Katharina in diesem Augenblick völlig gleichgültig; sie musste jetzt alleine sein mit ihrer Trauer um den geliebten Vater.

Hastig schlüpfte sie aus dem Haus und blieb erst nach einigen Metern draußen stehen.

Sie atmete tief durch. Es war zwar schon Mitte Mai, aber der Frühling kam in diesem Jahr wieder einmal spät. Die große Buche, die mitten im Hof von Willkamm stand und von der Einfahrt her den Blick auf das Haupthaus versperrte, hatte noch kaum ein grünes Blättchen angesetzt. Die Luft war kalt und feucht, dennoch fühlte sich Louise Katharina wie von einer Last befreit. Noch einmal atmete sie tief ein, dann wandte sie sich den Ställen zu. Wie in Trance ging sie zu dem Ort, wo sie sich Tröstung versprach, dort bei ihren geliebten Pferden. Sie betrat den Stall, hörte das Schnauben der Tiere, trat zu der Box, wo ihre geliebte Stute stand, die ihr auch sogleich den Kopf entgegenstreckte.

Sie liebkoste den Hals des Tieres und dachte zurück an den Nachmittag vor drei Tagen, als die Schreckensmeldung kam, Vaters Pferd sei allein auf den Hof zurückgekommen. Sie sah noch den Suchtrupp vor sich, dem sie sich hatte anschließen wollen, aber die Mutter hatte es ihr verboten mitzugehen. So hatten sie alle in der großen Halle gewartet, mehr als eine Stunde, und es war eine unendlich lange Zeit gewesen. Dann endlich hatte man ihren Vater gebracht, mit gebrochenem Genick, tot. Sie hatte es zuerst gar nicht begreifen können und bis heute hatte sie die Trauer so gelähmt, dass sie noch kaum eine Träne hatte weinen können. Sie hatte ihre jüngeren Geschwister beneidet, die weinend und schluchzend seit Stunden am Sarg des Toten saßen.

Louise Katharinas Gedanken eilten aber auch in die Zukunft. Was würde werden? Vater war erst 41 Jahre alt und Albrecht musste nun mit seinen 23 Jahren die Last auf sich nehmen, die drei Güter Willkamm,

Sobrost und das Vorwerk Blandau zu leiten. Gut, Vater hatte ihm eine gute Ausbildung gegeben, aber Albrecht hatte ja auch gerade erst einen Verlust erlitten, denn im Winter war seine Verlobte plötzlich an hohem Fieber gestorben. Obwohl sie wusste, dass Albrecht seine Braut nicht sehr geliebt hatte, hatte sie doch mit ihm um den Verlust getrauert, und nun war der Vater so plötzlich gestorben.

Nun, Albrecht war stark – Louise Katharina richtete sich auf – und dann war ja auch sie noch da, um ihrem Bruder zu helfen. Viel mehr Sorgen aber machte sie sich um ihre Mutter. Sie war nie sehr stark gewesen, körperlich auch geschwächt von mehr als zehn Schwangerschaften, und ihre Geschwister waren ja zum Teil noch so klein. »Arme Mama«, dachte Louise Katharina. Sie selbst war ja schon 15 Jahre, kräftig und gesund. Sie würde von nun an der Mutter zur Seite stehen. Die Heiratspläne, die die Mutter für sie schon gemacht hatte, mussten erst einmal zurückstehen. Daran würde sie erst denken, wenn sie nicht mehr auf Willkamm gebraucht würde.

Sie würde gleich morgen mit der Mutter über die Zukunft sprechen. Getröstet verließ Louise Katharina den Stall. Sie beobachtete, wie die Männer aus dem Haus kamen und zu den bereitstehenden Kutschen gingen, andere saßen auf ihren Pferde auf, die die Knechte hielten, dann setzte sich der Trauerzug in Bewegung, voran der schwarz verhüllte Wagen mit dem Sarg. Louise Katharina nickte ihm zu, so nahm sie Abschied von ihrem Vater. Der Zug würde nun nach Molteinen führen, wo die Grabstätte der Rauters war, und an der Beisetzung würden, so war es Brauch, nur die Männer teilnehmen.

Als die Wagen den Gutsbereich verlassen hatten, ging Louise Katharina festen Schrittes auf das Haus zu, wo Mutter und die jüngeren Geschwister sicher schon auf sie warteten, denn ihr Fehlen war bestimmt schon entdeckt worden, aber sie fürchtete sich nicht vor dem mahnenden Blick ihrer Mutter, ihre Gedanken waren von nun an in die Zukunft gerichtet.

***

Langsam zog die Landschaft an ihnen vorbei, die drei Schiffe, auf denen sich der Kurfürst und seine Reisebegleiter befanden, fuhren in ruhigem Tempo dahin. Es war ungewöhnlich heiß in diesen Augusttagen des Jahres 1668. Im Vorderteil des Schiffes saß, geschützt unter einem Sonnensegel, die neue Kurfürstin Dorothea mit ihren Hofdamen, während sich der Kurfürst im hinteren Teil des Schiffes aufhielt. Er hatte beschlossen, einen Teil seiner Reise nach Preußen auf dem neu erbauten Kanal von der Spree in die Oder fortzusetzen und beglückwünschte sich, angesichts der ruhigen Fahrt, zu diesem Entschluss. »Meine Herren«, sagte er zu den Männern, die um ihn herumstanden, »meine Herren, ist das nicht ein bequeme Art zu reisen?« Die Herren nickten, waren sie doch auch froh, den rumpelnden Kutschen für eine Weile entronnen zu sein. »Sehen Sie, meine Herren, davon brauchte das Land noch viel mehr. Mit solchen Kanälen müsste das ganze Land überzogen werden, man könnte die Flüsse von Ost nach West damit verbinden. Ich sehe große Möglichkeiten für unseren Handel.« Die Herren nickten wieder, sie wussten, dass der Kurfürst eines seiner Lieblingsthemen angeschnitten hatte. Und es war ja auch so, sollte der Handel in Brandenburg blühen, dann mussten bessere Verkehrsverbindungen geschaffen werden, und ein solcher Kanal, das merkten sie jetzt selbst, war wirklich eine neue Möglichkeit. Allerdings verschlang ein solcher Kanalbau auch viel Geld, und die Staatskasse war wie immer leer.

Inzwischen hatte sich der Kurfürst an den Mann an seiner Seite gewandt: »Es ist wirklich wohl gelungen, Chièze«, sagte er, »ich bewundere Euch, wie schnell der Kanal gebaut werden konnte.« Philipp von Chièze verbeugte sich. Er dachte zurück an den 7. Juni vor sechs Jahren, als in Anwesenheit des Kurfürsten der erste Spatenstich in Müllrose erfolgte. Der Kanalbau war auf Anregung des Holländers Michael Matthias Smids in Angriff genommen worden, aber der Kurfürst hatte ihm die Ausführung übertragen. Natürlich hatte er aus den Niederlanden gute Kenntnisse mitgebracht, aber bei der Arbeit hatten sich doch viele Schwierigkeiten eingestellt, die gemeistert werden mussten, und der Bau hatte sich in die Länge gezogen, auch weil immer wieder Gelder fehlten, und er hatte so manchen Taler aus eigener Tasche dazusteuern müssen. Dennoch freute er sich jetzt über das Lob des Kurfürsten.

Nun ja, er hatte ja auch zum Dank für seine Arbeit das hübsche Schloss Caputh erhalten. Philipp lächelte vor sich hin. Der Kurfürst war ein schlauer Fuchs, der Landsitz war in einem fürchterlichen Zustand gewesen, das Gebäude war im letzten großen Krieg völlig verwüstet worden. Der Kurfürst hatte wohl damit gerechnet, dass Philipp von Chièze den Landsitz wieder aufbauen würde. Und er hatte sich ja auch mit Feuereifer daran gemacht und inzwischen war ein Schmuckstück daraus geworden.

Vielleicht ein Geschenk für seine neue Frau? Philipp von Chièze zögerte, wie kam er nur auf diesen Gedanken. Ach ja, auch daran war der Kurfürst schuld. Was hatte er ihm vor der Reise in der letzten Audienz gesagt: »Chièze, Sie begleiten mich nach Königsberg. Dort gibt es viel zu tun für Leute wie Sie. Es gibt dort eine große Wildnis, die nur darauf wartet, von Männern wie Ihr es seid, kultiviert zu werden. Schauen Sie sich das Land an und die gewaltigen Möglichkeiten, die sich für Euch dort bieten. Und ich gebe Euch noch einen guten Rat: Die Preußen sind störrische und sture Leute, gegenüber allen Fremden – vor allem den Auswärtigen – misstrauisch. Wenn Ihr dort zurechtkommen wollt, dann müsst Ihr in eine der pruzzischen Adelsfamilien einheiraten. In Königsberg werdet Ihr viele schöne Frauen kennenlernen können.

Außerdem ist es nicht gut, dass Ihr schon so lange allein seid. Seht mich an; nach dem Tod meiner über alles geliebten Frau habe ich auch eine würdige Nachfolgerin für sie gefunden.«

Philipp von Chièze wandte sich um und blickte nach vorne. Ja, der Kurfürst hatte schnell eine Nachfolgerin gefunden, aber er selbst hatte sich mit seinem Witwerdasein inzwischen längst abgefunden. Doch der Kurfürst hatte Recht; für seine Pläne, in Preußen Land zu erwerben und urbar zu machen, war sicher eine Verbindung mit dem preußischen Adel nützlich. Er versuchte sich an Männer zu erinnern, deren Bekanntschaft er in Coelln bei Hofe gemacht hatte, aber es fiel ihm so recht keiner ein, außer Albrecht von Rauter.

Ja, der kam von einem der großen Güter in Preußen. Wenn er ihn in Königsberg wiederträfe, dann bekäme er vielleicht Zugang zu den Kreisen des preußischen Adels.

Er seufzte tief auf: Aber musste er dafür unbedingt heiraten, vielleicht irgend so ein junges Gänschen, mit dem man kein vernünftiges Wort reden konnte? Nicht alle hatten so ein Glück wie der Kurfürst. Na, er würde es darauf ankommen lassen.

Als er sich jetzt dem Kurfürsten wieder zuwandte, sah er in dessen Gesicht ein Lächeln. Konnte er vielleicht Gedanken lesen oder hatte sein Mienenspiel ihn verraten? Er sah das zustimmende Nicken des

Kurfürsten, dann wandte sich das Gespräch dem bevorstehenden Besuch von Königsberg zu und Philipp von Chièze dachte: Wir werden also sehen, was dieses neue Land für mich bringt.

***

Königsberg brodelte. Das wurde nicht nur durch den Besuch des Kurfürsten ausgelöst, sondern vor allem durch die politischen Vorgänge, die auch der Grund für die Reise des Hofes nach Preußen waren.

Der Landtag hatte sich wieder einmal geweigert, die neuen Steuern zu genehmigen, die der Kurfürst forderte. Dass dieser damit im Recht war – der Reichstag hatte den Fürsten das Recht zugestanden, Verteidigungsgelder von den Ständen zu fordern –, interessierte die Ständeversammlung herzlich wenig. Ihr neuer Sprecher, der gegen den Kurfürsten rebellierte, war der Oberst Christian Ludwig von Kalckstein. Er wollte mit der Verweigerung der Steuern den Kurfürsten zwingen, endlich die verhassten Soldaten aus Preußen abzuziehen: man habe die »märkische Sklaverei« tüchtig satt.

Das erinnerte an die erste Rebellion, als die Stände im Jahre 1661 die Souveränität des Kurfürsten über Preußen nicht anerkennen wollten. Die »Königsberger Revolte« wurde damals angeführt von dem Schöffenmeister Hieronymus Roth, der dann sogar nach Warschau gegangen war, um den polnischen König um militärische Unterstützung zu bitten.

Auch die Vermittlungsversuche des engen Vertrauten des Kurfürsten, Otto Freiherr von Schwerin, hatten zunächst wenig Erfolg. Erst nach langen, zähen Verhandlungen hatten die Stände versprochen, ihren Widerstand aufzugeben. Roth war daraufhin verhaftet und in der Festung Kolberg festgesetzt worden. Erst am 25.10.1662 konnte das Kurfürstenpaar feierlich in Königsberg einziehen und am 18.10. des folgenden Jahres sogar erst die Huldigung der Ständeversammlung entgegennehmen.

Das war nun gerade mal fünf Jahre her und wieder drohte eine heftige Auseinandersetzung mit dem Kurfürsten. Es gab aber noch einen weiteren, entscheidenden Grund für die Aufmüpfigkeit der Königsberger und des preußischen Adels, das war das sogenannte zweite Toleranzedikt aus dem Jahre 1664.

Dass das Fürstenhaus durch seine Verbindungen in die Niederlande dem reformierten Glauben angehörte, war für die strengen Lutheraner in Preußen kaum ertragbar. Dass der Landesfürst den Lutheranern und den Reformierten nun aber verboten hatte, den Glauben des anderen zu verketzern, und dass bei Nichtbefolgung strenge Strafen angedroht wurden, das hatte eine Woge der Entrüstung ausgelöst. Mit Empörung hatte man das Vorgehen gegen den bekannten Berliner Prediger und Liederdichter Paul Gerhard und dessen Absetzung verfolgt.

Inzwischen hatten sich zwar die meisten Pfarrer dem Edikt gebeugt, aber allgemein galt die Ansicht, »die Freiheit für alle sei mit dem unbedingten Gehorsam erkauft worden«.

So war die Situation für den Kurfürsten und seine Begleiter in Königsberg wenig erfreulich, was aber niemanden daran hinderte, fast jeden Abend Empfänge und Feste für die märkischen Besucher zu veranstalten.

***

Die Salons füllten sich langsam mit immer mehr festlich gekleideten Menschen. Der brandenburgische Statthalter in Preußen, Fürst Radzivill, gab zu Ehren des Besuchs des Kurfürsten ein Fest. Da der Kurfürst und seine Gemahlin aber noch nicht eingetroffen waren, hatte der Tanz noch nicht begonnen und der große Tanzsaal war fast leer, während sich in der Halle und in den Salons die Menschen drängten. Auf den zahlreichen Sofas hatten die Mütter mit ihren Töchtern Platz genommen, umringt von meist jungen Herren, während die Väter am Rande zusammenstanden und lebhaft die neuesten Ereignisse in Königsberg diskutierten.

In der Nische eines der hohen Fenster stand Philipp von Chièze und betrachtete mit gerunzelter Stirn das Bild, das sich ihm bot. Was hatte der erst seit Kurzem wieder verheiratete Kurfürst noch kurz vor der Ankunft in der preußischen Hauptstadt zu ihm gesagt: »Chièze, nutzen Sie die Möglichkeiten, suchen Sie sich eine Frau aus gutem preußischen Hause. Sehen Sie mich an, es ist besser verheiratet zu sein, als so ganz allein zu leben.« Nun, der Kurfürst hatte wohl eine gute Wahl getroffen, als er die 32 Jahre alte Witwe Dorothea ehelichte. Aber wenn er sich das Angebot in den Salons wieder vor Augen führte, so war da niemand dabei gewesen, der sein Interesse geweckt hätte.

Philipp von Chièze lächelte ironisch; diese raus geputzten Gänschen, höchstens 14 oder 15 Jahre alt, waren nicht sein Geschmack.

»Das Angebot scheint dem Herrn nicht sehr zu gefallen«, sagte plötzlich eine weibliche Stimme hinter ihm. Er drehte leicht den Kopf und sah in ein lachendes Gesicht mit zwei blitzenden Augen. »Euer Minenspiel hat Euch verraten«, fuhr die junge Frau lachend fort, »aber seien Sie nicht zu streng mit den armen Dingern. Manche von ihnen hat man heute zum ersten Mal in ein Ballkleid gesteckt und tüchtig ausgestopft ...«

Die Stimme hielt erschrocken inne. »Ausgestopft?«, fragte Chièze erstaunt und wandte sich dabei ganz zu der Rednerin um. Die stand da und hielt die Hand vor den Mund, während in ihren Augen die Kobolde tanzten. »Ah, ich verstehe, was Mademoiselle meinen«, erwiderte Chièze jetzt, ebenfalls mit einem Lächeln und dabei glitt sein Blick an ihrer Gestalt hinunter. Das Dekolleté der jungen Frau verriet indes, dass sie nicht »ausgestopft« war.

Einen Augenblick trafen sich ihre Blicke und mit einem Schlag wurden ihre Gesichter ernst. »Darf ich mich vorstellen: Philipp von Chièze, Generalbaumeister seiner Durchlaucht, des Kurfürsten.«

Chièze verbeugte sich. Aus dem Ballsaal drang nun Musik herüber, offensichtlich war das Fürstenpaar inzwischen eingetroffen. »Darf ich um einen Tanz bitten«, fragte Chièze.

Die junge Frau fuhr zurück, inzwischen war ihr wohl aufgefallen, wie unmöglich ihr Verhalten gewesen war. »Oh, nein«, sagte sie, »das geht doch nicht. Wir sind doch noch nicht einander vorgestellt. Meine Mutter würde in Ohnmacht fallen, wenn sie davon erführe, und mein Bruder ...« »Sagen Sie mir, wer Ihr Bruder ist. Ich werde ihn suchen und er kann mich Ihrer Mutter und Ihnen vorstellen. Dann wäre der Etikette genüge getan.« Die junge Frau, die Chièze auf etwa 20 Jahre schätzte, zögerte leicht, dann nickte sie und sagte: »Sprechen Sie mit dem Kammerjunker Albrecht von Rauter«, damit drehte sie sich um und verschwand schnell im Gewühl der Festbesucher.

Louise Katharina trat in die Halle, von wo eine breite Treppe in das erste Obergeschoss führte. Leichten Fußes lief sie die Treppe hinauf und erreichte eines der Schlafzimmer, wo sich die jungen Frauen vor Beginn des Festes aufgehalten hatten.

Jetzt war der Raum leer und Louise Katharina ließ sich in einen der Sessel fallen. Welcher Teufel hatte sie nur getrieben, sich so unmöglich zu benehmen? Mutter wäre außer sich, wenn sie es wüsste. Aber der einsame Mann in der Fensternische hatte sie von Anfang an fasziniert.

Er war nicht sehr groß, kaum größer als sie selbst, hatte schönes dunkles Haar, das ungepudert bis auf die Schultern hing, seine Gesichtszüge waren männlich, beherrscht von einer ausgeprägten Nase, was auf einen Südländer schließen ließ. Dazu passt ja auch sein offensichtlich französischer Name, aber er stand in Diensten des Kurfürsten. Louise Katharina hatte schon gehört, dass der Kurfürst einige Leute aus seinem Umfeld aus Coelln mitgebracht hatte, die sich um den Wiederaufbau in Preußen kümmern sollten. Ob dieser Chièze auch dazugehörte?

Louise Katharina holte tief Luft und ließ noch einmal ihr Gespräch Revue passieren. Sein Mienenspiel hatte seine Gedanken verraten, und gleichzeitig hatte sie Mitleid mit den Mädchen gehabt, die heute Abend auf dem »Heiratsmarkt«, wie sie es nannte, auftreten mussten. Eine ihrer Schwestern war auch dabei und sie erinnerte sich, wie verzweifelt die Kleine den ganzen Tag gewesen war. Gott sei Dank hatte die Mutter es inzwischen aufgegeben, auch sie bei jeder Gelegenheit verheiraten zu wollen.

Seit dem Tod ihres Vaters hatte die Mutter ihr immer mehr Aufgaben im Haus übertragen und so war sie für diese nahezu unentbehrlich geworden, sodass die Mutter eher davor Angst hatte, ihre Tochter zu verlieren, als dass sie eine alte Jungfer würde. Louise Katharina seufzte.

Und dann hatte sie diesen Mann beobachtet und ihr Interesse war geweckt worden. Als sie sich sein Bild in Erinnerung rief, bemerkte sie ein seltsames Gefühl. Sie presste die Hände gegen den Magen und hielt die Luft an, aber das Flattern in der Magengegend ließ nicht nach. Sie atmete dreimal tief durch, wie sie es von ihrem Vater gelernt hatte, wenn sie aufgeregt war. War sie denn aufgeregt? Weshalb? Das konnte wohl nur mit diesem Mann zusammenhängen.

Louise Katharina setzte sich abrupt auf: O Gott, wenn er nun Albrecht gefunden und gesprochen hatte und dieser ihn seiner Schwester vorstellen wollte und sie war gar nicht da? Louise Katharina sprang auf, blickte noch kurz in den Spiegel, strich ihr Haar glatt und eilte zur Treppe. Langsam schritt sie nach unten – und wer stand am Fuße der Treppe, ihr Bruder Albrecht im Gespräch mit dem Fremden. Glücklich lächelnd trat Louise Katharina zu ihnen.

***

Der Kurfürst war mit seiner Gemahlin und den beiden ältesten Söhnen, die ihn auf der Reise nach Preußen begleitet hatten, wieder in die Mark Brandenburg nach Coelln zurückgekehrt, mit ihm auch Philipp von Chièze. Dieser hatte in Königsberg mehrmals Albrecht von Rauter besucht und war so auch der Mutter, Amalie von Rauter, vorgestellt worden.

Bei seinen Besuchen hatte er natürlich auch Louise Katharina wiedergesehen und sein Eindruck, in ihr vielleicht die richtige Frau für eine zweite Ehe und eine gute Mutter für sein Töchterchen gefunden zu haben, hatte sich in den langen Gesprächen, die sie geführt hatten, nur noch vertieft. Louise Katharina war an allem, was er tat und plante, sehr interessiert und er war überrascht über ihren wachen Geist und ihren ausgeprägten Sinn für alles Praktische. Ihr Lieblingsthema waren seine Pläne gewesen, eventuell Land zu erwerben in Preußen und es urbar zu machen. Sie hatte ihm einiges über die schweren Überschwemmungen erzählen können, die in den letzten Jahren vor allem im Norden Preußens vorgekommen waren.

Sie, die ja auf einem großen Gut aufgewachsen war, schien vertraut zu sein mit Kultivierungsversuchen auf dem Land und sie äußerte sich begeistert zu seinem Vorhaben. Schon nach kurzer Zeit hatte sie in eine Heirat mit ihm eingewilligt und man war in Königsberg, um zu feiern.

***

Nun war Philipp von Chièze wieder in Coelln und er begann sofort mit den Verhandlungen wegen des Landes für die Kultivierungsmaßnahmen.

Der Kurfürst war hocherfreut, dass Chièze Interesse gezeigt hatte, Trockenlegungsarbeiten in Preußen durchzuführen, um dem Land nach den schlimmen Überschwemmungen und der Entvölkerung durch die Pest in den letzten Jahren zu helfen und die Landwirtschaft in diesem Gebiet wieder auf die Beine zu bringen, woran dem Kurfürst sehr viel gelegen war.

Die Verhandlungen zogen sich aber hin, weil man sich zunächst über die Größe des zu vergebenen Gebietes nicht einigen konnte. Zwar war Philipp von Chièze vermögend – er hatte mit den Bauten in Coelln, Berlin und Potsdam viel Geld verdient – aber er wollte natürlich nicht alles auf eine Karte setzen und sah sich daher nach Partnern um.

Schließlich fand er in dem Hofbeamten und Obersten Karl von Reeden einen Mitstreiter, der bereit war, in das Projekt einzusteigen.

Im Frühjahr 1669 reiste Philipp von Chièze wieder nach Preußen, um Louisa, wie er seine zukünftige Frau zu nennen pflegte, zu heiraten. Der Vertrag war soweit fertiggestellt und sollte danach in Tilsit unterzeichnet werden. Auch Karl von Reeden versprach, zur Vertragsunterzeichnung nach Tilsit zu kommen.

***

Louise Katharina von Rauter ging im Zimmer hin und her, nicht, weil sie vielleicht aufgeregt gewesen wäre, sondern weil ihr Kleid nicht zerknittert werden sollte. Sie trug nämlich bereits seit einer Stunde ihr Hochzeitskleid aus weichfallender Seide, und so wagte sie es nicht sich hinzusetzen. Ihr Haar war bereits auch schon kunstvoll hochgesteckt und mit weißen Frühlingsblumen geschmückt.

Nun wartete sie in ihrem Zimmer auf die Ankunft ihres zukünftigen Mannes. Philipp von Chièze war vor zwei Tagen, aus Tilsit kommend, in Königsberg eingetroffen, während die Hochzeitsfeierlichkeiten auf Hochtouren liefen. In der Küche wurde seit Tagen gekocht und gebacken, und obwohl eigentlich keine große Hochzeit geplant war, wurden für heute und morgen doch über 100 Gäste erwartet. Einige waren schon gestern eingetroffen und hatten die Gästezimmer bezogen.

Sie seufzte, als sie an ihren Vater dachte. Der Papa wäre sicher auch sehr glücklich gewesen, dass seine Älteste in so gute Hände kam. Mutter machte eher einen bedrückten Eindruck. Der Bräutigam war nicht so ganz nach ihrem Wunsch. Erstens war Philipp von Chièze ein Ausländer, wenn auch eine gute, das heißt reiche Partie, und zweitens gehörte er der reformierten Kirche an, diesen Ketzern, von denen man in Preußen so gar nichts wissen wollte.

Es war schon schlimm genug, dass das fürstliche Haus dem reformierten Glauben anhing, aber so etwas in der eigenen Familie zu haben, war nicht nach dem Geschmack einer Frau von Rauter.

Es hatte darüber auch einige heftige Aussprachen zwischen Mutter und Tochter gegeben, die unbedingt diesen Fremden heiraten wollte. So würde die Hochzeit heute, am 28. Mai 1669, sogar in der reformierten

Burgkirche hier in Königsberg stattfinden. Schließlich hatte Amalie von Rauter zugestimmt und den Ehevertrag mit Chièze abgeschlossen: Ihre Mitgift betrug 600 Taler, Kleinodien, Schmuck und Kleidung, und Chièze hatte sich verpflichtet, binnen Jahresfrist 20 000 Reichstaler im Herzogtum Preußen anzulegen, die ihr als Leibgedinge zur Verfügung standen. So war die Hochzeit wie vorgesehen auf den heutigen Tag festgelegt worden.

Wieder schaute Louise Katharina aus dem Fenster. Wo blieben nur ihr Bruder und ihr Bräutigam?

Leise klopfte es an die Tür, und als sie sich umdrehte, sah sie ihre Mutter eintreten. Ihr Gesicht zeigte aber keine Freude, sondern drückte eher Verzweiflung aus, sodass Louise Katharina sie leicht umarmte und fragte, ob etwas geschehen sei. Amalie von Rauter schüttelte den Kopf: »Es ist nichts geschehen«, sagte sie, »außer, dass dein Bräutigam etwas auf sich warten lässt. Aber das ist gut so, denn ich muss noch etwas mit dir besprechen.«

Louise Katharina sah sie fragend an.

»Nun, meine Tochter«, begann die Mutter, »du gehst ab heute einen schweren Weg.« Louise Katharina runzelte die Stirn, sie sah vor sich einen glücklichen Weg, keinen schweren. »Du wirst ab heute deinem Mann untertan sein müssen, ihm gehorchen und ihm zu Willen sein …«

Hier stockte die Mutter. Louise Katharina stutzte, was sollte das heißen, »ihm zu Willen sein«? »Ja«, fuhr die Mutter fort, »es gibt in der Ehe so bestimmte Dinge, die einem Mann gefallen und die die Frau eben erleiden muss.«

Sie stockte wieder. Louise Katharina runzelte die Stirn und zog die Nase kraus, als sie nachdachte, was die Mutter wohl meinte. Dann lachte sie laut auf, legte ihrer Mutter den Arm um die Schulter und sagte: »Oh, Mama, ich weiß, was Ihr meint. Aber das ist ja ein Teil der Freuden in der Ehe.«

Amalie von Rauter blickte ihre Tochter entsetzt an: »Was weißt du davon?« Wieder lachte Louise Katharina: »Aber liebste Mama, vergesst Ihr, dass ich auf einem Hofgut aufgewachsen bin, dass ich mich immer in den Ställen und Scheunen herumgetrieben habe.«

»Ja, ganz gegen meinen Willen.«

»Nun, und da ist mir sicher nichts mehr fremd, was so zwischen Mann und Frau passieren kann. Schon als Kind habe ich die Burschen und Mägde in den Scheunen belauscht.« Amalie von Rauter schüttelte entsetzt den Kopf, ihr Gesicht verzog sich schmerzlich.

Ihre Louise Katharina war wirklich keine vornehme Dame geworden, wenn sie jetzt so frei über diese unaussprechlichen Dinge sprach. Louise Katharina wusste, was die Mutter dachte.

»Macht Euch keine Sorgen, liebste Mama. Ich liebe Philipp und er liebt mich, und ich weiß, dass ich glücklich werde. Und hoffentlich werdet Ihr bald viele kleine Enkel begrüßen dürfen.« Sie merkte, wie die Mutter zusammenzuckte.

Dann aber stahl sich ein Lächeln auf deren Gesicht. Ihre Tochter würde es leichter haben in dieser Ehe als sie, vielleicht gab es ja wirklich so etwas wie Glück, und das wünschte sie ihr von Herzen.

Von unten aus der Halle wurde Louise Katharinas Name gerufen und in der Tür erschien jetzt ihr Bruder Albrecht. Der Bräutigam war offensichtlich inzwischen angekommen. Albrecht begrüßte zuerst seine Mutter, dann wandte er sich an seine Schwester: »Komm, Schwesterherz, es ist alles für das Fest bereitet und der Herr Bräutigam ist auch schon ungeduldig.«

Louise Katharina richtete sich stolz auf, am Arm ihres Bruders schritt sie die Treppe in die Halle hinunter. Um die Zukunft war ihr nicht bange, wartete dort doch der Mann, den sie so sehr liebte.

***

Es war einer der frühen Sommertage im Juni, wie sie im nördlichen Preußen öfters vorkommen. Die Luft war mild, der Himmel von einem klaren Blau, nur wenige Wolken, die wie aufgemalt wirkten, verdeckten ab und zu die Sonne. Die Büsche, die am Ufer der Memel wuchsen, zeigten noch das helle Frühlingsgrün, auf den Wiesen weideten Kühe und da und dort auch Pferde.

Louise Katharina, seit zwei Monaten die Gemahlin von Philipp von Chièze stand im Boot, das langsam dahinfuhr, und betrachtete glücklich das Bild, das sich ihr an den beiden Ufern des großen Flusses bot. In dieser friedlichen Stille war es kaum vorstellbar, dass derselbe Strom noch vor wenigen Wochen mit seinem Wasser wieder einmal weite Landstriche überschwemmt hatte. Die Schäden waren, den Berichten zufolge, sehr groß gewesen, und auch von der Gegend an der Gilge, ihrem eigentlichen Reiseziel, war wenig Gutes zu hören gewesen. Der Kurfürst hatte daher seine Beamten angewiesen, möglichst bald mit seinem Generalbaumeister die Verhandlungen über eine Trockenlegung des gefährdeten Gebietes zu Ende zu bringen. Man wartete nun nur noch, dass der zweite Partner, Karl von Reeden, nach Preußen kommen würde, um die Verträge endlich zu unterzeichnen.

Philipp war deshalb auch mit seiner jungen Frau nicht in Königsberg geblieben, sondern zunächst nach Tilsit gereist, wo sie eine Wohnung durch Vermittlung von Louise Katharinas Verwandtschaft gemietet hatten.

Und dort hatte es in der jungen Ehe am gestrigen Tage den ersten Streit gegeben. Philipp von Chièze hatte nämlich seiner Frau erklärt, dass er die Wartezeit bis zur Ankunft Carl von Reedens nutzen wolle, um das vorgesehene Gebiet an der Gilge einmal in Augenschein zu nehmen und sich über die Schäden dort selbst zu informieren.

Louise Katharina hatte diesem Plan sofort zugestimmt, in der Hoffnung, diese Fahrt mit zu unternehmen, denn auch sie brannte darauf, dieses neue Gebiet, dass ihr vielleicht Heimat werden sollte, sobald als möglich kennenzulernen. Philipp war von diesem Vorhaben aber keineswegs begeistert gewesen und hatte es zunächst kategorisch abgelehnt, Louise Katharina mitzunehmen. Dieser Ausflug sei viel zu anstrengend, man wüsste nicht, wie lange er dauere und wo man möglicherweise übernachten sollte. Und ein Aufenthalt in einem der mitgenommenen Zelte sei einer Frau wirklich nicht zumutbar.

Obwohl Philipp seine Frau zu kennen glaubte, hatte ihn die Heftigkeit ihrer Reaktion doch überrascht. Er hatte gewusst, dass seine Louisa einen starken Willen besaß, aber dass sie nun wirklich darauf bestand, die Reise mitzumachen und sich nicht überreden ließ nachzugeben, hatte ihn überrascht. Deshalb hatte er schließlich nachgegeben, und so hatten sie am frühen Morgen dieses Junitages 1669 die zwei Boote beladen und Tilsit in Richtung Norden verlassen.

Jetzt stand er neben Louise Katharina und war insgeheim froh, nachgegeben zu haben. Die Boote bogen in diesem Moment nach links ab in einen schmaleren Fluss und Philipp wusste, dass sie nun in einen der Mündungsarme der Memel eingefahren waren, in den Teil, den man hier Gilge nannte. Die Landschaft rechts und links veränderte sich langsam, der Bewuchs wurde dichter, die Ufer wirkten dunkler und irgendwie bedrohlicher. Dann tauchten einige Hütten auf. Philipp von Chièze studierte die Karte: »Das muss der Ort Sköpen sein«, meinte er, an Louise Katharina gewandt.

Der Fluss machte nun einen weiten Bogen, dann lag eine gerade Strecke vor ihnen, die eher an einen künstlichen Wasserlauf als an einen Fluss erinnerte. Das musste der Kanal sein, der schon im Jahr 1616 fertiggestellt worden war. Philipp von Chièze hatte erfahren, dass man bereits im vorigen Jahrhundert damit begonnen hatte, den Fluss für die Schifffahrt zu nutzen.

Dadurch wurde der Weg für die polnischen und litauischen Schiffer auf der Fahrt nach Königsberg wesentlich kürzer und vor allem der Weg über das Haff. Für die langen, flachen Boote, Wettinen genannt, war die Überquerung des Haffs bei Frühjahrs- und Herbststürmen besonders gefährlich. Die Schiffer klagten ständig über diese Gefahren und der damalige Kurfürst hatte eine Kommission beauftragt mit der Prüfung, den Gilgefluss nutzbar machen zu können.

Der Kommissionsbericht vom 3. Juli 1598 schlug vor, die Krümmungen der Gilge auf einer Länge von sechs Meilen abzuschneiden und durch einen Kanal zu ersetzen. Damit konnte die Fließgeschwindigkeit des Wassers wesentlich erhöht und die Eintiefung beschleunigt werden.

Philipp erzählte davon seiner Frau: »Die Königsberger Kaufmannschaft sollte den dafür geplanten Betrag von 126 000 Gulden stellen. Sie weigerte sich zunächst, aber als der Kurfürst anbot, dass man die Abgaben für die Beschiffung des Kanals erhalten würde, stimmte man dem Plan zu. Dieses Stück Fluss wurde noch vor dem großen Krieg, ich glaube im Herbst 1616, fertiggestellt. Er soll insgesamt 20 000 Mark gekostet haben.

Aber dann kam es: Die polnischen Schiffer wollten den Zoll nicht zahlen und benutzten weiter die alte Route über die Ruß oder die alte Gilge. Schließlich wurde das Wasser dort zu flach, der Wasserlauf verschlammte und so mussten die Schiffer doch den neuen Kanal benutzen. Trotzdem gibt es immer wieder Klagen. Ich war dabei, als sich die Kaufleute beim Kurfürsten in Königsberg beschwerten. Einige hatten ihre Schiffe im Haff verloren, bei einem Sturm waren es auf einen Schlag 14 vollbeladene Schiffe.

Sie drängen den Kurfürsten, für sie einen Kanal zu bauen, aber bezahlen wollen sie dafür nicht und, wie du weißt, der Kurfürst ist wahrlich nicht so reich wie die Sachsen.«

Louise Katharina lächelte; ja, so waren die Kaufleute in den Städten nun mal. Auf dem Land musste jeder für sich sehen, wie er zurecht kam, auch wenn Stürme, Hagel, Schnee oder Wasserfluten die Ernten vernichteten.

Der Wald an den Ufern war dichter geworden, er wirkte fast undurchdringlich. Sköpen hatten sie hinter sich gelassen, nun tauchte vor ihnen auf der linken Seite wieder eine Ansammlung von Häusern auf. »Das müsste, wenn die Zeichnung hier einigermaßen richtig ist, der Ort Lappienen sein. Hier werden wir an Land gehen«, meinte Philipp von Chièze.

Da keine Stege zur Verfügung standen, war es schwierig, die Boote festzumachen. Die Bootsleute zogen die flachen Schiffe auf den Uferrand, Philipp sprang mit einem großen Schritt ans Ufer, einer der Bootsleute trug Louise Katharina ans Land.

Die beiden sahen sich um. Ein Stück vom Ufer entfernt stand ein niedriges Haus, aus dem jetzt ein Mann trat, gefolgt von einer Frau und einer Menge Kinder. Louise Katharina zählte sie durch und entdeckte sieben Buben und Mädchen und auf dem Arm der Mutter noch einen Säugling.

Alle machten einen verwahrlosten Eindruck in ihren zerschlissenen Kleidern, alle sahen so aus, als habe man nicht genug zum Essen. Philipp wandte sich an den Mann und fragte, ob dies der Ort Lappienen sei. Der Mann nickte. »Habt Ihr einen Dorfältesten?«, fragte er weiter. Wieder nickte der Mann. »Könnt Ihr mich zu ihm führen?« Der Mann nickte erneut, dann murmelte er etwas Unverständliches. War das Litauisch, Preußisch oder Deutsch?

Louise Katharina trat an die Seite ihres Mannes und fragte den Mann noch einmal nach dem Dorfältesten, nun aber in dem Dialekt, der ihr von zu Hause vertraut war. Jetzt schien der Mann zu verstehen, ein Lächeln glitt über sein Gesicht und er antwortete ihr. Louise Katharina wandte sich an ihren Mann: »Soviel ich verstanden habe, ist er wohl hier so etwas wie der Dorfälteste, wir werden uns also an ihn halten müssen, wenn wir noch etwas erfahren wollen.«

»Er soll uns das Dorf zeigen und die Probleme erläutern«, meinte Philipp von Chièze. Louise Katharina musste lächeln. Ihr lieber Mann hatte offensichtlich keine Ahnung, wie man mit diesen Leuten umgehen musste. Freundlich sprach sie nun mit dem Mann und bat dann die Frau, ihnen ihr Haus zu zeigen, was diese offensichtlich nur widerwillig tat.

Louise Katharina, die ihr gefolgt war, war entsetzt: Das Haus enthielt nur drei winzige Räume, ohne Möbel, in der Küche war eine Feuerstelle mit einem großen Topf darüber, sonst nichts.

So entsetzlich hatte sie sich die Armut hier nicht vorgestellt.

Inzwischen waren die anderen Dörfler herangekommen. Mithilfe von Katharinas Vermittlung hatte Philipp so einiges erfahren: von den Hungersnöten, von den Plünderungen der Schweden, die bis vor wenigen Jahren immer wieder in Preußen eingefallen waren, von den Pestjahren, als ganze Dörfer weggestorben waren und von den Überschwemmungen, die aus dem Land ein großes Moor gemacht hatten.

Die Männer führten sie zu den ehemaligen Weideplätzen, auf denen ein paar magere Kühe knöcheltief im Morast standen. Dass hier, wenn das Gebiet jemals wieder landwirtschaftlich genutzt werden sollte, etwas geschehen musste, das sahen Philipp von Chièze und seine Frau sofort. Der Kurfürst hatte wohl recht, wenn er von verheerenden Zuständen gesprochen hatte, die er ja bei seinem Besuch selbst gesehen hatte, und nun auf eine Verbesserung drängte.

Philipp von Chièze sah aber auch, dass eine riesige Anstrengung vor ihm lag, sollte er hier Abhilfe schaffen.

Sie befanden sich schon auf dem Rückweg nach Tilsit, als er dies seiner Frau gegenüber äußerte. »Aber für die Menschen muss unbedingt etwas getan werden, ich habe eine solche Armut noch nicht gesehen und auch nicht erwartet. Es wird ein großes Werk der Nächstenliebe werden«, sagte sie zu ihrem Mann und lächelte. Ihr war nicht bang, denn sie war fest davon überzeugt, dass ihr Mann dies schaffen würde.

»Ich bin froh, dass du mich heute begleitet hast«, sagte Philipp und legte den Arm um seine Frau, »mit Gottes und deiner Hilfe werden wir aus diesem Land eine ertragreiche Landschaft für alle Zeiten machen.«

***

Philipp von Chièze überflog das Papier, das ihm der Schreiber vorgelegt hatte: »*Wir ... tun kund und bekennen für uns, unsere Erben und nachkommenden Herzöge in Preußen ...*«

Nun, der Kontrakt mit dem Kurfürsten war endlich soweit verhandelt, dass er und Karl von Reeden zur Unterzeichnung hier zusammengekommen waren. Er las weiter: »... *nicht ohne unseren großen Schrecken erfahren, dass unsere Dörfler unseres Amts Tilsit dermaßen von dem gewesenen Hochwasser verderbt* ...« Philipp von Chièze sah das Bild der letzten Reise an die Gilge vor sich »... *dass davon wenig Nutzbares übrig geblieben*«, er nickte, »... *nicht wenige den jährlichen Wasserfluten unterworfen und redlich ganz und gar ruiniert worden und verderben dürften, wofern nicht Hand angelegt und nötige Reparaturen zur Grundgewinnung würde, derweil nun dazu umfängliche große Unkosten und Ausgaben erfordert werden*«, wieder nickte Chièze: »*wozu die benötigten Geldmittel ... aus unserer Amtkammer nicht gegeben werden können.*«

Philipp von Chièze lächelte vor sich hin. So war es, die Mark Brandenburg war ein armes Land, und da die Landstände beharrliche jede Accise, das heißt allgemeine Besteuerung ablehnten, reichte das Geld des Kurfürsten gerade mal für die Hofhaltung und die Neubauten in Coelln und Potsdam: »... *also haben Wir mit dero würdigen ... Generalquartiermeister Philipp von Chièze und Carl von Reeden, des St. Johanniter Ordens Ritter ... nach fleißiger Untersuchung aller Umstände endlich ... auf nachfolgende Conditiones einen gewissen, unwiderruflichen Contract geschlossen.*«

Philipp von Chièze dachte an die zähen Verhandlungen zurück, die er seit einem Jahr mit den Beamten des Kurfürsten führte. Aber nun war man endlich zu einem Abschluss gekommen. Er las weiter, um die »*Conditiones*« zu überprüfen: »... *dreizehn Dörfer in unserem Amt Tilsit*«, hier folgte die Aufzählung der Namen, die ihm aber noch ziemlich fremd waren (u. a. Muszleiten, Longinnen, Schemaiten oder Schuppinen): »*in sich haltend zweihundert und drei Huben, fünfundzwanzig Morgen, als wovon der meiste Teil sumpfig und vom Wasser verdorben ist, auf ihre eigene Unkosten ... trocken und urbar zu machen, auch soviel möglich zum Nutzen auszurichten, jedoch ... dergestalt, dass ... keine Überschwemmung an anderen Orten erwachse, sondern diese Dörfer nur in solchen Stand gesetzt werden, darinnen sie vor der Mundation gewesen.*«

Wieder sah Philipp von Chièze das Bild des armseligen Dorfes vor sich und er erinnerte sich an das Entsetzen, das der Anblick bei ihm und seiner Louisa ausgelöst hatte. Er hatte erahnen können, welche Arbeit vor ihm lag.

Er nahm das zweite Blatt zur Hand. Auf dem nächsten Paragraphen hatte er bestanden: »... *wobei sie sich aber vorbehalten, dass im Falle, ... zu diesen Dörfern einige gehörende Huben nicht füglich ... mit einbezogen werden, sie solche liegen lassen und an anderen Stellen so viele andere ... Örter und Huben mit einbeziehen mögen, nur dass die Zahl der zweihundert und drei Huben erfüllet würde.*«

Damit hatten sie sich einen Spielraum gelassen. Sollte ein Gebiet zu schwierig sein zur Trockenlegung, dann konnten sie andere geeignetere Stellen dafür heranziehen. Das würde sich aber erst während der Arbeiten herausstellen und sie mussten dann mit den Hofbeamten nicht neu verhandeln.

Er las weiter, auch die nächsten Paragraphen, in denen es um die Kosten ging, waren schwierig gewesen: »*3. Weil aber hierzu ... viel Zeit, große Mühe und Unkosten erfordert werden, soll ihnen erstens dreizehn Dörfer oder was sonst zur Erfüllung der Anzahl mit einbezogen werden muss, mit aller dabei befindlicher Mannschaft, sie seien Coelner oder Preußen ... auf zehn nacheinander folgenden Jahre... volle Jurisdiktion über ... jeden Einwohner eingeräumt werden ... jedoch dass sie...den Zins ... in den folgenden Jahren und also jährlich zweitausend neunhundert einundsechzig Mark unserem Amte Tilsit an dem gewöhnlichen Zinstage zu entrichten schuldig sein und daneben die Contribution und den Accis dem Amte zu geben schuldig sein.*«

Philipp von Chièze schüttelte den Kopf. Insgeheim hatte er gehofft, von diesem Zins befreit zu werden, aber der Kurfürst hatte nicht mit sich reden lassen, bei allem Entgegenkommen, das er sonst gezeigt hatte.

Aber auf dieses Geld hatte er nicht verzichten wollen. Dafür hatte er ihnen in der Ausführung des Plans freie Hand gelassen: »*... an welchem Ort sie es nötig und ... dienlich befinden, einen Graben zu machen, ... die Fließweise der alten und neuen Gilge zu verschütten und zu verfüllen und dazu die Erde zu nehmen, an welchem Ort es ihnen am bequemsten fallen möchte.*«

Damit hatte man ihnen freie Disposition der Arbeiten zugesichert, sie konnten Schleusen bauen, wo es ihnen nötig erschien, und der Kurfürst stellte ihnen das hierfür benötigte Holz zur Verfügung. Auch sonst hatte der Kurfürst sich großzügig gezeigt. Philipp von Chièze lächelte zufrieden, als er weiterlas: »*7. Für die große Mühe und schwere Kosten aber, welche bei diesem Wert angewandt werden müssen, … hiermit Chièze und Reeden und deren Erben und Erbnehmer zweihundert Huben von der Wildnis von … den Dörfern zwischen Seggenburg und Kalwellen entlang der Gilge … sofür itzo unter Wasser steht und nur mit Moor, Bruch und meist abgestandenem Holz, wie wir selber davon … Kundschaft haben.*«

Hier spielte der Kurfürst darauf an, dass er selbst in diesem Gebiet gewesen war und die Wildnis mit eigenen Augen gesehen hatte.

Aber wenn ihre Planungen erfolgreich durchgeführt werden würden, dann würden sie über einen riesigen Grundbesitz verfügen und nach der Trockenlegung des Gebietes besten Ackerboden vorfinden, aus dem man reiche Ernten herausholen konnte. Die leise Sorge, die ihn eben noch erfasst hatte, verstummte, Philipp von Chièze ergriff die Feder und setzte seine schwungvolle Unterschrift unter den Vertrag. Er nickte Karl von Reeden zu, der nun seinerseits unterschrieb. Philipp wusste, dass die Hauptarbeit auf ihn zukam, kannte er sich doch bestens aus seiner holländischen Zeit im Wasserbau aus.

Jetzt galt es, das Land vermessen zu lassen, Gräben anzulegen, Windmühlen mit Wasserpumpen zu bauen und vieles mehr. Dafür brauchte er gute Arbeiter, die sich im Wasserbau auskannten. Er würde also bei den Holländern in Königsberg versuchen, gute Leute zu finden.

***

Die Kutsche rollte langsam durch das offene Tor und hielt schließlich vor einem anderthalbstöckigen, lang gestreckten Gebäude. Das war also das Schlösschen in Caputh, das für die nächste Zeit ihr Zuhause werden sollte. Louise Katharina beugte sich aus dem Wagenfenster und betrachtete ihre Umgebung. Der mit roten und hellen Ziegeln gepflasterte Hof gefiel ihr gut, das Haus dagegen machte einen abweisenden Eindruck auf sie.

Jetzt öffnete sich die in der Mitte gelegene Tür und zwei Diener erschienen. Sie eilten auf die Kutsche zu und öffneten den Wagenschlag. Philipp von Chièze war bereits ausgestiegen und half nun seiner jungen Frau aus der Kutsche.

Louise Katharina reckte sich, um die durch die lange Fahrt steifen Glieder wieder in Bewegung zu bringen.

Inzwischen waren mehrere Bedienstete herausgekommen und begrüßten ihren Herren mit tiefen Verbeugungen. Louise Katharina bemerkte aber, dass die Begrüßung wenig herzlich war und fühlte, wie sie misstrauisch beäugt wurde. Auch als nun ihr Mann ihr die Dienerschaft vorstellte – es waren das Hausmeisterehepaar Marie und Friedrich, die Köchin, die Anna hieß, zwei blutjunge Stubenmädchen, deren Namen sie sich nicht gemerkt hatte, und die zwei Diener –, da bemerkte sie, dass man sie sehr zurückhaltend begrüßte. Louise Katharina war ein wenig enttäuscht, aber sie sagte sich, dass auch das Hauspersonal sich erst an die neue Herrschaft gewöhnen musste. Gut nur, dass sie von Zuhause ihre Zofe Anna und den Kutscher Wilhelm, die schon in Willkamm zur Dienerschaft gehörten, mit auf diese Reise nach Coelln an der Spree genommen hatte.

Philipp von Chièze sprach noch ein paar Worte mit dem Hofmeister Friedrich, dann zog sich die gesamte Dienerschaft zurück.

»Wir wollen das Haus ansehen«, meinte er zu seiner Frau und beide betraten die große Eingangshalle, die zum Treppenaufgang in die oberen Räume führte. »Links sind die Wirtschaftsräume und die Küche«, erklärte Philipp, »rechts Aufenthaltsräume für die Dienerschaft. Aber lass uns nach oben gehen und unsere Wohnräume ansehen. Sie sind gerade frisch renoviert worden und ich hoffe sehr, dass sie Euch gefallen.«

Louise Katharina nickte beklommen; sie hatte sich ihre Ankunft in Caputh irgendwie ganz anders vorgestellt. Schweigend stiegen sie deshalb zu ihren Wohnräumen hinauf.

Sie kamen in ein Vestibül, wovon aus Louise Katharina einen ersten Blick auf den Garten, der sich sozusagen hinter dem Haus befand, werfen konnte. Der Ausblick war sehr schön, die Gartenanlage zog sich weit dahin, am Ende glitzerte ein Wasser in der Sonne. Noch ehe sie diese Aussicht bewundern konnte, zog Philipp sie nach rechts, durch eine hohe Tür betraten sie einen hübsch ausgemalten Raum, der in einen weiteren, größeren Raum führte. »Voilà, Euer Schlafgemach«, sagte Philipp und vollführte eine kleine Verbeugung.

Louise Katharina war überrascht von der Helligkeit und Schönheit dieses Raumes. Ihr Blick schweifte über die farbigen Wände hinauf zur Decke.

»Oh, Philipp, das ist wunderschön!«, rief sie, und als sie in einer Kartusche an der Decke das Rautersche Wappen entdeckte, da sagte sie glücklich: »Dass Ihr daran gedacht habt, das ist so lieb von Euch«, und lachend drehte sie sich zu ihrem Mann um, der in der Tür stehen geblieben war.

Aber auf seinem Gesicht zeigte sich keine Freude, sondern es war leichenblass, sein Blick ging an ihr vorbei in die Ferne. Er schien sie gar nicht wahrzunehmen. »Philipp, was ist Euch?«, fragte Louise Katharina erstaunt. Da drehte sich ihr Mann um und verschwand ohne Antwort.

Louise Katharina stand zunächst starr vor Schreck; hier war etwas für sie Unbegreifliches geschehen. Aber was? Sie ging auf die Tür zu und blickte ins Treppenhaus. Philipp war verschwunden. Wo konnte er hingegangen sein? Sie überlegte; sicher wollte er niemandem begegnen und war deshalb nicht ins Souterrain hinuntergestiegen.

Da bemerkte sie, dass die Tür zum Garten nur angelehnt war. Also ist er im Garten, dachte sie. Sie lief die Treppe, die in den Park führte, hinunter, aber auch hier war niemand zu sehen. Sie folgte den gewundenen Kieswegen, die zum Wasser führten, und dann entdeckte sie ihn auf einer Bank, die in einer der Nischen, halb versteckt, stand.

Philipp war völlig in sich versunken und merkte nicht, dass seine Frau sich neben ihn setzte. Louise Katharina fühlte sich hilflos und sie wusste nicht, ob sie etwas sagen sollte. Deshalb nahm sie nur die Hand ihres Mannes, die kraftlos auf dem Knie lag. So hatte sie ihren Mann noch nicht erlebt. Aber hatte sie denn schon viel mit ihm erlebt? Sie dachte zurück an die kurze Zeit, die sie sich kannten. Er war ihr stets als der ruhige, ausgeglichene Mann erschienen, der immer alles beherrschte und bei dem man sich sicher fühlen konnte.

Plötzlich drehte sich Philipp zu ihr hin, drückte ihre Hand, blickte sie zwingend an: »Louisa«, stieß er hervor, »Ihr müsst mir etwas versprechen.«

Louise Katharina nickte. »Ihr müsst mir versprechen, keine Kinder zu bekommen.« Louise Katharina zuckte zusammen. Was war das für ein seltsamer Wunsch! Und wie kam er gerade jetzt dazu, solch einen unsinnigen Wunsch zu äußern, denn sie hatten vorher schon mehrmals darüber gesprochen, dass sie gerne Kinder haben wollten. Außerdem … diesen Wunsch konnte sie ihm gar nicht mehr erfüllen, denn seit einigen Tagen wusste sie, dass sie schwanger war. Sie hatte es ihm hier in Caputh sagen wollen. Sie hatte sich so darauf gefreut, als sie die Reise nach der Residenz angetreten hatten.

Philipp hatte vieles zu regeln und so hatten sie beschlossen, den Spätsommer hier im Sommerschloss zu verbringen und dann im Herbst nach Königsberg zurückzukehren. Das Kind würde im Februar oder im März zur Welt kommen und das sollte auf jeden Fall in Preußen geschehen, wo Mutter oder eine der Schwestern in der Nähe waren. Und nun diese seltsame Forderung.

Der Druck seiner Hand hatte nachgelassen, aber seine Augen blickten sie immer noch fragend an. »Warum diese Forderung?«, fragte sie leise. »Was ist geschehen?« Philipp antwortete nicht gleich, sondern starrte wieder vor sich hin.

Dann begann er zögernd zu sprechen: »Als Ihr eben im Zimmer da oben so erfreut ward, da sah ich ein Bild wieder vor mir ...« Er machte eine Pause. »Das Gleiche habe ich schon einmal erlebt.« Wieder schwieg er, Louise Katharina wartete. »Damals, als ich mit meiner Frau nach Coelln kam, fast die gleichen Worte. Und zwei Monate später war sie tot.«

Louise Katharina zuckte zusammen. Er sprach von seiner ersten Frau. Sie hatte zwar davon gehört, dass er sie im Kindbett verloren hatte, aber das war schon so lange her und er hatte nie davon gesprochen. Jetzt war also die Erinnerung wiedergekommen und die war schmerzlich. Vor allem hatte er offensichtlich große Angst, das Gleiche würde wieder passieren.

Louise Katharina nahm seine Hand in ihre Hände, drückte sie leicht. »Das wird sich nicht wiederholen, das fühle ich und ich fühle auch die Liebe, die aus Euren Worten spricht. Habt keine Angst.« Dabei lächelte sie ihn an. »Außerdem könnte ich Euren Wunsch gar nicht erfüllen.« Philipp sah sie fragend an, sah in ihre glücklich strahlenden Augen. »Wir werden nicht alleine bleiben, spätestens im nächsten Jahr werden wir zu viert sein und Henriette bekommt endlich ein Geschwisterchen«, sagte sie leise. »Und auch ich habe einen Wunsch, ich möchte, dass das Kind in Königsberg geboren wird.« Philipp nickte langsam. »Ich werde die besten Ärzte heranziehen.«

»Das wird hoffentlich nicht nötig sein.«

Ein Lächeln zeigte sich auf seinem Gesicht. Das war wieder seine zuversichtliche, unerschütterliche Louisa. Er blickte sie an, dann legte er seine linke Hand auf ihre umschlungenen Hände.

So saßen sie eine Weile schweigend, und Katharina hatte das Gefühl engster Verbundenheit, tiefer als in den intimsten Momenten ihrer jungen Ehe.

***

Louise Katharina ging unruhig hin und her. Sie war immer unruhig, wenn ihr Mann verreist war. Dieses Mal war er nun schon fast eine Woche fort und es war nicht abzusehen, wann seine Rückkehr erfolgen würde.

»Ich weiß nicht, wie lange alle diese Besprechungen dauern werden, rechnet nicht vor dem Wochenende mit mir«, hatte er bei seiner Abreise erklärt und Louise Katharina hatte nur nicken können. Im Moment war sie gar nicht gerne allein und sie neigte zum Weinen. Sie schimpfte mit sich selbst, denn sie wusste ja, dass diese Reise in den nördlichen Teil Preußens, nach dem Ort Kuckernese notwendig war. Aber dennoch – die Schwangerschaft machte sie offensichtlich zu einer »sentimentalen Gans«, wie sie sich selbst nannte.

Sie seufzte und setzte sich wieder in den weichen Lehnstuhl, den Philipp extra für sie besorgt hatte. Nach dem anfänglichen Schock, den sie mit ihrer Nachricht von ihrer Schwangerschaft bei ihm ausgelöst hatte, freute er sich jetzt aber auf das Kind und war sehr besorgt um sie, manchmal zu besorgt, wie sie lächelnd sagte.

Aber trotzdem ließ sie sich seine Fürsorge wohl gefallen. Und nun diese Fahrt in die Wildnis; sie erinnerte sich noch gut an ihren gemeinsamen Besuch im Frühsommer, an die Ärmlichkeit, ja Trostlosigkeit in Lappönen oder Lappienen. Philipp hatte ihr zwar zugesichert, dass Kuckernese ein recht ansehnlicher Ort sei, aber sie war wenig beruhigt.

Wieder stand sie auf und trat an eines der hohen Fenster. Draußen peitschte der Wind durch die Gasse, an der Häuserecke wirbelte er die ersten Blätter des Herbstlaubes auf und hin und wieder regnete es heftig, kein ideales Reisewetter.

Sie hoffte nur, dass er bei dem Burggraf von Kuckernese gut und warm untergebracht war, denn Philipps Gesundheit war nicht eben die Beste. Selbst im warmen Sommer neigte er dazu zu frieren und ein trockener Husten quälte ihn immer wieder.

»Ich bin ein Südländer und nicht für den kalten Norden gemacht«, spottete er, wenn sie sich Sorgen machte, »aber das bringt mich nicht um.«

Louise Katharina ging zurück zu ihrem Stuhl, es dämmerte bereits, das Feuer im Kamin loderte hin und wieder auf und begann, schwarze Schatten an die Wände zu werfen. Louise Katharina schloss die Augen und erinnerte sich an den Sommer. Gut zwei Monate waren sie in der Residenz geblieben. Ihr Mann hatte viel zu ordnen und fuhr täglich zu Besprechungen nach Coelln oder Berlin. Auch nach Potsdam musste er immer wieder, denn die Bauarbeiten am Stadtschloss wurden weitergeführt und er hatte ja immer noch die Oberaufsicht. Auch andere Bauarbeiten mussten beaufsichtigt werden, wenn er auch dort gute Baumeister hatte, auf die er sich verlassen konnte, allen voran seinen Vetter.

Außerdem waren viele Besprechungen nötig wegen der Trockenlegungsarbeiten an der Gilge, und manchen Abend war Philipp völlig erschöpft nach Hause gekommen und gleich in seinem Schlafzimmer verschwunden, sodass sie ihn tagelang nicht zu Gesicht bekam. Schließlich hatte sie es durchgesetzt, dass sie morgens gemeinsam frühstückten. »Da müsst Ihr morgens viel zu früh aus dem Bett, Louisa«, war sein Einwand gewesen. Aber sie hatte darauf bestanden, auch wenn sie früh herausmusste. Das war kein Problem. Als Mensch, der auf einem Gut aufgewachsen war, war sie gewöhnt, früh aufzustehen und gerade diese frühen Morgenstunden hatte sie besonders geliebt, vor allem bei einem Ritt über die morgendlichen Felder, wenn die Sonne noch nicht so heiß schien und die Natur gerade erwachte.

Ach ja – Louise Katharina seufzte wieder –, ach das Reiten, das hatte ihr Mann ihr strikt verboten, aus lauter Fürsorge. Dabei fühlte sie sich eigentlich sehr wohl, vor allem jetzt, wo die ersten Monate vorüber waren, aber sie hatte ihm versprechen müssen, kein Pferd zu besteigen. Nun, sie hielt sich daran, aber es fehlte ihr sehr, ganz besonders in Caputh.

Der Tag war wirklich sehr langsam dahingeflossen, wenn Philipp weg war. Für den Haushalt brauchte sie nicht viel zu tun, es funktionierte reibungslos, ohne dass sie viel zu sagen brauchte. Dabei hatte sie sich immer wie eine Außenseiterin gefühlt. Das Personal war nicht unfreundlich zu ihr, blieb aber distanziert und kühl, obwohl sie sich viel Mühe gegeben hatte.

Nein, die Monate in Caputh waren nicht sehr angenehm gewesen. Eine häufige Übelkeit hatte ihr zu schaffen gemacht, und dann war niemand da, mit dem sie hätte darüber sprechen können.

Nur einmal hatte Albrecht, ihr Bruder sie besucht. Das war einer der Lichtblicke gewesen. Aber er hatte sich so gefreut über die Nachricht, dass sie schwanger war, dass sie von ihren Sorgen nicht sprechen wollte. So hatte sie sich gefreut, als Philipp eines Abends ihr verkündete, er wolle und müsse möglichst bald nach Preußen aufbrechen, um einiges vor dem Einsetzen des Winters dort zu regeln.

Im Winter, wenn alles gefroren war und man Schlitten benutzen konnte, sollte nämlich aus den Wäldern nördlich der Gilge das benötigte Holz herangeschafft werden und so alles vorbereitet werden, um nach dem Hochwasser im Frühjahr gleich mit der Deicherhöhung an der Gilge beginnen zu können. Dafür mussten Arbeiter gewonnen werden, die dann auch mit dem Ziehen der ersten Gräben anfangen konnten.

Man hatte Philipp geraten, sich an den Burggrafen von Kuckernese zu wenden, dieser sei trotz seiner jungen Jahre ein erfahrener Mann, der wie Philipp von Chièze die Wasserbaukunst in Holland gelernt habe. Louise Katharina versuchte sich an den Namen zu erinnern: Stravinski oder Stawinski hieß er wohl; offensichtlich dem Namen nach ein Pole, zumindest polnischer Herkunft. Das war in Preußen nicht erstaunlich, lebten doch viele Polen hier, fast so viele wie Litauer und was Deutsch sprach, kam häufig auch aus allen Teilen des Reiches.

Louise Katharina wusste, dass ihre Familie aus dem Österreichischen stammte, irgendein Vorfahre war dann nach Preußen gekommen, wahrscheinlich wegen seines protestantischen Glaubens, und hatte hier Land erworben und erfolgreich ausgebaut. Ihre Gedanken gingen zurück nach Willkamm, das sie ja erst im Frühjahr verlassen hatte. Es waren gute Jahre dort gewesen, auch noch nach dem Tod des Vaters mit der schwierigen und immer ängstlichen Mutter, aber nun war sie erwachsen geworden und erwartete selbst ein Kind.

Sie strich sich über den Bauch. Ja, sie war rundlicher geworden, die Kleider begannen über der Taille zu spannen. Sie ließ sich nicht mehr so stark schnüren, und heute Morgen hatte sie sich nur zwei Unterröcke statt der üblichen vier überstreifen lassen. Am wohlsten fühlte sie sich im weiten Nachthemd mit dem seidenen Morgenmantel, aber darin konnte sie schließlich nicht den ganzen Tag herumlaufen, denn häufig erhielt sie schon am Vormittag Besuch.

Philipp hatte hier in Tilsit ein hübsch gelegenes Haus in der Nähe des Schlossteiches gemietet und eine Reihe von Freunden und Bekannten ihrer Familie, die den Winter in Tilsit verbringen wollten, machten ihre Besuche. Sie war nicht so einsam wie in Caputh, wenn Philipp nicht da war, aber manchmal waren die Besuche auch lästig. Aber Philipp hatte ihr versprochen, sobald seine Aufgaben hier erledigt waren, nach Königsberg zu gehen, dort den Winter zu verbringen und auf ihre Niederkunft zu warten. Louise Katharina freute sich auf Königsberg, auf diese lebendige Stadt und auf ihren Bruder, der dort ebenfalls mit seiner Familie den Winter verbringen wollte. Vielleicht würde auch eine ihrer jüngeren Geschwister in Königsberg sein, dann hätte sie keine Langeweile mehr und außerdem würde Philipp täglich bei ihr sein.

Lächelnd erhob sie sich, um nach dem Mädchen zu klingeln. Sie wollte zuerst zu Abend essen – allein – und dann früh zu Bett gehen und ganz fest an Philipp denken.

***

Louise Katharina hatte alle Hände voll zu tun. So kurz vor Weihnachten wurde in der Küche gebraten und gebacken, was für die Festtage vorbereitet werden musste. Philipp von Chièze war kurz nach der Rückkehr aus Kuckernese wieder nach Königsberg gezogen. Louise Katharina hatte sich bemüht, das Haus wohnlicher zu machen, außerdem wurde ein zweites Kinderzimmer eingerichtet und das danebenliegende Zimmer für die Amme in Ordnung gebracht.

Louise Katharina hatte zwar erklärt, dass sie keine Amme brauche, aber ihr Mann hatte darauf bestanden, zumindest eine Kinderfrau einzustellen, die gleich neben dem Kinderzimmer ständig ein Auge auf das Kind halten sollte. Louise Katharina hatte in diesem Punkt nachgegeben; nun waren beide Zimmer bereit und Philipp war beruhigt.

Außerdem hatte Louise Katharina der Köchin angeboten, in der Küche mitzuhelfen. Diese war zunächst eher skeptisch und ablehnend gewesen, aber als sie bemerkte, dass die junge Frau tüchtig mitanpackte, hatte sie Louise Katharina in ihrer Küche geduldet. Diese war froh, jetzt eine wirkliche Aufgabe zu haben und sie langweilte sich nicht mehr so wie in den Tagen in Schloss Caputh.

Louise Katharina fühlte sich sehr wohl in Königsberg, sie liebte die Stadt mit ihrem quirligen Leben. Besonders gerne hielt sie sich im Kneiphof auf, bei den Händlern und Kaufleuten, hier gab es immer viel zu sehen und vor allem die vielen Fremden, die aus allen Gegenden Europas in die Stadt kamen.

Philipp von Chièze war viel unterwegs bezüglich der im kommenden Frühjahr beginnenden Arbeiten in der Gilgeregion. Auch Carl von Reeden musste immer wieder konsultiert werden. Dieser war aber für den Winter nach Coelln zurückgekehrt, sodass die meiste Arbeit bei Philipp von Chièze lag.

Die politische Situation in Königsberg hatte sich auch noch nicht wieder beruhigt, noch immer rang der Kurfürst mit der Ständeversammlung um die Bewilligung von weiteren Steuern. Und dann war auch noch der langjährige Statthalter des Kurfürsten, Fürst Radziwill, gestorben. Er hatte immer wieder zwischen den Parteien vermitteln können, aber nun fiel er aus und der neue Statthalter, der Fürst von Croy, musste erst einmal das Vertrauen der Preußen gewinnen, was sicher keine leichte Aufgabe war.

Außerdem beobachtete man in Königsberg mit Sorge die unklare Haltung des Kurfürsten in der Auseinandersetzung zwischen Frankreich und dem Kaiser in Wien, denn diese Haltung des Kurfürsten könnte die Schweden ermuntern, wieder einmal in Preußen einzufallen, und das konnte eine aufstrebende Handelsstadt wie Königsberg überhaupt nicht gebrauchen.

»Sicher ist das auch ein Punkt, über den sie sprechen werden«, dachte Louise Katharina an diesem Morgen. Sie, das waren ihr Mann und der Gast, der soeben erschienen war und von Philipp gleich ins Arbeitszimmer geführt worden war. Louise Katharina hatte gehofft, dass ihr Mann ihn zur Begrüßung zu ihr bringen würde, aber das war nicht geschehen und darüber war sie sehr enttäuscht, denn diesen Gast hätte sie gerne kennengelernt.

Philipp hatte ihr nach seiner Rückkehr aus Kuckernese so viel von dem Burggrafen vorgeschwärmt, dass sie neugierig geworden war. Dieser Jan Stawinski war wohl genau der richtige Mann für Philipp, er teilte offensichtlich seine Begeisterung für die Trockenlegungspläne im Moorgebiet.

Philipp hatte vor einigen Tagen erwähnt, dass Stawinski in Königsberg sei, man habe ihm das Amt des Mühlenmeisters in der Stadt angeboten.

So war es gekommen, dass Philipp von Chièze ihn zu einer weiteren Besprechung in sein Haus eingeladen hatte.

Louise Katharina überlegte angestrengt, wie sie diesen Mann doch noch zu Gesicht bekommen könnte. Schließlich hatte sie die Idee, den Herren eine Erfrischung anzubieten, dagegen würde Philipp sicher nichts einzuwenden haben. In der Küche ließ sie frischen Tee aufbrühen und ein Tablett mit Geschirr und etwas Kuchen zurechtmachen. Dann nahm sie dem Küchenmädchen das Tablett aus der Hand und stieg hinauf zum Arbeitszimmer ihres Mannes.

Das Tablett in einer Hand balancierend öffnete sie leise die Tür und blieb völlig überrascht über das Bild, das sich ihr bot, stehen. Tief über die Karten auf dem Tisch gebeugt standen die beiden Männer eng nebeneinander. Louise Katharina sah nur die Köpfe, beziehungsweise die langen schwarzen Haare ihres Mannes und daneben lange seidige Haare von einem so hellen Blond, das sie selten oder bis jetzt nur bei holländischen Kaufleuten gesehen hatte. Und dies erstaunte sie so, hatte sie doch einen Polen erwartet und keinen Holländer.

Das Tablett in ihrer Hand zitterte und das Geschirr klirrte leise. Die beiden Männer hoben die Köpfe und betrachteten nun ihrerseits Louise Katharina, die immer noch mit erstaunten, weiten Augen auf sie starrte. Philipp rettete die Situation, indem er auf seine Frau zuging und ihr das Tablett abnahm. »Ah, Tee, das ist, was wir gut gebrauchen können«, meinte er lachend.

Louise Katharina hatte sich inzwischen gefangen und ging auf den Besucher zu. Jan Stawinski beugte sich tief über ihre Hand, dann meinte er lächelnd: »Gnädige Frau, ich bin entzückt, Sie endlich kennenzulernen, ihr Gatte hat schon viel von Ihnen berichtet.«

Louise Katharina blickte ihren Mann fragend an, der lächelte und sagte: »Nun, als junger Ehemann darf ich doch von meiner Frau schwärmen.«

Louise Katharina lachte verlegen. Immer wieder betrachtete sie Jan Stawinski: Das war auf keinen Fall ein Pole, diese lange, schmale Gestalt mit den blassblauen Augen und dem hellen Haar, das war ein Niederländer mit falschem Namen. Stawinski bemerkte ihren fragenden Blick und meinte lächelnd: »Sie wundern sich über mein Aussehen?« Louise Katharina fühlte sich ertappt und errötete leicht. »Da sind Sie nicht die Einzige, das passiert mir immer wieder. Aber ein Ur- oder Ur-Ur-Großvater war wirklich ein Pole; er kam durch Holland im Krieg und brachte eine Holländerin als Frau mit und seit dieser Zeit haben alle Stawinskis holländische Frauen, nur der Name blieb.« Louise Katharina blickte verlegen zu Boden, was mochte ihr Mann von ihr denken. Als sie aufsah, sah sie, dass er sich offensichtlich köstlich amüsierte. »Mir ist es genauso gegangen wie Euch«, wandte er sich an seine Frau, »aber lasst uns jetzt erst einmal einen Schluck Tee nehmen, sonst wird er noch kalt.«

Während die beiden Männer ihren Tee tranken, war Louise Katharina an den Tisch getreten und hatte einen Blick auf die Karte geworfen, die ausgebreitet auf dem Tisch lag. Sie erkannte Königsberg und die eingetragenen Städte: Da war Labiau, da war Tilsit und das blaue Band hier, das musste die Gilge sein.

Von Labiau aus führte eine rote Linie ins Moorgebiet, bis hinauf zur Gilge. »Soll das der geplante Kanal sein?«, fragte sie. Die Männer wandten sich ihr wieder zu. »Ja«, sagte Stawinski erstaunt, »wir beraten uns gerade über eine mögliche Führung des Kanals.« »Aber er soll durch das Moorgebiet führen?«, fragte Louise Katharina, »ist das denn möglich?« Die Männer wechselten kurze Blicke, dann sagte Stawinski wieder: »Ja, das ist schwierig. Der Orden hat schon ein Stück Graben angelegt von Labiau aus, aber dann sind sie auch an den Wassermassen gescheitert. Andererseits könnte man diesen Kanalbau mit der Trockenlegung verbinden.« Philipp von Chièze nickte: »Ja, das könnte man, aber die Ordensleute haben im Moor nicht weiterbauen können, weil der Graben immer wieder zugespült wurde oder einstürzte.«

Louise Katharina betrachtete erneut die Karte. »Und wenn man am Ende des Ordensgrabens nach Norden geht und nicht weiter nach Osten ins Moorgebiet, dann könnte man dieses doch meiden.« Wieder blickten die Männer sich an, dann beugten sie sich über die Karte. »Dann müsste er aber sehr nahe an der Küste zum Haff verlaufen, zumindest hier im südlichen Bereich und wir hätten den zweiten Nutzeffekt nicht«, meinte Philipp von Chièze.

Jan Stawinski studierte die Karte: »Das Wasser bekäme der Kanal dann von der Laukne, hier könnte man ihn enden lassen und dann nach Osten zur Gilge gehen.«

Wieder beugten sich die beiden Männer über die Karte. Die Anwesenheit seiner Frau hatte Philipp von Chièze völlig vergessen.

Louise Katharina lächelte. Das war sie gewöhnt, wenn ihr Mann von seinen Aufgaben gefangen genommen wurde, vergaß er alles um sich herum. Leise nahm sie das Tablett und verließ den Raum.

***

Philipp von Chièze kehrte kurz vor Weihnachten 1669 nach Königsberg zurück. Louise Katharina freute sich, dass er rechtzeitig nach Hause gekommen war, um die Festtage mit ihr zu verbringen. Die Schwangerschaft belastete sie mehr und mehr und Philipp hatte ja auch versprochen, bei der Geburt anwesend zu sein.

Die Feiertage verbrachten sie ruhig ohne Besuch in ihrem Haus in Königsberg und auch das neue Jahr begrüßten sie ohne große Festlichkeiten, nur Bruder Albrecht mit seiner Familie war anwesend.

Katharina genoss diese ruhigen Tage mit ihrem Bruder. Natürlich wurde über die für das nächste Jahr geplanten Arbeiten in der Niederung gesprochen und Albrecht freute sich auch, die Bekanntschaft von Jan Stawinski zu machen, der in den ersten Januartagen bei ihnen erschien.

Dann wurde auch das zweite Vorhaben, die Möglichkeit eines Kanalbaus von der Gilge in die Deime heftig diskutiert und Louise Katharina nahm großen Anteil an diesen Gesprächen. Auch der von ihr geäußerte Vorschlag der Linienführung für den neuen Kanal wurde mit Albrecht durchgesprochen und dieser zeigte sich ganz angetan von einer solchen Möglichkeit.

Häufig aber zogen sich die drei Männer in Philipps Arbeitszimmer zurück, um Karten zu studieren, und dann fühlte Louise Katharina sich ausgeschlossen, was ihr keineswegs gefiel. Wenn sie sich abends bei ihrem Mann darüber beschwerte, so wehrte dieser alle Vorwürfe ab; ihm gefiel das allzu große Interesse seiner Frau an den Vorhaben nicht so recht, wenn er auch einräumen musste, dass sie mit ihrem praktischen Verstand ihn immer wieder »auf die Erde holte«, wie sie zu sagen pflegte, wenn ihn seine Fantasie allzu weit von der Wirklichkeit entfernte.

Im Februar reiste der Kurfürst nach Königsberg, um dort seinen 50. Geburtstag zu feiern. Ein großer Festabend folgte dem anderen, an denen Louise Katharina wegen ihrer fortgeschrittenen Schwangerschaft natürlich nicht teilnehmen konnte. Philipp aber musste diese Bälle besuchen, um wichtige Hofbeamte und natürlich den Kurfürsten selbst zu treffen, der besonders an Nachrichten zu den geplanten Trockenlegungsmaßnahmen interessiert war.

Dann kam Philipp mit der Nachricht nach Hause, dass der Kurfürst seine Anwesenheit bei Hofe wünschte und er bestand darauf, dass sie mit ihm nach Coelln, besser gesagt nach Caputh fahren sollte.

Louise Katharina war tief enttäuscht, sollte ihr Kind wirklich in Caputh geboren werden? Aber Philipp wollte sie nicht alleine in Königsberg zurücklassen und so musste sie sich schweren Herzens fügen.

***

Anfang März kam Louise Katharina nieder, die Geburt ihres ersten Kindes verlief problemlos, worüber sich vor allem Philipp sehr freute, hatten ihn doch bis zum Ende immer wieder große Ängste geplagt.

Louise Katharina war glücklich, das Einzige, was ihre Freude trübte, war die Tatsache, dass ihr erstes Kind ein Mädchen war und nicht der erhoffte Erbe. Aber Philipp hatte ihr versichert, dass er auch über die Geburt eines Mädchens sehr glücklich war und dass er insgeheim sogar auf eine Tochter gehofft hatte.

Das Mädchen wurde im Dom zu Coelln auf den Namen Dorothea Amalie getauft; Dorothea nach der jetzigen Kurfürstin und Amalie nach der Mutter von Louise Katharina. Ihre Taufpaten waren der Kurprinz Carl Aemilius, der Kurfürstliche Statthalter Fürst zu Anhalt, der Graf von Dönhoff und der Vetter Philipps, Louis Henri von Chièze. Die weiblichen Taufpaten waren die Kurfürstin und die Frauen der einflussreichen Kammerdiener Heydekamp und Martitz.

Schon kurz nach der Geburt seiner Tochter verließ Philipp von Chièze Caputh, um verschiedene Festungen zu kontrollieren, denn die politischen Zustände in Europa waren alles andere als friedlich.

Ludwig XIV. von Frankreich rüstete zum Krieg gegen die Niederlande. Man munkelte, er habe mit den Engländern ein geheimes Abkommen geschlossen, das ihm freie Hand gegenüber den Niederländern gab. Allgemein war man der Ansicht, dass die Engländer damit einen Konkurrenten auf den Weltmeeren schwächen wollten. Natürlich wurde auch in der Residenz heftig darüber diskutiert, ob der Kurfürst nun mit den verbündeten Franzosen in den Krieg ziehen würde. Man atmete erleichtert auf, als der Kurfürst sich weigerte, mit den Franzosen gegen die Niederländer zu ziehen, aber die Unruhe blieb. Außerdem nutzte der Kurfürst wieder einmal die drohende Kriegsgefahr, um von den Landständen zusätzlich Steuern zu erzwingen. Als die Stände sich weigerten, setzte der Kurfürst den alten Landtag in Preußen kurzerhand ab und setzte einen neuen ein. Der Anführer im alten Landtag, von Klackstein, floh daraufhin nach Warschau.

***

Philipp von Chièze kehrte im Frühjahr nach Caputh zurück und auf Wunsch von Louise Katharina, die sich in Caputh gar nicht wohl fühlte, übersiedelte die Familie nach Tilsit. Von hier aus konnte Chièze die beginnenden Arbeiten an der Gilge besser überwachen.

Zunächst wurde dort der Deich erhöht und der Fluss vertieft, um die Abflussgeschwindigkeit der Gilge zu erhöhen und die Überschwemmungsgefahr der Uferregionen zu verringern.

Louise Katharina war betrübt, dass sie die Fahrten in das Gebiet nicht mitmachen konnte, musste sie sich doch in den ersten Monaten um ihr kleines Mädchen kümmern, da sie beschlossen hatte, auf eine Amme zu verzichten.

Aber Philipp berichtete ihr nach jeder Fahrt genau über den Stand der Arbeiten. »Große Sorge macht mir der Unterlauf der Gilge, das Gebiet, das außerhalb meiner zugewiesenen Dörfer liegt.«

Er zeigte dabei auf die Karte: »Hier, dieser Teil ab Kryszanen nach Westen. Der Westwind drückt hier das Haffwasser in den Fluss, er kann nicht abfließen, deshalb entstehen immer wieder Untiefen, die das Wasser zurückstauen. Was nutzt es, dass wir hier im Osten den Fluss vertiefen und dort nichts geschieht«, meinte er ärgerlich.

»Man müsste dieses Gebiet mit einbeziehen können«, bestätigte Louise Katharina in einem dieser Gespräche. »Ja, ich werde wohl noch einmal mit dem Kurfürsten verhandeln und dieses Problem zur Sprache bringen«, antwortete Philipp nachdenklich.

***

So war er im Sommer des Jahres wieder einmal nach Coelln gereist. Als es kälter wurde, der Herbst setzte überraschend früh ein, reiste auch Louise Katharina zurück nach Königsberg.

Kurz vor Weihnachten erst kehrte Philipp nach Königsberg zurück und dieses Mal freute er sich über die Nachricht, dass seine Louisa wieder ein Kind erwartete.

Das Jahr 1671 begann mit einer langen Frostperiode, die Philipp von Chièze nutzte, um den Holzeinschlag in der Nähe der Gilge durchführen zu lassen. Er fuhr Anfang Februar selbst in die Niederung, um sich von den Arbeiten einen Überblick zu verschaffen und kehrte nach knapp drei Wochen nach Königsberg zurück. Inzwischen war die Kälte von feuchtem Nieselwetter abgelöst worden und so brachte er von seiner Reise auch eine kräftige Erkältung mit nach Hause.

Louise Katharina war sehr besorgt, denn der Husten, der sich daraus entwickelte, wollte nicht weichen, trotz aller ihrer Bemühungen und dem Einsatz von allerlei Heilkräutern.

Währenddessen hatte Philipp von Chièze wieder die Verhandlungen aufgenommen bezüglich einer Vergrößerung des zu kultivierenden Gebietes zur Gilgemündung hin. Die Verhandlungen erwiesen sich als sehr schwierig, wobei Carl von Reeden davon gar nicht begeistert war und größere Geldausgaben fürchtete.

Schließlich hatte sich Chièze dazu entschlossen, anzubieten, die neuen Flächen hier in Preußen gegen sein Schloss in Caputh zu tauschen und damit auch einem Wunsch des Kurfürsten entsprochen.

Philipp hatte ausführlich mit Louise Katharina darüber gesprochen. Sie hatte nichts dagegen einzuwenden, Caputh hatte ihr nicht besonders gefallen und sie hatte keine freundlichen Gefühle, wenn sie sich an die wenigen Aufenthalte dort zurückerinnerte.

Jetzt schienen die Verhandlungen sich endlich zu einem guten Ende hin zu entwickeln, und an diesem Tag im März war Philipp mit dem ersten Vertragsentwurf nach Hause gekommen.

Louise Katharina brannte vor Neugierde und hoffte, einen Blick darauf werfen zu können, aber Philipp war ziemlich wortkarg gleich in seinem Arbeitszimmer verschwunden und er wollte offensichtlich nicht gestört werden.

Es blieb also Louise Katharina nichts anderes übrig, als wieder zu ihrem alten Trick zu greifen. Sie ging in die Küche und ließ einen frischen Kräutertee aufbrühen mit viel Salbei und Honig. Als er fertig war, ordnete sie alles auf einem Tablett, legte einige kleine Kuchen dazu, die Philipp so gerne mochte, und brachte alles ins Arbeitszimmer.

Ihr Mann saß in seinem großen Lehnstuhl und studierte ein engbeschriebenes Blatt, während mehrere solcher Blätter vor ihm auf dem Tisch lagen. Müde hob er den Kopf, als Louise Katharina eintrat. Er schob die Blätter beiseite, damit sie das Tablett absetzen konnte. Louise Katharina lächelte: »Ihr seid müde, ich bringe euch etwas, das wird euch erfrischen.«

Philipp nickte, dann blickte er sie an und sah, dass sie neugierig auf die Blätter schielte. »Ah, Ihr wollt wohl sehen, was im Vertrag steht«, lachte er.

Louise errötete ertappt, dann nickte sie. »Ich hätte Euch den Vertrag schon noch zu lesen gegeben«, sagte Philipp und reichte ihr eine Seite, »aber seht selbst, vielleicht findet Ihr noch einen Stolperstein, den ich übersehen habe.«

Louise Katharina zog sich einen Stuhl in die Nähe des Tischs und nahm das Blatt, das Philipp ihr hinhielt. Schnell überflog sie den Eingangsteil, den sie ja schon von den ersten Verträgen her kannte. Sie hielt erst an, als sie zur Aufzählung der Dörfer mit den genauen Größenangaben kam; das war neu in diesem Vertrag: »*Janeiten 25 Huben 2 Morgen 41 ½ Ruten, Baublen 10 Huben 20 Morgen 62 Ruten, Maszgrimmen 11 Huben 16 Morgen 254 Ruten, davon uns aber 1 Hube und 10 Morgen zugeschlagen*«, las sie leise. Sie nickte. »*Nauseden 2 Huben 18 Morgen 185 Ruten, Norwischeiten 12 Huben 5 Morgen 150 Ruten, Massleiten 11 Huben 17 Morgen 187 Ruten, Schomeitten 17 Huben 16 Morgen 204 Ruten.*« Wieder nickte sie, die Namen der Dörfer sagten ihr nicht viel, aber mit den Größenangaben konnte sie schon etwas anfangen. Sie las weiter und bei jedem Dorfnamen nickte auch Philipp vor sich hin: »*Schoppinen 8 Huben 27 Morgen 275 Ruten, Andresken 15 Huben 25 Morgen 15 ½ Ruten, Strompetten 2 Huben 79 Ruten, Martin Rumor 9 Huben 25 Morgen 104 Ruten, Namischeiten …* , ah, da steht auch *Lappehnen 14 Huben 5 Morgen 178 Ruten*«, sagte sie lächelnd.

Sofort waren die Bilder von ihrem ersten Besuch in Lappienen wieder in ihrem Kopf, dieses verwahrloste Dorf mit den armen Menschen.

Philipp hatte gemeint, schon bei den letzten Besuchen dort habe sich das Dorf gewandelt und bei den Bewohnern herrsche bereits eine bessere Stimmung als damals.

Am Ende der langen Reihe von Namen fand sie noch einen Nachsatz: »*Lappehnen und Norwischeiten 8 Huben 26 Morgen 18 Ruten, welche vor diesem strittig gewesen mit Amt und der Jägerei, Martin Rumor und Strompetten 27 Morgen, also Summa 151 Huben 45 Morgen 48 Ruten.*«

Es waren also die Dörfer, die der kurfürstliche Landmesser Kuntzmann ausgemessen hatte und von denen er eine Karte angefertigt hatte. Die nächsten Punkte überflog Louise Katharina, denn sie entsprachen wohl dem Kontrakt von 1669, dann aber stutzte sie. Unter Punkt 8 las sie: »*… und weil wir in jenem Contract, Art 3, eine jährliche Summe von 2961 MK wie auch die Dienste und Holzschlag aus allen Dörfern für behalten, so lassen wir solche jetzo gänzlich fallen und cediren dieses unserem Generalquartiermeister 10 Jahre aus allen Orten zu genießen, …*«

Louise Katharina lächelte Philipp an, dieser lächelte zurück und nickte.

»Ja, ja, diese Kontribution sind wir endlich los. Vor zwei Jahren wollte der Kurfürst noch nicht darauf verzichten, aber nun, wo das zu kultivierende Gebiet um noch einmal 200 Huben erweitert wird, von Kallwellen bis zur Gilgemündung, hat er sich meinen Wünschen angeschlossen. Ich habe klargemacht, dass das Ganze nun viel mehr Geld kosten wird … und er hat Caputh bekommen«, erklärte Philipp.

»Übrigens, er will das Schlösschen seiner Frau schenken«, fügte er hinzu.

Louise Katharina hatte inzwischen weitergelesen: »*Kontribution, Accise und andere Beschwerden, so auf den Landtagen eingewilligt werden, müssen diese Dörfer gleich anderen adelichen Unterthanen abführen.*«

»Na ja, eine völlige Befreiung meiner Dörfer konnte ich nicht erreichen«, meinte Philipp dazu.

»Aber es scheint ein guter Vertrag zu sein«, sagte jetzt Katharina, »nun könnt ihr weiter fortfahren mit den Arbeiten. Dafür müsst Ihr aber erst wieder ganz gesund werden. Trinkt also Euren Tee«, und sie wies auf die Tasse, die Philipp bis jetzt noch nicht berührt hatte. Gehorsam schlürfte er den abgekühlten Tee, aber sein Gesicht verzog sich: »Brr, die Medizin schmeckt trotz des Honigs allzu bitter«, brummelte er, trank dann aber gehorsam die Tasse leer.

***

Als es dämmrig wurde, beschloss Louise Katharina noch einmal nach ihrem Mann zu sehen, denn seit Stunden war kein Laut mehr aus dem Schreibzimmer gedrungen. Offensichtlich ging es ihm besser, denn auch einer der gefürchteten Hustenanfälle der letzten Tage war nicht zu hören gewesen. Aber gerade deswegen machte sie sich Sorgen.

Leise drückte sie die Türklinke herunter und betrat das Zimmer. Der halbe Raum lag schon im Dunkel, nur der Platz vor dem Kamin war etwas erleuchtet von dem heruntergebrannten Feuer. Der Schreibtisch war leer, also musste Philipp in dem großen Lehnstuhl sitzen, der nahe dem Feuer stand.

Leise trat sie hinter den Stuhl und blickte auf ihren Mann herab. Der Kopf war zur Seite geneigt, die Hände lagen schlaff auf den Lehnen, er schien zu schlafen. Seine Atemzüge waren ruhig, nur hin und wieder schnaufte er leise, das kam von seinem Schnupfen.

Zärtlich strich Louise Katharina über die Haare ihres Mannes. Sie lächelte dabei, als er sich nicht rührte. Das war ungewöhnlich, wies er doch sonst jede zärtliche Berührung ab.

Louise Katharina seufzte. Ja, Zärtlichkeit war etwas, was in ihrer Ehe wenig vorkam. Sie konnte sich nur an eine Situation erinnern, dass Philipp Zärtlichkeit zugelassen hatte, das war damals im Park von Caputh, aber das war nun schon eine Zeit lang her. Sie seufzte noch einmal leise.

Ihr fehlten diese kurzen Berührungen, die ausdrückten: Du gehörst zu mir. Nun, sie sollte sich nicht beklagen, als Liebhaber war an ihrem Mann nichts auszusetzen, er achtete immer darauf, dass auch sie beim Liebesspiel nicht zu kurz kam. Aber als der erfahrene, ältere Mann war es für ihn irgendwie eine feste Gewohnheit, er merkte nicht, dass sie sich danach sehnte, einmal nur in den Arm genommen zu werden, einfach so, aus Freude, beieinander zu sein, die Nähe und Vertrautheit mit dem anderen zu spüren. Fehlte in ihrer Ehe mit Philipp von Chièze vielleicht das, was man Liebe nannte?

Sie seufzte wieder; sicher nicht bei ihr, sie liebte ihren Mann, das wusste sie, aber liebte er sie auch?

Sie hatte sich in den letzten beiden Jahre hin und wieder diese Frage gestellt. Natürlich war ihr bewusst, dass er sie auch aus anderen Gründen geheiratet hatte. Sie erinnerte sich noch gut an ihr erstes Zusammentreffen; er war damals ganz offensichtlich auf Brautschau gewesen, und sie wusste auch, wer ihm dazu geraten hatte. Und da war ihm eine von Rauter gerade zur rechten Zeit begegnet.

Wie hatten seine Augen aufgeleuchtet, als sie ihren Namen und den Namen ihres Bruders erwähnt hatte. Für ihn als den Fremden, der italienisch-französischer Abstammung war, aus den Niederlanden kam und ein Reformierter war, war es ein Glücksfall gewesen, in eine der bekanntesten preußischen Familien zu heiraten. Louise Katharina wusste das wohl und dennoch hatte sie »ja« zu diesem so viel älteren Mann gesagt, weil sie von ihm fasziniert war, weil sie auch all das, was er plante, voll unterstützte und – weil sie ihn liebte.

Bei ihm waren es wohl vor allem rationale Überlegungen, auch dass er eine Mutter für seine Tochter Henriette brauchte, gewesen, sie zu heiraten, das war ihr manchmal, so wie jetzt, schmerzlich bewusst. Louise Katharina rief sich zur Ordnung. Ja, sie hatte es gewusst und deshalb hatte sie sich nicht zu beklagen. Inzwischen hatte er auch eingesehen, dass ihre Ratschläge sehr nützlich waren und so fragte er sie immer wieder um ihren Rat, wenn es um das große Projekt in der Niederung ging.

Nur – Louise Katharina zögerte –, über den Kanalbau sprach er nicht mehr mit ihr. Sie wusste davon nur von Jan Stawinski, der immer, wenn sie zusammentrafen hier in Königsberg, so verschiedene Andeutungen machte, als seien auch in diesem Fall die Verhandlungen mit dem Kurfürsten in vollem Gange. Wenn sie ihren Mann aber fragte, so schob er diese Angelegenheit weit von sich.

Warum? Louise Katharina konnte sich diese Frage nicht beantworten und seufzte noch einmal tief.

Da bewegte sich Philipp, er war offensichtlich aufgewacht. Louise Katharina verdrängte die wehmütigen Gedanken. Sie hatte wirklich keinen Grund, undankbar zu sein, Philipp war erfolgreich, es ging ihnen gut, sie waren eine glückliche Familie, alles war gut.

***

Anfang März wollte sich der Frühling noch immer nicht zeigen. Seit Tagen schneite es mehr oder weniger heftig, der Wind kam in Böen von der Ostsee her und trieb die Flocken durch die Straßen der Stadt. Im Hafen von Königsberg schwammen noch immer die Eisschollen und behinderten den Schiffsverkehr.

In der Amtsstube des Oberamtmanns im Dienste seiner Durchlaucht des Kurfürsten brannte deshalb ein helles Feuer und die drei Männer, die sich dort aufhielten, hatten ihre Stühle nahe an den Kamin gerückt, um etwas von der Wärme des Feuers mitzubekommen.

Carl von Reeden hatte seine Beine weit ausgestreckt und strich sich über das linke Knie. »Man wird alt«, meinte er. »Gestern strauchelte mein Pferd auf einer Eisplatte und schon lag ich auf dem Hosenboden«, setzte er lachend hinzu. »Früher wäre mir das nicht passiert.«

»Nun, das kann jedem einmal passieren«, sagte Philipp von Chièze, »bei diesem Wetter sollte man vielleicht auch nicht ausreiten; aber von alt sollten wir wirklich nicht sprechen. Wenn ich denke, was wir noch alles so vorhaben …« Er unterbrach sich und wandte sich dem dritten Mann zu, der am Rande des Kamins im Halbdunkel saß und bis jetzt wenig zum Gespräch beigetragen hatte. Jan Stavinski lachte: »Mit euren 40 Jahren seid Ihr doch im besten Mannesalter.«

»Das kann auch nur ein Junger wie Ihr behaupten«, antwortete Chièze, »aber Ihr habt hoffentlich recht. Wenn wir das große Werk mit dem Kanal wirklich durchführen wollen, brauchen wir noch ein paar Jahre Kraft und Gesundheit.«

»Übrigens«, warf von Reeden ein, »habt Ihr Euch mit dem Gedanken vertraut gemacht, an der Gilge ein Sommerhaus zu bauen?«

Chièze nickte. »Ich habe schon eine günstige Stelle ausgesucht. Hier, schaut mal«, meinte von Reeden und er erhob sich und trat an den Tisch, wo einige Karten ausgebreitet lagen. Er tippte mit dem Zeigefinger auf eine Stelle: »Hier, genau zwischen Kallwellen und Kryszanen, da, wo der Deich flacher wird, werde ich ein Sommerschlösschen bauen. Im Sommer gibt es nämlich kein schöneres Fleckchen Erde als hier.« Wieder tippte er energisch auf die Karte.

Chièze war ebenfalls aufgestanden und blickte nun auf die Karte, dann meinte er: »Ich habe eine andere Stelle im Auge.« Sein Zeigefinger glitt die Gilge aufwärts. »Hier, nördlich des Flusses, direkt hinter dem Deich, schräg gegenüber von Lappienen.«

Von Reeden nickte zustimmend. »Das wäre dann gar nicht so weit entfernt. Günstig, um gemeinsam auf die Jagd zu gehen.«

Chièze zuckte ein bisschen zusammen. Die Jägerei war nicht unbedingt etwas, wofür er sich erwärmen konnte. Einige der Gutsbesitzer, deren Land an das seine grenzte, hatten sie schon im letzten Herbst zu den Jagden eingeladen und es war schwierig gewesen, sie davon zu überzeugen, dass seine Zeit es ihm nicht erlaubte, auf die Jagd zu gehen, und er hatte eine Reise nach Coelln vorgeschoben als Entschuldigung. Deshalb schwieg er jetzt auch zu dem Angebot von Carl von Reeden und fuhr ablenkend fort: »Ich habe vor, hier bei Lappienen eine Kirche zu bauen zur religiösen Unterweisung der Leute. Ich habe bestimmt, dass das erste trockengelegte Stück Land dort zum Bau einer Kirche genutzt wird, und ich bin dabei, einen Kirchenplan zu entwerfen. Vielleicht können wir schon im Herbst mit dem Bau anfangen.«

»Ihr mutet Euch zu viel zu«, war jetzt die Stimme von Jan Stawinski zu hören, »erst jetzt habt Ihr das Gebiet für die Trockenlegung vergrößert, heute geht es um den Kanalbau, und dann noch diese Pläne.«

»Reeden hat eben gesagt, dass wir alt werden, und ich muss meine Zeit nutzen«, wehrte Chièze unwillig ab.

»Hoffentlich macht nicht der Krieg uns einen Strich durch die Rechnung«, meinte Stawinski. Von Reeden hob den Kopf: »Ja, einen Krieg können wir natürlich überhaupt nicht gebrauchen. Wer weiß, für wen sich der Kurfürst entscheidet, geht er mit den Niederländern oder mit den Franzosen?«

»Das kommt auf dasselbe heraus«, sagte Stawinski. »Wenn nur die Schweden Ruhe halten. Aber Pommern reicht ihnen nicht, sie wollen die ganze Küste an der Ostsee.«

»Der Kurfürst wird es zu verhindern wissen«, betonte von Reeden.

»Aber das würde ja Krieg bedeuten, und wo greifen die Schweden als Erstes wieder an – hier in Preußen«, erwiderte Stawinski skeptisch.

»Der Kurfürst hat Pillau ausbauen lassen und dort sitzt mit dem Waldburger ein tüchtiger Mann. Habt Ihr die Fortifikation dort nicht gerade inspiziert, Chièze?«, wandte er sich an seinen Nebenmann.

Philipp von Chièze nickte. »Ja, im Herbst war ich auf Geheiß des Kurfürsten in Pillau. Der Truchsess von Waldburg hat gute Arbeit geleistet, ich konnte nach Coelln nur Gutes berichten. Es scheint ein sehr fähiger Mann zu sein, nach allem, was ich dort gesehen habe.«

»Also kein Grund zu großer Sorge«, meinte von Reeden an Jan Stawinski gewandt, »Pillau schützt die Küste, schützt Königsberg und ganz Preußen«, setzte er stolz hinzu, »und mit seiner Armee ist der Kurfürst ja auch ein Stück weitergekommen, das ist nicht zu vergleichen mit dem großen Krieg.«

Philipp von Chièze nickte. Auch er machte sich Sorgen, die Nachrichten, die aus der Residenz kamen, ließen nichts Gutes ahnen.

Die Franzosen mit ihrem jungen König Ludwig XIV. waren ausgesprochen landhungrig, es war eine Frage der Zeit, wann dieser Ludwig im Norden die Niederlande angreifen würde. Und es war immer noch nicht klar, auf welche Seite sich der Kurfürst stellen würde. Machtpolitisch war wohl Frankreich der bessere Verbündete, aber durch die Familie war der Kurfürst viel zu sehr mit den Niederlanden verbunden, als dass er sich mit dem Gegner verbünden würde.

Und da waren ja auch immer noch die machtgierigen Schweden im Norden, nicht mehr so stark wie zur Zeit des großen Krieges, aber immer noch stark genug, Verwüstung und Not nach Preußen zu bringen.

»Meine Herrn, hoffen wir auf friedliche Jahre«, sagte Chièze nach einer kurzen Zeit des Schweigens, »widmen wir uns ganz der Zukunft und unseren großen Plänen, dem Bau eines Kanals von der Gilge in die Deime, einem sicheren Wasserweg nach Königsberg.«

»Wo der Oberamtmann nur mit den Verträgen bleibt«, sagte gerade Carl von Reeden, als sich die schwere Eichentür öffnete und der Erwartete zusammen mit zwei Schreibern die Stube betrat.

Er begrüßte die drei Herren, während die beiden Schreiber am Tisch die Karten zusammenrollten und verschiedenen Papiere auslegten.

»Meine Herren, Sie entschuldigen die Verspätung, aber verschiedene Geschäfte außerhalb haben mich aufgehalten. Inzwischen haben aber meine Schreiber einige Abschriften der Verträge hergestellt. Wir können also sofort mit der Verlesung beginnen.«

Carl von Reeden, Philipp von Chièze und Jan Stawinski hatten inzwischen am Tisch Platz genommen und die ausgelegten Papiere untereinander verteilt.

Philipp von Chièze wandte sich an den Oberamtmann: »Ihr seid entschuldigt, bei diesem Wetter ist es schwer, auf der Straße vorwärts zu kommen. Wir haben die Zeit mit Gesprächen gut genutzt.«

Die beiden anderen nickten. Chièze fuhr fort:»Wie besprochen habe ich den Wasserbaumeister Stawinski dazugebeten. Er verfügt über große Erfahrung und sollte daher als Verständiger den Vertrag prüfen. Außerdem habe ich vor, ihn mit der Oberaufsicht über den Bau zu beauftragen.«

Der Oberamtmann nickte: »Ich bin damit einverstanden, meine Herren. Ich denke, wir sollten mit der Verlesung beginnen.« Er griff nach dem obersten Blatt, das vor ihm lag und begann mit ruhiger Stimme zu lesen: »*Unser gnädigster Kurfürst und Herr, zur Beförderung der Commercion in Preußen, des Wohls und zu diesem Zweck, erachtet einen neuen Graben von Labiau an biß in die Gilge verfertigen zu lassen. (Deshalben) haben der Kurfürst mit dem Generalquartiermeister Philipp von Chièze und Hauptmann von Oranienburg Carl von Reeden nachfolgenden Contract und Vergleich getroffen:*

1. Anfänglich nehmen gedachter Generalquartiermeister und Herr von Oranienburg über sich«, der Oberamtmann räusperte sich und fuhr dann fort: »*... sobald es ihre Gelegenheit zugiebt, einen Graben von Labiau an biß in die Gilge zur besseren Beförderung der Schifffahrt und Commercion auf ihre eigenen Kosten und Gefahr, jedoch mit Zuziehung anderer, so ihnen anständig, zu verfertigen und ohne einziges Zuthun der Kurfürstlichen Durchlaucht, die hierzu den geringsten Heller nicht geben, lassen machen.*«

Der Oberamtmann machte eine Pause und blickte in die Runde. Als er sah, dass die drei Herren nickten, griff er nach dem zweiten Blatt. Die Herren wussten offensichtlich, dass sie hier ein großes Wagnis eingingen.

Er lächelte vor sich hin, als er an die Anfänge der Verhandlungen dachte. Der Kurfürst wollte unbedingt diesen Kanal, fand aber zunächst niemanden, der diesen unter den genannten Bedingungen bauen wollte. Denn selbstverständlich wollte der Kurfürst selbst dafür keinen Taler oder Heller, wie er immer betonte, ausgeben.

Die Königsberger Kaufleute, die ja am meisten von einem solchen Kanal profitierten, hatten deshalb schon am Anfang abgewinkt. Das war kein Geschäft für sie.

Und dann war dieser Chièze aufgetaucht, ein offensichtlich schwerreicher Mann, hatte die Älteste von Rauter geheiratet und sich schließlich bereit erklärt, in die Planung für den Kanal einzusteigen, zusammen mit dem von Reeden. Die beiden waren wohl noch auf der Suche nach weiteren Geldgebern, was der Kurfürst ja ausdrücklich genehmigte.

Dennoch schüttelte er leise den Kopf, als er fortfuhr:

»*2. Im Fall nun diese Arbeit nicht angehen noch den Graben zur Perfektion gebracht werden könnte, so wollen und sollen die Annehmer wegen der von Ihnen daran gewandten Spesen an die Kurfürstliche Durchlaucht ganz primo Praetension machen, sollte aber das Werk gelingen, als dann sollen sie es an ihre Unkosten gänzlich fertig zu schaffen und zu liefern schuldig sein.*«

Wieder schwieg der Oberamtmann kurz, als sich keiner der Herren regte, las er weiter:

»*3. Wohingegen stehet ihnen frei und wird ihnen Kraft dieses concedieret, dass sie durch die Wildnis und diejenigen Örter, woselbst es am füglichsten wird geschehen können, graben mögen.*«

Damit stellt der Kurfürst uns wenigstens das Land zum Kanalbau zur Verfügung, dachte Chièze ein wenig bitter, denn so ganz nach seinem Geschmack war der Vertrag nicht ausgefallen. Aber sie hatten dem Kurfürsten noch ein paar andere Zugeständnisse abgerungen und deshalb nickte er, als nun der Oberamtmann fortfuhr:

»*4. ... weil zur Fortsetzung dieser Arbeit einige Soldaten benötigt sein, so wollen kurfürstliche Durchlaucht Ihnen dieselben geben (...) und so viele immer möglich und biß auf zweihundert Mann, commandieren lassen, welche sie mit Bier, Brot und Gelde nach Notdurft versorgen und nach Verdienst richtig bezahlen sollen ...*«

»*5. Seine kurfürstliche Durchlaucht geben ihnen auch frei zu Behuf dieser Leute zu brauen und zu backen, in gleichen vorstrecken sie Ihnen das dazu benötigte Holz, wie auch zu den Schleusen und Schuppen erfordert wird, aus den nebst angrenzenden Wäldern oder welches Holz man am füglichsten wird bekommen können, durch dero Oberförster Follerten anweisen und ohn entgeldlich abfolgen zu lassen.*«

Carl von Reeden rieb sich die Hände, diesen Absatz hatte er durchgesetzt für seine Soldaten, wie er es zu nennen pflegte. Seine Gedanken schweiften ab und er wurde erst wieder aufmerksam, als der Oberamtmann den 7. Paragrafen vorzulesen begann:

»7. Nach Anfertigung dieses Grabens und von der Zeit, da die erste Wittinen durchpassieren wird, anzurechnen, behalten sich die die Annahme bevor, dass ihnen alle und jede davon fällige Intraden vierzehn Jahre lang allein verbleiben, auch sonst niemand als die Jurisdiktion darüber haben solle.«

Philipp von Chièze lächelte; das und der nächste Punkt sicherten ihnen die Einnahmen, den Schiffszoll für die Durchfahrt, und hier musste der Gewinn aus dieser Arbeit herkommen. Das hatte auch Stawinski so gesehen, und er hatte ihm geraten zu dieser Abmachung. Auch der nächste Paragraf sollte genügend Einnahmen absichern.

»Nach Verfließung solcher 14 Jahre aber erhält kurfürstliche Durchlaucht von diesem Graben Intraden die eine Hälfte, Ihnen aber und Ihren Nachkommen verbleibt die andere Hälfte sowohl des Grabens als der sämtlicher davon fälligen Nutzungen (…) mit eben solchen Rechten wie kurfürstliche Durchlaucht ihre Hälfte besitzen und gebrauchen.«

Es war inzwischen im Raum so dunkel geworden, dass die Schreiber aufstanden, um die Lichter anzuzünden. Währenddessen lasen die vier Herren die nächsten Paragrafen jeder für sich, bis der Oberamtmann seine Stimme wieder erhob und fortfuhr:

»12. … einige Krüge auf ihre Rechnung zu erbauen mit eigenem Bier für die Commodität der Schiffahrenden.…

… bei jedem Krug zwei Huben Landes nutz- und urbar machen mögen …

… sie sollen zur Hälfte erb- und eigenthümlich bleiben…

… die übrige Hälfte der Krüge und die davon fallende Nutzung fällt dem Kurfürsten zu …

… niemand anderes darf am Graben Krüge bauen …«

Als der Oberamtmann geendet hatte, blickte Philipp von Chièze Jan Stawinski an. Dieser nickte ihm zu. Auch ihm war ein bisschen mulmig bei dem Gedanken, dass der Graben auf eigenes Risiko gebaut werden sollte und dass der Kurfürst keine Garantie für einen Weiterbau – sollte irgendetwas dazwischen kommen – übernehmen wollte, aber mehr Zugeständnisse waren von dieser Seite wohl nicht zu erwarten.

Die Schreiber hatten inzwischen alles zur Unterzeichnung bereitgestellt und so wurde der Vertrag unterschrieben und gesiegelt.

»Nun, meine Herrn, darauf sollten wir ein Gläschen trinken«, meinte der Oberamtmann lächelnd. Auf sein Klingeln erschien ein Diener mit einem Tablett voll Gläser, in denen ein dunkler Rotwein schimmerte. Während sich die Schreiber zurückzogen, stießen die vier Herren auf das neue Werk an.

***

Louise Katharina stieg langsam die Treppe hinauf. In der Hand hielt sie einen Brief, den lang ersehnten Brief ihres Mannes. Sie hatte seit Wochen auf eine Nachricht von ihm gewartet.

Alle ihre Pläne für dieses Jahr waren umgestoßen worden. Was hatten sie nicht alles erlebt. Ihre kleine Tochter Dorothea war erkrankt und so hatte sich die Reise nach Tilsit, von wo aus sie die Niederung besuchen wollten, immer weiter in den Sommer hineingezogen und Philipp war schon mehr als ungeduldig geworden. »Ach Philipp«, seufzte Louise Katharina, während sie ihr Zimmer betrat, das im oberen Stock des weitläufigen Gutshauses lag. Noch während der Vorbereitungen für die Reise war dann der Befehl des Kurfürsten eingetroffen, umgehend in Coelln am Hofe zu erscheinen. Schweren Herzens hatte sich Philipp von Chièze auf die Reise gemacht, während geplant war, dass Louise Katharina zunächst noch in Königsberg bleiben sollte.

Die Aufsicht über die Arbeiten an der Gilge hatte Philipp Jan Stawinski übertragen, der ihr eifrig von den Fortschritten berichtete. Die Vertiefung des Flusses ging gut voran, auch die Vermessungsarbeiten für die Hauptentwässerungskanäle konnten bereits durchgeführt werden.

Die Überschwemmungen in diesem Frühjahr waren nicht so schlimm gewesen und so hoffte man nun auf eine gute Ernte. Philipp war sehr zufrieden mit Stawinski, auf den er sich verlassen konnte. Sie hätten nur gerne die Arbeiten selbst beaufsichtigt, aber daraus wurde in diesem Jahr nichts. Anstelle davon musste Philipp die Fortifikationen im Westen begutachten, da die politische Lage immer mehr auf einen Krieg hindeutete.

Katharina ließ sich in einen Sessel fallen, der nahe am Fenster stand. Ihr Blick schweifte über den kleinen Park und zwischen den hohen Bäumen konnte sie die gelben Kornfelder sehen. Wenn das Wetter weiterhin so gut blieb, dann konnte hier auf Willkamm mit der Ernte in den nächsten Tagen begonnen werden.

Ja, sie war mit den Kindern auf Willkamm. In seinem ersten Brief hatte Philipp sie nämlich aufgefordert, Königsberg zu verlassen und statt nach Tilsit nach Willkamm zu gehen. Er fürchtete unruhige Zeiten in Preußen und vor allem bestand die Gefahr, dass die Schweden wieder einmal Lust bekommen könnten, in die preußischen Gebiete einzufallen – es wäre nicht das erste Mal.

Louise Katharina hatte also ihre beiden Mädchen, die Kinderfrau und ihre zwei treuesten Diener in einen großen Reisewagen gepackt, und so war man nun auf Willkamm. Die Mutter hatte sie zwar freundlich begrüßt, aber Louise Katharina hatte doch den Unmut über den Besuch gespürt. Amalie von Rauter war nach dem Tod ihres Mannes eine verbitterte Frau geworden, der keiner etwas recht machen konnte. Sie trug nur tiefschwarze Kleidung und schlich seufzend durch das Haus, und mehr als einmal war Louise Katharina erschrocken zusammengefahren, wenn ihre Mutter unvermittelt vor ihr auftauchte.

Mit ihrer Schwägerin Katharina, der Frau von Bruder Albrecht, verstand sie sich ganz gut, wenn sie sie auch für ziemlich langweilig hielt. Sie besorgte gewissenhaft den Haushalt, aber sie wirkte eher kraftlos und sie war entsetzt, dass Louise Katharina wieder begonnen hatte zu reiten.

Diese Ritte über die Felder wie in den Jugendtagen, jetzt nur nicht mehr so stürmisch, genoss sie sehr. Auch hatte sie sich nach einigen Tagen mit dem Verwalter getroffen und vieles besprochen. Der Mann war sichtlich erfreut, eine sachkundige Gesprächspartnerin gefunden zu haben, denn keine der Damen im Haus, weder die Mutter und Schwägerin noch die beiden unverheirateten Schwestern kümmerten sich um das Gut, und Albrecht war, wie ihr Mann, als Kammerherr des Kurfürsten längst nach Coelln befohlen worden.

Louise Katharina öffnete nun den Brief vorsichtig, indem sie das Siegel brach, und begann zu lesen:

Meine liebe Louisa. Seine Durchlaucht, der Kurfürst, überträgt mir immer neue Aufgaben, sodass an eine Rückkehr in den nächsten Monaten nicht zu denken ist. Das Beste für Euch und die Kinder wird sein, dass ihr sicher auf Willkamm bleibt, vielleicht noch über den ganzen Winter. Das würde mich beruhigen. Die politische Lage ist immer noch unsicher, da der Kurfürst sich wieder einmal nicht entscheiden kann, ob er sich nun mit den Franzosen verbündet oder gegen sie.

Ich vermute, dass er sich, wenn er sich schließlich entscheiden muss, gegen Frankreich und für die Niederländer entscheiden wird, die stehen seinem Herzen eben näher, und dann sind wir im Krieg mit den Schweden, die ja bekanntlich Verbündete der Franzosen sind. Und was das für Ostpreußen bedeutet, haben wir schmerzlich erfahren müssen. Ich habe auch große Befürchtungen wegen der Arbeit an der Gilge. Jan Stawinski berichtet mir zwar, dass es zügig vorangeht, aber was nützt das alles, wenn die Schweden einfallen und alles wieder verwüsten. Das ist meine größte Sorge. Bleibt daher für die nächste Zeit auf Willkamm, dort seid Ihr viel sicherer, denn die Schweden dringen meist nicht so weit ins Land hinein, sie sind an den Häfen an der Ostsee mehr interessiert. Dort ist auch mehr zu holen.

Zurzeit wird deshalb auch Pillau vom Waldburger mehr und mehr befestigt, was Durchlaucht in den höchsten Tönen lobt.

Ich besuche vor allem die Fortifikationsarbeiten hier in Kalkar und Lippstadt, zusammen mit Freiherr von Spaen, aber der Kurfürst denkt nicht nur an Krieg, sonst hätte er uns nicht gleichzeitig beauftragt, eine zum Kauf angebotene Kunstsammlung in Amsterdam in Augenschein zu nehmen.

Ihr seht, ich bin hier nicht abkömmlich.

Herze unsere beiden Töchter und grüße die ganze Familie von mir,
Euer sehr ergebener und Euch liebender Gatte
Philipp de Chièze.

***

Louise Katharina blieb den ganzen Sommer des Jahres 1671 in Willkamm. Sie übernahm nach und nach die Führung des Haushaltes, wofür ihre beiden Schwestern ihr sehr dankbar waren. Auch der Verwalter wandte sich immer öfters an sie, wenn wichtige Entscheidungen anstanden, denn ihr Bruder Albrecht war wie ihr Mann schon seit Monaten am Hofe in Coelln. Ihrer Mutter ging sie soweit als möglich aus dem Weg, denn ihre Jammermonologe machten Louise Katharina jedes Mal sehr traurig, vor allem die Tatsache, dass sie hier nicht helfen konnte.

Ab und zu erhielt sie einen Brief von ihrem Mann, sodass sie mit dem Geschehen bei Hofe wohlvertraut war.

Der Kurfürst hatte sich jetzt doch für ein Bündnis mit den Niederlanden entschieden – was allgemein erwartet worden war – und damit stand Brandenburg-Preußen mitten in den Auseinandersetzungen zwischen Frankreich, Schweden und England auf der einen Seite und den Niederlanden, Spanien und Österreich auf der anderen Seite.

Inzwischen hatte der französische König Ludwig auch die Niederlande angegriffen, um sein Territorium nach Norden auszuweiten. Die Niederländer hatten den Angriff damit beantwortet, dass sie die Schleusen öffneten und ihr Land unter Wasser setzten. Das hatte die Franzosen zum Rückzug gezwungen, worauf sie in die clevischen Lande einmarschiert waren und diese Gebiete des Brandenburgers verwüsteten.

Der Kurfürst war mit seiner Leibgarde nach Halberstadt gezogen und wartete dort auf die kaiserlichen Truppen zur Unterstützung. Inzwischen hatten die Franzosen unter Marschall Turenne Westfalen besetzt, aber bei ständig »scheußlichem Wetter«, wie Philipp berichtete, war es noch zu keiner Schlacht gekommen. Er empfahl Louise Katharina dringend, auf Willkamm zu bleiben, da die Reaktion der Schweden immer noch nicht genau vorhersehbar war und man mit einem Einfall in Ostpreußen rechnen musste.

So war der Sommer vorübergegangen, die kleine Dorothea gedieh prächtig und auch Louise Katharina fühlte sich wohl, obwohl sie natürlich ihren Mann hin und wieder sehr vermisste.

Im Dezember kamen dann Philipp von Chièze und Albrecht von Rauter nach Hause und Louise Katharina freute sich sehr darüber, die beiden liebsten Menschen um sich zu haben. Das Weihnachtsfest wurde zusammen gefeiert, und als man am Morgen des 25. Dezembers in den Schlitten durch die vom Schnee glitzernde Landschaft zur Kirche fuhr, da war Louise Katharina so richtig glücklich und zufrieden und sie dankte Gott inbrünstig für so viel Glück.

Aber das hielt nicht an, denn gleich am Anfang des neuen Jahres erkrankte Philipp. Sein Husten, mit dem er sich die letzten Winter immer gequält hatte, war wieder aufgebrochen, dazu kam hohes Fieber und Louise Katharina wachte manche Nacht am Bett ihres Mannes. Die Kinder hielt sie aus Angst vor Ansteckung von ihm fern und auch die anderen Mitbewohner mieden diesen Flügel des Gutshauses.

Aber langsam erholte sich Philipp unter der guten Pflege seiner Frau, so ganz sollte der hartnäckige Husten ihn dennoch nicht mehr verlassen. Bis ins Frühjahr hinein schüttelten ihn immer wieder heftige Hustenanfälle.

Louise Katharina war sehr besorgt, zumal sie wieder schwanger war und im September ihr zweites Kind erwarten würde. Sie hatte eigentlich eine größere Pause einlegen wollen, aber die Wiedersehensfreude hatte sie alle Vorsicht vergessen lassen.

Als die ersten warmen Sommertage sich ankündigten, reiste Philipp nach Tilsit ab. Er hatte den Kurfürsten gebeten, die Lage an der Gilge zu begutachten, und der Kurfürst hatte ihm diesen Urlaub bewilligt.

Ende Juni teilte Philipp seiner Frau mit, er habe in Tilsit ein schönes Haus erworben und er bat sie, mit den Kindern dorthin zu kommen. Louise Katharina war überglücklich, endlich wieder längere Zeit mit ihrem Mann in einem eigenen Heim zu sein.

***

Die Wochen und Monate in Tilsit waren ruhig und sehr glücklich für Louise Katharina. Zwar reiste ihr Mann immer wieder für einige Tage in die Niederung, aber er berichtete ihr genau von dem Fortschritt der Arbeiten, sodass sie – wenn auch aus der Ferne – alles gut mit verfolgen konnte.

Die Erhöhung der Deiche war soweit abgeschlossen, man hatte jetzt mit dem Ausheben der Kanäle zur Trockenlegung des Landes begonnen und diese Arbeiten gingen gut voran, zumal das Wetter, im Gegensatz zu den letzten Jahren, sehr schön und beständig war.

Philipp konnte auch berichten, dass jetzt bei den Dörfern sehr viel mehr Felder bestellt würden und dass es dort viel besser aussehe. Auch der Schlossbau ging voran, Louise Katharina kannte die Pläne und hatte ihrem Mann bei der Planung viele wertvolle Ratschläge geben können, besonders in Bezug auf die Anlage der Wirtschaftsgebäude und der Stallungen. Philipp hatte ihr versprochen, dass das Schlösschen – eher ein großes Gutshaus – bis zum nächsten Jahr fertig werden würde und sie dann mit der Inneneinrichtung beginnen könnte, worauf sich Louise Katharina jetzt schon freute.

Die Schwangerschaft machte ihr dieses Mal mehr zu schaffen und scherzhaft meinten einige gute Freunde, das sei ein Zeichen dafür, dass es diesmal ein Junge sei. Louise Katharina hoffte es sehr, denn sie erinnerte sich an die kleine Enttäuschung in Philipps Gesicht, als er erfuhr, dass auch sein zweites Kind ein Mädchen war. Er hatte natürlich nichts gesagt, aber Louise Katharina hatte doch gespürt, dass er auf einen männlichen Erben gehofft hatte.

Mitte September wurde dann auch wirklich der Sohn geboren, ein gesunder Junge und Philipp und Louise Katharina waren überglücklich. Er wurde auf den Namen des Kurfürsten Friedrich Wilhelm getauft.

Den Winter verbrachte die Familie in ihrem Haus in Tilsit, aber die Sorge kehrte zurück, als Philipp wieder Fieberanfälle bekam und auch der Husten sich einstellte. Dennoch folgte er, wenn auch geschwächt, der Anordnung seines Kurfürsten, ihn in Coelln zu treffen und dann die Schäden, die die Franzosen in den westlichen Gebieten angerichtet hatten, zu begutachten. Von dort erreichte Louisa Katharina die Nachricht, dass ihr Mann Philipp von Chièze in Oesterwik bei Coesfeld in Westfalen gestorben war.

***

Albrecht von Rauter betätigte den Türklopfer und schon nach kurzer Zeit wurde die Tür geöffnet. »Hallo Franz«, sagte er freundlich zu dem Diener, der sich tief vor ihm verneigt hatte, »ist die gnädige Frau, meine Schwester, schon zu sprechen?«

Franz schüttelte den Kopf: »Die gnädigste Frau Schwester hat seit Tagen ihre Schlafräume nicht verlassen. Das Mädchen erzählt, dass sie auch fast nichts isst. Es ist aber auch zu schrecklich – dieser plötzliche Tod unseres Herrn.«

Albrecht von Rauter nickte, auch ihm schien dieser Tod zu unerwartet, und da er geahnt hatte, dass seine Schwester tief getroffen war, hatte er sich schnellstens auf den Weg nach Königsberg gemacht.

Gestern Abend war er spät in der Stadt eingetroffen und sein erster Weg am Morgen führte ihn zu Louise Katharina.

Inzwischen waren sie in die große Eingangshalle getreten.

»Ich werde dennoch meine Schwester aufsuchen, bitte melde mich an.«

Franz nickte und zu zweit stiegen sie die breite Treppe hinauf, die zu den Schlafräumen führte. Albrecht bewunderte die geschmackvolle Ausstattung des Hauses, man erkannte die Handschrift eines kunstsinnigen Mannes, wie es Philipp von Chièze gewesen war. Er, Albrecht, hatte ja am Anfang einige Bedenken wegen des großen Altersunterschieds gehabt, aber er hatte dann erkannt, dass Philipp seine Schwester gut behandelte und ihren Realitätssinn sehr zu schätzen wusste, und er hatte erlebt, wie glücklich Louise Katharina in den letzten Jahren gewesen war.

»Die gnädige Frau lässt bitten«, unterbrach die Stimme des Dieners seine Überlegungen.

Vorsichtig öffnete er die Tür und betrat das Schlafzimmer, in dem es sehr dämmrig war, denn alle Vorhänge waren zugezogen. Als sich seine Augen an die Dunkelheit gewöhnt hatten, erkannte er seine Schwester in dem großen Bett. Sie hatte die Bettdecke bis zur Nasenspitze hochgezogen, so, als ob ihr kalt wäre. Albrecht trat ans Bett und beugte sich zu seiner Schwester hinunter, die ihn mit matter Stimme begrüßte, aber ihm noch nicht einmal die Hand entgegenstreckte.

»Ja, es ist ein schwerer Schicksalsschlag, Schwesterchen«, sagte er leise.

Louise Katharina blickte ihn an: »Kommst du aus Berlin?«, fragte sie matt.

Albrecht erschrak. Wo war seine Louise Katharina? So hatte er sie noch nie erlebt.

»Ja, ich komme direkt aus Coelln. Als ich um Urlaub bat, hat der Kurfürst ihn mir sofort gewährt. Trösten sie ihre Schwester und helfen sie ihr, hat er gesagt. Er war auch erschüttert über den Tod von Chièze, er hat einen seiner besten Männer verloren.«

Einen Moment blieb alles still und Albrecht glaubte schon, seine Schwester habe nicht alles verstanden, dann hörte er die matte Stimme: »Nenne mich nicht mehr Louise, die ist mit Chièze gestorben.« Albrecht betrachtete seine Schwester mitleidig, doch dann stand er mit einem Ruck auf, ging zu den Fenstern, öffnete die Vorhänge. »So«, sagte er energisch, »liebste Katharina, jetzt schicke ich dir deine Zofe zum Ankleiden. Es ist viel zu besprechen, auch wegen der Kinder und wie alles weitergehen soll. Du hast Aufgaben und meine Katharina hat sich noch nie vor einer Aufgabe gedrückt.«

Ihm taten die harschen Worte leid, aber er wusste, er musste seine Schwester aus ihrer Schwermut reißen und sie an ihre Aufgaben erinnern. So würde sie schneller mit dem Tod ihres Mannes fertigwerden. Ohne eine Antwort abzuwarten, drehte er sich um und verließ das Zimmer. Draußen traf er Marie, die Zofe seiner Schwester: »Die gnädige Frau braucht Eure Hilfe«, sagte er und fügte hinzu: »Ich warte unten im Salon auf sie.«

***

Zwei Stunden später saßen sich die Geschwister gegenüber. Katharina war immer noch sehr blass, aber ihre Augen blickten ihn jetzt wach und interessiert an. »Der Kurfürst persönlich hat mir zugesagt, sich um einen Vormund für die drei Kinder zu kümmern. Ich glaube, er hat einen Königsberger im Auge, der in eurer Nähe wäre. Mich hat er mit der Regelung über das Vermögen von Chièze beauftragt. Zurzeit wird eine Liste in Berlin erstellt. Du wirst ein großes Witwengeld erhalten, das habe ich schon sichergestellt. Und die Kinder werden gut versorgt sein.«

Katharina nickte. Im Moment war ihr dies alles recht gleichgültig. Was würde das für ein Leben sein, ohne Philipp? Aber, so musste sie sich eingestehen, in den letzten Jahren war sie ja auch so viel allein gewesen, wenn er im Westen auf Inspektionsreise war oder in den Norden gefahren war, in das Moorland, das trockenzulegen seine eigentliche Aufgabe gewesen war in letzter Zeit.

Katharina seufzte, als sie an die Menschen dachte, die so viel Hoffnung auf das Werk gelegt hatten. Was würde aus ihnen werden, wer würde die Arbeiten weiterführen. »Was passiert mit der Niederung?«, fragte sie aus ihren Gedanken heraus.

Albrecht zuckte mit den Schultern. »Darüber wurde noch nicht gesprochen, das eilt doch nicht«, sagte ihr Bruder. Katharina schüttelte den Kopf: »Doch, das eilt, wenn in diesem Sommer etwas geschehen soll, dann müssen die Arbeiter angeworben werden. Man muss mit den Gruppenführern reden, die Arbeit muss organisiert werden, einer muss die Aufsicht übernehmen.«

»Ich kann das nicht«, meinte Albrecht, »wenn ich hier alles geregelt habe, werde ich kurz nach Willkamm fahren und dann nach Coelln zurückkehren. In dieser politisch so unruhigen Zeit braucht der Kurfürst alle seine Gefolgsleute in Coelln.« Insgeheim freute sich Albrecht aber, seine Schwester dazu gebracht zu haben, in die Zukunft zu schauen und sie damit aus ihrer Trauer gerissen zu haben.

»Ich denke, Chièze hat hier in Preußen mit einem erfahrenen Mann zusammengearbeitet, « wandte er sich an Katharina. Diese nickte: »Ja, das ist Jan Stawinski, ein gelernter Wasserbaumeister, im Moment ist er Burggraf in Kaukehmen. Er hat den Kanalbau in Holland studiert.« Sie erinnerte sich plötzlich wieder an ihre erste Begegnung mit Stawinski und ein Lächeln huschte über ihr Gesicht, was Albrecht mit Verwunderung bemerkte.

»Ich muss, wie gesagt, schnell in die Residenz zurück und ich denke, du solltest mitkommen, um die Angelegenheiten Chièzes dort zu regeln. Ich werde dir behilflich sein und außerdem …« Albrecht zögerte.

»Ja, was gibt es noch?«, fragte Katharina

»… außerdem solltest du Chièze holen lassen. Er ist jetzt in Oesterwieck am Harz begraben. Der Kurfürst meinte, er sollte besser im Dom begraben werden.«

Katharina nickte leicht: Ja, das stand einem so hohen Hofbeamten sicher zu.

»Wir könnten von Coelln aus alles besser organisieren.«

Wieder nickte Katharina: »Dann lasst uns keine Zeit verlieren und morgen schon aufbrechen«, meinte sie entschlossen.

***

Am 10. Juni wurde Philipp von Chièze im Berliner Dom bestattet.

Der Kurfürst und die gesamte Hofgesellschaft waren anwesend und Katharina konnte aus ihren Worten echte Trauer spüren.

Sie selbst hatte viel zu erledigen. So verhandelte sie mit dem ostfriesischen Vormund von Henriette, der ersten Tochter von Chièze, und verkaufte das Haus auf dem Friedrichswerder, das diese von ihrem Onkel geerbt hatte. Auch bezüglich der Arbeiten in Preußen war vieles zu regeln, sodass es Ende August wurde, bis Katharina mit den Kindern nach Tilsit reisen konnte.

Dort ließ sie die Mädchen und den einjährigen Sohn Friedrich Wilhelm in der Obhut der Kinderfrauen zurück und machte sich auf den Weg nach Norden. Zuerst wollte sie Jan Stawinski in Kaukehmen aufsuchen und dann weiterreisen an die Gilge, wo sie die Bauarbeiten an dem Sommerschlösschen begutachten wollte.

Der Bau war Philipps Idee gewesen und er hatte im vorigen Jahr damit begonnen, seinen Plan zu verwirklichen. Katharina wollte sehen, wie weit die Arbeiter vorangekommen waren. Gleichzeitig hatte sie aber noch einen weiteren Plan.

Als sie das letzte Mal mit ihrem Mann über die Arbeiten in der Niederung gesprochen hatte, da hatte dieser den Wunsch geäußert, auf dem ersten trockengelegten Stück Land eine Kirche zu bauen. Katharina kannte die tiefe Frömmigkeit ihres Mannes und so fühlte sie sich geradezu verpflichtet, seinen Wunsch zu erfüllen.

Insgeheim war das auch der eigentliche Anlass ihrer Reise, die sie gegen den Rat ihres Bruders angetreten hatte. Ihm hatte sie von diesen Plänen nichts gesagt, sie wollte zuerst einmal sehen, wie die Lage war.

In diesem Sommer waren die Arbeiten am Gilgedamm erst einmal eingestellt, aber sie wusste, dass noch viel zu tun war, bis das ganze Gebiet, das Chièze erhalten hatte, endlich soweit trockengelegt war, dass neue Bauern und Pächter dort angesiedelt werden konnten.

Auch darüber und über die Weiterführung dieser Maßnahmen musste sie mit Stawinski beraten. In Kaukehmen führten die beiden lange Gespräche. Auch Jan Stawinski war für die Fortführung der Maßnahmen, aber er zeigte auch auf, wie viel Mühe damit verbunden war. Gleichzeitig aber bot er ihr seine Hilfe und Unterstützung an. Er kannte die Vorarbeiter, und wenn auch für diesen Sommer nichts mehr unternommen werden konnte, so erklärte er sich bereit, gleich im Frühjahr des nächsten Jahres mit den Trockenlegungsmaßnahmen fortzufahren.

Er bewunderte diese Frau, die so kurz nach dem Tod ihres Mannes bereit war, dessen Werk fortzuführen, und das nicht nur mit ihrem Geld, sondern mit ihrer ganzen Kraft.

Katharina verriet ihm aber nichts von ihrem Kirchenbauplan, als sie nach einigen Tagen in seiner Begleitung die Gilge hinab mit dem Schiff fuhren.

***

Es war ein sehr warmer Sommertag und Katharina stöhnte in ihren schwarzen Gewändern über die Hitze. Zum Glück ging ein leichter Wind und machte die Fahrt erträglicher.

Sie stand im vorderen Teil des Schiffes und betrachtete die Landschaft.

Wie sie diese Weite liebte. In Willkamm hatte es immer wieder kleine Höhenzüge gegeben, die den Blick begrenzten, hier konnte er weit bis zum Horizont schweifen. Sie sah die Wiesenflächen, zwischen denen das Wasser in den schon angelegten Gräben die Sonne spiegelte, sie sah die schier endlosen Baumreihen des Waldes in der Ferne und über allem diesen weiten Himmel, blau mit einigen Wolken, die wie hingetupft aussahen.

Ach Philipp, wenn du jetzt bei mir wärest, wie schön wäre alles, dachte sie und seufzte so tief, dass Stawinski, der neben ihr stand, sie erstaunt ansah.

»Das alles«, sagte Katharina und wies mit der Hand in die Landschaft, »dies alles soll einmal ein blühendes Land werden, das verspreche ich und nichts wird mich daran hindern«, und sie dachte an das, was Albrecht ihr beim letzten Besuch berichtet hatte, dass nämlich die Erben von Carl von Reeden ihr das Land streitig machen wollten. Er fürchtete eine langjährige Auseinandersetzung, aber Katharina hatte ihm erklärt, dass sie davor keine Angst hatte. Sie würde alle Verpflichtungen aus den Verträgen erfüllen und niemand würde sie daran hindern.

Energisch hob sie den Kopf und ihre Gestalt straffte sich. Sie würde dies auch dem Kurfürsten mitteilen und ihn gleichzeitig von ihrem Plan, eine Kirche für diese Dörfer zu bauen, unterrichten. Sie hatte noch niemals aufgegeben und würde es auch dieses Mal nicht tun. Das Geld für den Kirchenbau würde sie aus ihrem Witwengeld nehmen, dann hatte ihr niemand dreinzureden. Sie wusste, dass dieses Vorhaben auch dem Kurfürsten gefallen würde, und so hoffte sie, seine Zustimmung zu bekommen.

Inzwischen hatte das Boot den Ort Lappienen erreicht, wo die Schiffer anlegen wollten, aber Katharina bedeutete ihnen, noch ein Stück flussabwärts zu fahren und am gegenüberliegenden Ufer festzumachen. Hier war der Gilgedamm schon stark erhöht worden, aber ein schmaler Weg führte hinunter zum Wasser, wo das Ufer eine kleine

Bucht bildete. Dort konnte das Schiff festmachen und mit einer Leichtigkeit, die man ihr wohl nicht zugetraut hatte, sprang Katharina an Land und stieg zur Deichkrone hinauf. Sie atmete tief auf und streckte sich, als ob sie etwas Belastendes abschütteln wollte.

Inzwischen waren ihre Begleiter auch herangekommen. »Ich wusste gar nicht, dass das Haus schon so weit fertiggestellt ist«, sagte Stawinski überrascht.

Auch Katharina war erstaunt, vor ihr stand ein langgestreckter, zweistöckiger Bau mit einem hohen, spitzen Dach und einem vorspringenden Mittelteil. Rechts und links davon waren je vier Fenster, es war also nicht sehr groß, fügte sich aber gut in die Landschaft ein. Sie hatte nur Pläne für dieses Sommerhaus, wie Chièze es genannt hatte, gesehen, aber irgendwie hatte sie es sich so vorgestellt.

Nun stiegen sie den Damm hinunter und betraten das Haus von der Flussseite her. Beim Anblick des Inneren war Katharina ernüchtert, innen war das Haus noch ein Rohbau. Nur eine breite Holztreppe führte nach oben, sonst war es leer. »Nun, da wartet eine Menge Arbeit auf mich«, war Katharinas erster Gedanke, aber gleichzeitig freute sie sich darauf, dieses Haus nach ihrem Geschmack auszustatten, das hieß aber auch, dass sie den ganzen Sommer über in Tilsit bleiben musste, um immer wieder hier herzukommen.

»Wenn Ihr gute Handwerker braucht, dann kann ich Euch behilflich sein«, wandte sich Stawinski nun an sie, so, als habe er ihre Gedanken erraten. Lächelnd nickte sie, dann sagte sie: »Wir sollten noch dem Ort einen Besuch abstatten.«

Als sie schräg gegenüber an der anderen Gilgeseite anlegten und an Land gegangen waren, da sah sich Katharina überrascht um.

Mein Gott, wie hatte es hier ausgesehen, als sie und Philipp hier das erste Mal gewesen waren. Sie sah noch die wenigen heruntergekommenen Hütten vor sich und die hungerleidenden Menschen. Aber es war in den letzten Jahren offensichtlich besser geworden. Die Häuser hatten teilweise neue Strohdächer und in den kleinen Gärten, die angelegt worden waren, wuchs das Gemüse und die Menschen, die jetzt angelaufen kamen, sahen nicht mehr so verzweifelt aus, sondern schienen sich über ihren Besuch zu freuen.

Der Dorfälteste begrüßte sie erfreut und verneigte sich tief vor ihr. Sie winkte ihn heran. Als er zögernd näher kam, sagte sie: »Erkennt Ihr mich wieder?« Der Mann nickte und sagte: »Ihr seid die Frau unseres verstorbenen Herrn, Gott habe ihn selig«, und dabei zeigte sein Gesicht ehrliche Trauer. Dann kam es gequält hervor: »Was wird nun aus uns. Nichts ist fertig. Die Überschwemmung war zwar im Frühjahr nicht mehr so groß, aber das Land ist immer noch zu feucht, um Getreide anzupflanzen. Und die trockenen Flächen«, er wies nach links und rechts, »sind dazu noch viel zu klein.« Katharina sah sich um.

Entlang des Deiches schien wirklich ein größeres Stück Land trocken zu sein.

Wie ein Blitz war ihre Erkenntnis: Genau hier werde ich die Kirche bauen lassen, genau hier. Es war ihr, als gebe Philipp seine Zustimmung dazu, als sie sagte: »Guter Mann, es wird alles seinen Fortgang nehmen, daran ändert der Tod meines Gatten gar nichts. Und ich werde hier eine Kirche bauen lassen. Ihr braucht einen Pfarrer und religiöse Unterweisung. Alles drei werdet Ihr hier in Lappienen bekommen, das verspreche ich.«

Die Umstehenden sahen sie mehr erschrocken als freudig an. Diese Frau wollte also das Werk ihres Mannes nicht nur fortführen, sie wollte ihnen sogar eine Kirche schenken. Auch Jan Stawinski sah sehr erstaunt aus und wandte sich an Katharina: »Ihr wollt eine Kirche bauen?«

»Ja«, sagte Katharina, »Chièze hatte bestimmt, dass das erste trockengelegte Stück Land dafür genutzt wird. Und hier scheint die beste Stelle zu sein. Vielleicht können die Handwerker, die das Haus gebaut haben, auch die Kirche bauen. Und die Pläne dafür sind auch schon da«, fügte sie hinzu, als sie Stawinskis erstauntes Gesicht sah. »Wenn Ihr nach Tilsit kommt, werde ich sie Euch zeigen. Chièze hat sie schon fertiggestellt und ich habe den Plan bei seinen Zeichnungen gefunden. Mir scheint sie sehr schön, ich bin gespannt, was Ihr dazu sagen werdet.« »Von Kirchenbauten habe ich wenig Ahnung, aber natürlich werde ich die Pläne einmal anschauen«, erwiderte Stawinski.

»Nun, so lasst uns die Heimfahrt antreten, ich glaube, es ist schon spät geworden, die Sonne steht schon recht tief. Seht nur, die Gilge sieht aus wie ein goldener Fluss«, fügte sie hinzu.

***

Trotz der Warnungen ihres Bruders Albrecht blieb Katharina mit den Kindern in Tilsit. Sie wollte da sein, wenn es Probleme gab bei den Arbeiten in der Niederung. Jan Stawinski hatte es übernommen, die Arbeiten dort zu beaufsichtigen und deshalb reiste Katharina mehrere Male nach Kaukehmen, wo Stawinski Burggraf war. Sie hatte sein Angebot angenommen, bei den Besuchen in seinem Haus zu wohnen, aber sie fühlte sich dort nicht recht wohl, denn Stawinskis Frau beobachtete misstrauisch die Zusammenarbeit der beiden. Sie war nicht unfreundlich, aber doch recht kühl Katharina gegenüber. Mehrmals bemerkte Katharina, dass sie ihre sowieso schon schmalen Lippen heftig zusammenpresste, wenn sie, Katharina, und Stawinski über die Arbeiten an der Gilge sprachen und versuchten, die Schwierigkeiten zu lösen.

Und Schwierigkeiten gab es genug. Da war vor allem die Frage, genug Tagelöhner für die Arbeit am Deich und an den Gräben zu finden. Es fehlten immer mehr junge Männer, denn in diesen politisch unruhigen Zeiten waren die Werber unterwegs, um Soldaten anzuwerben. Viele junge Männer waren jetzt beim Militär, andere versteckten sich oder verschwanden über Nacht ins Polnische oder rüber ins Litauische. Auch die für den Deichbau zugesagten Soldaten waren nicht eingetroffen. Alles das machte Katharina große Sorge, aber aufgeben, das kam für sie nicht in Frage.

Das musste auch Albrecht feststellen bei seinen gelegentlichen Besuchen. Er war noch immer nicht mit ihrer Entscheidung einverstanden, aber da er wusste, dass er seine Schwester nicht von dem einmal gefassten Entschluss abbringen konnte, bemühte er sich, sie nach Kräften zu unterstützen.

Das war besonders nötig in Bezug auf die Vormundschaft für den Sohn Friedrich Wilhelm. Der Kurfürst hatte gleich nach dem Tod von Chièze einen Vormund für die Kinder eingesetzt. Dieser wachte nun darüber, dass das Erbe für den Sohn gut verwaltet wurde, und so beobachtete er misstrauisch die Arbeiten in der Niederung. Albrecht musste immer wieder mit ihm verhandeln und darauf hinweisen, dass Katharina nur das Werk ihres verstorbenen Mannes fortsetzte und die mit dem Kurfürsten geschlossenen Verträge erfüllte, dem der Vormund, ein Mann der Verwaltung in Königsberg, nur widerstrebend zustimmte.

Freude hatte Katharina aber an zwei Dingen, an der Fertigstellung des Schlösschens und am Bau der Kirche. Das Schloss, eher ein größeres Gutshaus, war so weit fertig, dass mit dem Ausbau im Inneren begonnen werden konnte.

Katharina hatte Handwerker in Tilsit damit beauftragt und da gab es für sie viele Entscheidungen zu treffen, was die Ausstattung betraf, die Tapeten, die Möbel, die Gardinen und die Teppiche. Und immer wieder fragte sie sich, wenn sie vor einer Entscheidung stand: Was hätte Philipp wohl gefallen? Die Arbeiten im Haus zogen sich noch bis in den Winter hinein, aber Katharina hoffte, dass sie bereits im nächsten Sommer dort mit den Kindern wohnen konnte. Sie hatte auch schon ein tüchtiges Ehepaar gefunden, das im bereits fertiggestellten Gesindehaus während des Winters wohnen und so ein Auge auf das Schlossgebäude haben konnte.

Überrascht war sie, als sie im Sommer nach Lappienen kam und bereits die Grundmauern der neuen Kirche besichtigen konnte. Die bestellten Bauarbeiter waren fleißig gewesen und so war schon der Grundriss der Kirche gut zu erkennen.

Die Bewohner des Dorfes waren erstaunt, wie ihre zukünftige Kirche aussehen sollte.

Das war keine normale Kirche mit Kirchenschiff und Glockenturm, sondern sie sollte wohl rund werden. Dann erkannten sie, dass die Kirche doch wohl eckig werden sollte, aber mit acht Ecken, und das erstaunte sie noch mehr, hatte doch noch niemand jemals von einer achteckigen Kirche etwas gehört, geschweige jemals eine gesehen. Der Leiter der Bauarbeiten bestätigte aber den erstaunten Dörflern, dass der Herr von Chièze eine solche Kirche geplant hatte, ja, er zeigte ihnen sogar die Entwürfe, die die Bauern kopfschüttelnd betrachteten.

Wenn aber die Frau Katharina, wie man sie allgemein bei den Leuten zu nennen pflegte, so eine Kirche nach den Plänen ihres Mannes bauen wollte, dann sollte es eben so sein, die Hauptsache war ja, sie bekamen eine Kirche und einen Pfarrer und das war ein großes Glück, und da war es egal, ob die Kirche viereckig, achteckig oder rund wurde.

Die Bauarbeiten gingen so zügig voran, dass schon im Herbst das Dach aufgesetzt werden konnte. Im Frühjahr würde sie dann mit allem Nötigen ausgestattet werden. Nun war es wichtig, einen Geistlichen zu finden, der hier in der »Wildnis« das Pfarramt übernehmen wollte, und so wandte sich Katharina in Tilsit an den dortigen Pfarrer, der ihr versprach, ihr bei der Suche behilflich zu sein.

Alle diese Arbeiten waren für Katharina ein gutes Heilmittel für ihren Schmerz über den Tod ihres Mannes. Manchmal, wenn sie an der Gilge stand und in die weite Landschaft mit dem einzigartigen Sommerhimmel blickte, dann hatte sie das Gefühl, dass Philipp neben ihr stand und ihr zunickte. Auch bei manchen Entscheidungen war dieses Gefühl da und sie glaubte, dass nicht sie diese oder jene Entscheidung traf, sondern ihr verstorbener Mann. Hier bei dieser Arbeit, die sie weniger als Last, sondern eher als Trost empfand, war Philipp ihr ganz nah und deshalb verspürte sie, trotz aller Trauer, oft eine tiefe Freude.

Das Jahr 1674 brachte beunruhigende politische Ereignisse, die Katharina auch im fernen Tilsit nicht unberührt ließen. Ihr Bruder Albrecht forderte sie immer wieder auf, mit den Kindern in das sichere Willkamm zu gehen, aber Katharina wollte die Arbeiten nicht aufgeben und blieb in Tilsit.

Als im Mai brandenburgische Truppen in Königsberg gegen den Willen der Bevölkerung einquartiert wurden, schien die Situation wirklich gefährlicher zu werden. Man rechnete täglich mit einem Angriff der Schweden, die die Lage im Westen ausnutzen könnten. Denn dort hatte der französische König Ludwig die Pfalz besetzt und zwischen Berlin und Wien liefen Verhandlungen, wie man diesen Aggressor aufhalten könne.

Im Oktober erfolgte die Besetzung des Elsass, aber aufgrund der schlechten Ausrüstung und Moral der kaiserlichen Truppen wurde es ein Fehlschlag. Im Januar 1675 kam es zu Auseinandersetzungen zwischen brandenburgischen und französischen Truppen, die Franzosen konnten ihre Stellungen halten und die Brandenburger zogen sich in ihr Winterquartier bei Schweinfurt zurück.

Wie erwartet nutzten die mit den Franzosen verbündeten Schweden die Situation aus und fielen in Brandenburg ein. Sie verwüsteten das Land und drangen schließlich in die Nähe von Berlin vor.

Der Kurfürst rief die anderen Reichsfürsten auf, dem Eindringen der Schweden Widerstand zu leisten. Als er keine Unterstützung erfuhr, reiste er zu seinen Truppen nach Franken und führte sie in nur 14 Tagen bis nach Magdeburg. Von dort brach er im Juni nach Norden auf und überraschte die Schweden, die an der Havel standen, am 25. Juni mit einem Angriff.

Mit dem Gewinn der Schlacht bei Fehrbellin begründete der Kurfürst seinen Ruhm in Europa. In Ostpreußen hatte man die Geschehnisse im Westen mit Angst und Bangen verfolgt, um so größer war die Erleichterung, als die Siegesnachrichten eintrafen. Bald sprach man überall nur vom »Großen Kurfürsten«, aber für die Preußen war es nun vor allem wichtig, dass ihnen die Angst vor Einfällen der Schweden in Ostpreußen genommen worden war.

***

Albrecht, der kurz darauf seine Schwester in Tilsit besuchte, sprach begeistert von dem großen Sieg und zum ersten Mal konnte er seine Schwester überreden, mit ihm nach Königsberg zu reisen und an den Feierlichkeiten und Siegesfeiern teilzunehmen.

Der kleine Salon, in dem Katharina Platz nahm, war schon gut gefüllt. Sie blickte sich um. Was sie sah, erfreute sie wenig, die Damen, die hier um die kleinen Tische gruppiert saßen, hatten fast alle das Alter ihrer Mutter und sie war doch gerade mal erst 25 Jahre alt. Aber als Witwe war ihr Platz jetzt eben hier.

Albrecht hatte sie überredet, zu einer der Abendveranstaltungen mitzugehen, die aus Anlass des großen Sieges überall in Preußen abgehalten wurden.

Fast jeden Abend veranstalteten auch die Königsberger Familien solche Soireen, denn ein Sieg über den alten Feind, die Schweden, musste besonders ausgiebig gefeiert werden.

»Komm einmal aus deinem Schneckenhaus heraus«, hatte Albrecht gesagt, «da wirst du etwas Abwechslung haben und auch endlich fröhlichere Gespräche führen. Du hast dich die letzten zwei Jahre wirklich zu sehr zurückgezogen.«

Sie hatte schließlich eingewilligt und nun saß sie hier zwischen all den Matronen, zu denen sie ja wahrlich nicht recht passte. Sie lächelte ein bisschen verzweifelt die neben ihr sitzende Dame an, deren Namen sie nicht kannte, und versuchte dem Gespräch zu folgen, das sie mit ihrer Nachbarin führte. Es ging wohl über Schwierigkeiten, die beide mit ihrem Hauspersonal hatten.

Katharina lächelte vor sich hin: Was waren das für Probleme, verglichen mit den ihren. Aber konnte sie hier Verständnis finden für all das, was sie bewegte: dass es auch in diesem Jahr wieder zu wenige Arbeiter gab für den Deichbau, dass im Frühjahr der Deich an der Gilge an zwei Stellen durchgebrochen war und das Land dahinter wieder überflutet worden war.

Sie wusste, dass sie die Dorfältesten dazu bewegen musste, die Deiche an der Gilge besser zu überwachen. Immer wieder zerstörten Mäuse und Ratten den Aufbau und die Dörfler schauten tatenlos zu.

Was wussten diese Leute hier von den Mühsalen, Gräben zur Entwässerung anzulegen und zu pflegen, damit das Land abtrocknen konnte und das Getreide nicht jedes Jahr wieder abfaulte.

Und dann die Sorgen um die Neubauern. Sie hatte in manchen Dörfern die Zahl der Bauern verdoppelt, aber es gab immer wieder Ärger, weil sich die Leute nicht verstanden, und das im wahrsten Sinne des Wortes. Die Altsiedler sprachen ein Gemisch aus Litauisch und Deutsch, vielfach noch vermengt mit polnischen Wörtern, sodass auch sie bei den Besuchen oft Schwierigkeiten hatte, die Menschen zu verstehen. Die neuen Siedler kamen vorwiegend aus der Mark Brandenburg und hatten natürlich ihren Dialekt mitgebracht.

Katharina seufzte erneut, die Probleme nahmen kein Ende, aber heute Abend wollte sie nicht daran denken. Das Gespräch ihrer Nachbarinnen war inzwischen bei den neuesten Neuigkeiten aus der Königsberger Gesellschaft gelandet. Als man sie nun auch in das Gespräch einbeziehen wollte, konnte sie mit dem Hinweis, dass sie die letzten Jahre vorwiegend in Tilsit gelebt habe, nur mit einem Achselzucken antworten. Damit schien bei den Damen das Interesse an ihr vorbei zu sein und so blieb Katharina wieder sich selbst überlassen.

Nervös strich sie über ihr Kleid. Es war schlicht, dunkelblau und sie trug nur wenig Schmuck, so, wie es einer Witwe angemessen war. Allerdings hatte sie sich geweigert, die Witwenhaube zu tragen, als ihre Zofe sie ihr gebracht hatte. Wahrscheinlich fanden die anwesenden Damen das auch unschicklich, aber das interessierte Katharina wenig. Sie wusste, dass man ihr Tun allgemein für unschicklich hielt, das hatte sie schon in Tilsit erfahren müssen. Es waren vor allem die Frauen, die sich über ihr Leben empörten, weniger die Männer, von denen sie sogar immer wieder gute Ratschläge hörte, wenn über die große Arbeit in der Niederung gesprochen wurde. Sie wusste, dass sie in vielen Gesprächskreisen ein Thema war, aber das störte Katharina nicht. Sie hatte sich eben entschlossen, die Arbeit ihres Mannes zu Ende zu führen, auch wenn sie dabei ein recht einsames Leben führte, besonders in den Wintermonaten, wenn sie nicht unterwegs sein konnte.

Auch jetzt wäre sie viel lieber in Rautenburg gewesen, wenn eben Bruder Albrecht sie nicht zu dieser Reise nach Königsberg überredet hätte. Sie hatte ja auch hier einiges zu erledigen, vor allem die unerfreuliche Auseinandersetzung vor wenigen Tagen mit dem Vormund ihrer Kinder. Zum Glück war Albrecht dabei gewesen und hatte vermittelnd eingreifen können.

Wieder seufzte Katharina. Sie ließ den Blick schweifen und entdeckte nahe der Tür zum großen Salon eine Gruppe von Männern, alle in Uniform, die sich lebhaft unterhielten. Den Mittelpunkt dieser Gruppe bildete ein Mann, der die andern um gut einen Kopf überragte. Er hatte ein schmales Gesicht, schwarze Locken und eine vorspringende Nase. Für einen Augenblick erinnerte er Katharina an Philipp, der aber wesentlich kleiner gewesen war, nur wenig größer als sie.

Katharina schüttelte den Kopf: sah sie in allen Männern nur noch Philipp? Aber die Ähnlichkeit war schon vorhanden, musste sie sich eingestehen.

Als sie wieder aufblickte, sah sie eben diesen Mann, der Anfang oder Mitte dreißig sein mochte, in einem Gespräch mit ihrem Bruder, das hieß, Albrecht sprach auf ihn ein, bis der Mann schließlich nickte.

Katharina schlug wieder die Augen nieder. Es wäre zu auffällig gewesen, wenn sie die beiden weiter so fixierte. Albrecht würde sowieso gleich zu ihr kommen, denn es wurde gerade zu Tisch gebeten.

»Gestatten, Gnädigste«, hörte sie eine etwas heißere Stimme, «Wolf Truchsess von Waldburg, darf ich Sie zu Tische führen?«

Erstaunt blickte Katharina auf. Ihren fragenden Blick beantwortete ihr Gegenüber sofort: »Ihr verehrter Bruder bat mich, mit ihm die Tischpartnerin zu tauschen, was ich mit Vergnügen getan habe.« Mit einer eleganten Geste reichte er ihr den Arm, den Katharina verwirrt ergriff. Sie schaute ihn an und nickte, ohne ein Wort herauszubringen, aber darauf schien der Waldburger auch gar nicht gewartet zu haben. Er lächelte sie an und sie versuchte zurückzulächeln, was ihr aber misslang. Was störte sie nur an ihm?, fragte sie sich und plötzlich erkannte sie es: Er lächelte zwar, aber seine Augen waren kalt und fordernd. Katharina fröstelte leise.

***

Der Sommer des Jahres 1678 war einer der friedlichsten in Katharinas Leben. Sie war mit ihren Leuten und den Kindern in Rautenburg. Das Haus war jetzt so weit eingerichtet, dass das Leben hier im Sommer sehr bequem war. Auch bei den Arbeiten gab es kaum Probleme. Zwar hatte sie noch immer zu wenige Tagelöhner, aber in diesem Frühjahr hatten zum ersten Mal die Deiche gehalten und es war zu keinen größeren Überschwemmungen gekommen. Hier und da musste noch am Gilgedeich gearbeitet werden, aber die Leute konnten sich mehr und mehr auf das Anlegen der Gräben konzentrieren.

Mit Stawinski hatte sie außerdem besprochen, Windmühlen zu bauen, nach holländischem Vorbild, um das Wasser aus den Gräben in die Gilge zu befördern. Stawinski hatte diese Methode in Holland kennengelernt und plante bereits, an welchen Standorten eine solche Anlage nötig war. Sie selbst hatte beschlossen, in der Nähe von Rautenburg eine große Windmühle zu errichten, eine Kornmühle mit einem Schöpfwerk.

Im nächsten Jahr sollten die Bauarbeiten dazu beginnen. Wenn sie mit ihren Kindern sonntags die Kirche besuchte, dann freute sie sich jedes Mal darüber, dass sie sich auch an diese Arbeit gemacht hatte.

Schon ein Jahr nach dem Tod von Philipp war die Kirche in »Gebrauch genommen worden«, wie sie es dem Kurfürsten nicht ohne Stolz mitteilen konnte. Ja, sie hatte auch das Ansinnen von weiteren 25 Dörfern bis hin nach Labiau unterstützt, zu der Lappiener Kirche zu gehören. Das zeigte ja, wie notwendig der Kirchenbau gewesen war, wenn er auch 30 000 Gulden ihres Witwengeldes verschlungen hatte.

Die Nachrichten, die aus Brandenburg kamen, klangen gut: Der Kurfürst hatte die Schweden aus Pommern vertrieben und war siegreich in Stralsund eingezogen, wo die Bürger ihn jubelnd empfangen hatten. Aber die Freude darüber endete jäh, als die Nachricht kam, dass die Schweden an der Küste bei Pillau gelandet waren mit einem Heer und nun auf Königsberg zumarschierten.

In Windeseile wurde in Rautenburg gepackt und schon zwei Tage später verließ Katharina mit ihren Kindern und ihren engsten Bediensteten Rautenburg. Sie fuhr auf dem kürzesten Weg nach Willkamm, wo sie ihre Mutter und ihre jüngste Schwester mit ihrer Ankunft völlig überraschte.

***

Das Weihnachtsfest verbrachten sie in gedrückter Stimmung, die Nachrichten, die aus dem Norden kamen, waren alles andere als gut. Die Schweden lagen nur noch wenige Meilen vor Königsberg, die Stadt rüstete sich für eine Belagerung.

Dann kam das Gerücht auf, der Kurfürst sei auf dem Weg nach Preußen. In Willkamm schöpfte Katharina wieder Hoffnung.

Mitte Januar kam ein Brief von Albrecht, der im Gefolge des Kurfürsten war, und er berichtete, der Kurfürst sei in Hinterpommern auf dem Weg nach Königsberg. Die Schweden hätten wohl davon Wind bekommen und seien auf dem Rückzug.

Ende Januar zog der Kurfürst wirklich in Königsberg ein, befahl den Bürgern Schlitten und Proviant für seine Truppen zur Verfügung zu stellen und setzte nur zwei Tage später die Verfolgung der Schweden fort, indem er mit Schlitten das kurische Haff überquerte.

Als Katharina das hörte, war sie in größter Sorge: Würde es zu Kampfhandlungen an der Gilge kommen, was würde mit Rautenburg geschehen, würden die Schweden es plündern? Dabei war ihre größte Sorge nicht ihr Besitz, sondern die Menschen, die sie dort zurückgelassen hatte.

Die schwedischen Truppen versuchten über den Norden zu entkommen, wurden aber bei Splitter, einem kleinen Ort bei Tilsit, gestellt und vernichtend geschlagen. »Der Kurfürst war gerade in Kaukehmen, als die Nachricht eintraf«, erzählte Albrecht, der kurz danach in Willkamm eintraf.

Wieder war der Jubel groß, der Kurfürst hatte das Land gerettet und die Schweden hoffentlich ein für alle Mal aus dem Land gejagt. Die Siegesfeier sollte in Königsberg stattfinden und zwar am 16. Februar, dem Geburtstag des Kurfürsten. Und Albrecht überbrachte Katharina eine persönliche Einladung des Kurfürsten, der, wie er gesagt hatte, der Frau danken wollte, die in Preußen so viel geleistet habe. Diese Einladung konnte Katharina natürlich nicht ausschlagen und so machte sie sich zusammen mit ihrem Bruder auf den beschwerlichen Weg nach Königsberg.

***

Der eiskalte Fahrtwind schnitt Katharina ins Gesicht und sie rutschte noch tiefer in die Felldecken. Seit gestern waren sie im Schlitten unterwegs nach Königsberg. Schweren Herzens hatte Katharina zugestimmt, mit ihrem Bruder dorthin zu fahren, aber ihr war klar, dass man die Einladung des Kurfürsten nicht ablehnen konnte.

Sie fühlte sich gar nicht wohl, den ganzen Winter über plagte sie eine Erkältung, aber das war nicht die Ursache ihrer depressiven Stimmung. Sie machte sich große Sorgen um Rautenburg und die Dörfer. Noch waren keine Nachrichten über Verwüstungen durch schwedische Soldaten zu ihr gedrungen, aber in schlaflosen Nächten tauchten schreckliche Bilder auf: Rautenburg in Flammen, vergewaltigte Mägde, schreiende Menschen und wild um sich schießende Soldaten. Am Morgen wachte sie schweißgebadet aus ihren Albträumen auf und dieses Gefühl wurde sie den ganzen Tag über nicht mehr los. Dazu kam dieses Krankheitsgefühl und die allgemeine Stimmung in Willkamm war auch nicht dazu angetan, Katharina aufzuheitern.

Ihre Mutter war kränklich und jammerte stets, dazu kam eine Starrköpfigkeit, die sicher altersbedingt war. Ständig nörgelte sie an den Kindern herum und beschimpfte Katharina, dass sie ihre Kinder vernachlässige. Katharina hatte sich angewöhnt dazu zu schweigen, was ihre Mutter meist noch mehr aufbrachte und sie richtig zornig werden ließ, etwas, das Katharina bis jetzt an ihr nicht gekannt hatte. Die jüngste Schwester, die unverheiratet war und im Haus mit der Mutter lebte, war ein stilles Wesen, das sich ganz unter die Mutter duckte. Wenn Katharina das bemerkte, wurde sie zornig auf Mutter und Schwester, die ihrerseits überhaupt kein Verständnis hatte für das, was Katharina »dort oben in der Wildnis«, wie sie zu sagen pflegte, machte.

So hatte Katharina den ganzen Winter über keinen Menschen, mit dem sie ihre Sorgen teilen konnte. Deshalb war sie froh gewesen, als Albrecht nach Willkamm kam, aber er kannte auch nur die Gerüchte, von denen es Hunderte gab, aber wirklich Genaues konnte er ihr auch nicht berichten. Und dann war da die Einladung nach Königsberg, der sie nun schweren Herzens Folge leistete. Andererseits hoffte sie natürlich, in Königsberg Neues zu erfahren, vielleicht war ja Jan Stawinski auch dort und konnte ihr berichten, was geschehen war.

Stand ihre Kirche in Lappienen noch? Sie hatte ja fast 30 000 Gulden aus ihrem Witwengeld für die Kirche gegeben, was sie damals in einem Brief an den Kurfürsten auch erwähnt hatte. Es war nur folgerichtig, dass dieser nun die Frau seines Generalbaumeisters Chièze, die dessen Kontrakte erfüllte, begrüßen wollte.

Am größten war aber Katharinas Sorge um ihre Bauern. Die Schweden hatten sicher bei ihrem Durchzug alles Heu für ihre eigenen Pferde mitgenommen. Wie sollten ihre Bauern ihr Vieh durch den Rest des Winters bringen? Sie musste, wenn sie ihn in Königsberg nicht traf, unbedingt an Stawinski schreiben und ihn bitten, für die Bauern Heu und Stroh zu besorgen, koste es, was es wolle. Katharina seufzte. Das würde wieder einen Streit mit dem Vormund ihrer Kinder heraufbeschwören, der mehr als ängstlich über ihre Ausgaben wachte.

Katharina war den Tränen nah. War das alles nicht zu viel für eine schwache Frau? Mutete sie sich wirklich zu viel zu? Hatten all die recht, die ihr immer wieder sagten, sie solle sich nur der Erziehung ihrer Kinder widmen?

Ach Philipp, Philipp, warum musstest du so früh sterben? Es war so leer in ihrem Leben geworden und ohne die Aufgaben, die sie übernommen hatte, wäre es noch leerer, das wusste sie wohl, wenn es auch manchmal zu schwer für sie schien. Suchend tastete Katharina unter der Felldecke nach der Hand ihres Bruders. Wenigstens Albrecht war bei ihr und unterstützte sie, wo er nur konnte, aber die Hauptlast musste sie doch alleine tragen.

»Nicht ganz allein«, korrigierte sie sich, denn da war ja noch Stawinski, der treue Freund, der ihr immer wieder geholfen hatte, wenn sie einmal nicht weitergewusst hatte. Ohne diese beiden Männer hätte sie nicht das alles erreicht, das wusste sie, aber dennoch sehnte sie sich hin und wieder nach einem starken Mann an ihrer Seite.

Ärgerlich schüttelte Katharina den Kopf, als wolle sie all diese Gedanken loswerden. Jetzt musste sie erst einmal hoffen, in Königsberg nicht allzu schlechte Nachrichten aus dem Norden zu bekommen.

***

Katharina fühlte sich befangen, als sie zusammen mit ihrem Bruder Albrecht das Schloss in Königsberg betrat. Bis jetzt kannte sie das große Gebäude nur von außen und es war schon recht aufregend für sie, zu einer Audienz ins Schloss geladen worden zu sein, und das noch am 16. Februar, dem Geburtstag des Kurfürsten.

Ihre kalten Hände vergrub sie daher tief in ihrem warmen Muff, als sie, von einem Diener geführt, die langen Gänge durchwanderten. In einem Salon legten sie ihre Überwürfe ab und schließlich führte ein anderer Diener sie weiter bis zum Audienzsaal. Der Hofmeister nahm sie dort in Empfang und mit ihm zusammen betraten sie den Saal. Katharina war von der Größe und Ausstattung des Raumes sehr beeindruckt. So stand sie eine Weile regungslos und ließ ihre Blicke schweifen. Albrecht, der schon mehrmals hier gewesen war, ließ seine Schwester in Ruhe alles betrachten, denn er wusste, wie beeindruckend der Anblick war.

Er selbst betrachtete derweilen die zahlreichen Besucher, die sich bereits im Saal versammelt hatten, und hielt Ausschau, ob er nicht ein bekanntes Gesicht sehen würde. Gerade, als er etwas enttäuscht sich wieder seiner Schwester zuwenden wollte, entdeckte er in einer Gruppe, die nahe der Tür stand, eine hohe Gestalt.

»Dort steht der Truchsess von Waldburg«, flüsterte er seiner Schwester zu, »er scheint auch zur Audienz geladen zu sein.« Katharina folgte seinem Blick und erschrak. Ja, das war unübersehbar Wolf von Waldburg.

Das Blut schoss ihr in den Kopf, als sie daran dachte, wie sie diesen Mann kennengelernt hatte. Den ganzen Abend war er ihr Tischherr gewesen, aber sie hatten noch kaum mehr als drei Sätze miteinander gewechselt, da er offensichtlich an seiner Tischdame zur Linken viel mehr Interesse zeigte. Sie war damals froh gewesen, als nach dem Dinner Albrecht zu ihr gekommen war, um sie nach Hause zu begleiten. Sie hatte ihrem Bruder heftige Vorwürfe gemacht wegen des Tischherrentauschs, aber er hatte sie nur ausgelacht, als sei das ein lustiger Scherz gewesen.

Verstohlen blickte sie zu der Gruppe hinüber, in der der Waldburger offensichtlich das Wort führte, und sie hoffte inständig, dass er sie nicht erkennen würde.

Leider wurde ihr der Wunsch nicht erfüllt, denn da kam er schon auf sie zu.

»Das ist aber eine Überraschung«, meinte er lächelnd und beugte sich tief über ihre Hand. »Ich habe schon gehört, dass seine Durchlaucht Ihre Frau Schwester zur Audienz geladen hat«, wandte er sich nun an Albrecht, den er wie einen alten Bekannten begrüßte. »Hoffentlich lässt der Kurfürst uns nicht noch länger warten. Ich habe gehört, dass er zurzeit einen Gottesdienst zu seinem Geburtstag besucht und anschließend die Audienz halten will«, fuhr er fort, immer noch an Albrecht gewandt, während er Katharina nicht weiter zu beachten schien.

Katharina betrachtete ihn währenddessen. Sie war wieder überrascht, wie groß die Ähnlichkeit zwischen diesem Mann und Philipp war und doch auch wieder, wie verschieden sie waren.

Sie wurde aus ihren Gedanken gerissen, als der Hofmeister in der Tür die Ankunft seiner Durchlaucht verkündete. Inmitten seiner Familie, seine Frau Dorothea an seiner Seite, betrat der Kurfürst den Audienzsaal. Katharina war erschrocken über das Aussehen des Kurfürsten. Sie hatte zwar von seinen immer wieder auftretenden Krankheiten gehört, aber hier kam ein gebeugter, alter Mann, der sehr müde wirkte.

Er ging langsam von Gruppe zu Gruppe, begrüßte die Herren und die wenigen anwesenden Damen freundlich, aber alles schien ihn sehr anzustrengen.

Als er schließlich zu ihnen trat, versank Katharina in einen tiefen Knicks. »Ah, Madame de Chièze«, hörte sie eine knarrende Stimme, »ich bin erfreut, sie endlich zu sehen und Ihr meinen Dank auszusprechen. Gerade in der letzten Zeit habe ich vom segensvollen Wirken von Madame gehört und es auch mit eigenen Augen gesehen, wie prächtig das Land an der Gilge geworden ist. Ich freue mich, dass sie das Werk ihres leider viel zu früh verstorbenen Mannes weiterführt.«

»Gerade in diesen unruhigen Kriegszeiten fehlt er mir sehr«, fügte er noch hinzu. Katharina hatte stumm zugehört. Auch jetzt konnte sie vor Aufregung nur nicken. Als sie schließlich etwas antworten wollte, hatte der Kurfürst sich bereits an die Nebenstehenden gewandt und den Truchsess mit freundlichen Worten begrüßt.

In Katharina stieg Zorn auf, Zorn auf sich selbst. Sie hatte sich so viel vorgenommen, was sie dem Kurfürsten sagen wollte, über die großen Schwierigkeiten, auch über den Vormund ihrer Kinder hatte sie sprechen wollen. Und nun war die Gelegenheit vorübergegangen, ohne dass sie auch nur einen Ton gesagt hatte.

Sie war so mit sich beschäftigt, dass sie gar nicht hörte, dass der Waldburger sie und Albrecht nach der Audienz zu einem Mittagsmahl in sein Haus einlud.

Albrecht sagte erfreut zu, ohne seine Schwester zu fragen, ob sie einverstanden sei. Als sie merkte, dass der Waldburger sie fragend anblickte, nickte sie wie abwesend. Irgendetwas gefiel ihr an ihm nicht, sie wusste zunächst nicht, was es war. In dem Moment, als sie, begleitet von den beiden Männern, den Audienzsaal verließ, war es ihr klar: es waren die Augen, die kalten Augen, auch wenn er lächelte.

***

Am liebsten wäre Katharina gleich am Tag nach der Audienz abgereist, aber das Wetter ließ eine solche Reise nicht zu. In der Nacht hatte ein heftiger Schneesturm eingesetzt und auch in den nächsten Tagen schneite es unaufhörlich. So blieb sie notgedrungen bei ihrem Bruder in Königsberg, aber ihre Stimmung war sehr gedrückt.

Die Audienz war so unbefriedigend verlaufen und sie ärgerte sich dabei am meisten über sich selbst, aber auch über den ganzen Verlauf der kurzen Unterredung. Der Kurfürst hatte zwar ihre Arbeit anerkannt, aber eigentlich nicht sie gemeint, sondern Chièze. Je mehr sie darüber nachdachte, umso deutlicher wurde es ihr und umso ärgerlicher und deprimierter wurde sie.

Was sollte sie noch hier in Königsberg? Aber die Aussicht, die nächsten Monate in Willkamm zu verbringen, war auch nicht sehr erfreulich für sie. Viel Neues über die Lage in der Niederung hatte sie auch in Königsberg nicht erfahren, von Stawinski waren keine Nachrichten gekommen, er selbst auch nicht anwesend, was sie insgeheim gehofft hatte. In den Tagen nach der Audienz kamen zwei Einladungen des Waldburgers an sie und ihren Bruder. Die erste lehnte Katharina ab, was zum ersten Mal zu einer etwas heftigeren Auseinandersetzung zwischen den Geschwistern führte. Deshalb konnte sie die zweite Einladung auch nicht ausschlagen.

Der Abend verlief dann recht interessant für sie.

Wolf von Waldburg machte ihr ganz offensichtlich den Hof und war fast den ganzen Abend an ihrer Seite. Sie erfuhr viel über die politischen Wirren in Europa und über die Angst der Anwesenden, der Kurfürst könnte sich mit seinem schroffen Auftreten gegenüber dem Kaiser in Wien völlig isolieren. Aber im Überschwang der Siege über die Schweden schien er alle Vorsicht außer Acht zu lassen.

Dann wurde über die Türkengefahr gesprochen, ein Thema, bei dem der Waldburger das Wort führte, hatte er doch vor 15 Jahren bereits, als 20-Jähriger, als Oberstleutnant unter dem Herzog August von Holstein-Plön an einem Türkenkrieg teilgenommen. Die Türken drangen auf dem Balkan immer weiter vor und man fürchtete, dass sie eines Tages bis nach Wien gelangen könnten.

Der Waldburger sprach begeistert von der Aussicht, wieder dort eingreifen zu können, was Katharina gar nicht gefiel. Später am Abend kam sie dann mit einem der reichsten Kaufleute in Königsberg ins Gespräch, der ihr sein Leid klagte. Bei den heftigen Herbststürmen hatte er im letzten Jahre gleich zwei voll beladene Schiffe auf dem Haff verloren. Vehement forderte er, dass man einen Kanal von der Gilge bis nach Königsberg bauen müsste, dass aber durch den Einfall der Schweden jeder Gedanke daran weit weg geschoben worden sei. Katharina erinnerte sich dabei daran, dass ihr verstorbener Mann auch schon, kurz vor seinem Tod, öfters darüber gesprochen hatte, einen solchen Kanal bauen zu wollen. Als sie dies dem Kaufherren berichtete, rief dieser aus: »Oh ja, es gibt eine ganze Reihe von Vorschlägen, aber niemand will das bezahlen. Der Kurfürst hat nach den Kriegen kein Geld in der Kasse und die Königsberger wollen nichts zahlen!«

Sein verzweifeltes Gesicht war so drollig, dass Katharina lachen musste.

»Na, vielleicht findet Ihr noch einen Geldgeber, Ihr müsst nur suchen«, sagte sie lächelnd, worauf sie nur ein Kopfschütteln des Kaufmannes erntete.

***

Ende Februar war dann das Wetter so gut, kalt, aber sonnig, dass sie sich auf die Rückreise nach Willkamm machen konnte. Auf der Fahrt durch die beschneite Landschaft hatte Katharina aber keinen Blick für die Schönheit. Eine depressive Stimmung hatte sie gefangen, und wenn sie an die Zeit in Willkamm dachte, die auf sie wartete, hellte sich ihr Gemüt auch nicht auf. Selbst auf das Wiedersehen mit ihren Kindern konnte sie sich nicht freuen. Sie fühlte sich müde und ohne Kraft.

Der Frühling kam spät in diesem Jahr, im März gab es noch einmal starken Frost und im April, als es wärmer wurde, regnete es tagelang.

Katharina lief im Haus umher, sie fühlte sich eingesperrt, an Ausreiten war nicht zu denken. Eine Hoffnungslosigkeit hatte sich in ihr breitgemacht, etwas, was ihr bis jetzt fremd gewesen war.

So verbrachte sie die Zeit trübsinnig, nur ein Gedanke beherrschte sie, endlich mit den Kindern nach Rautenberg reisen zu können, um dort den Sommer zu verleben. Rautenberg war für sie wie der Strohhalm, an dem sich ein Ertrinkender klammert.

Endlich, Mitte April, besserte sich das Wetter. Mehrere sonnige und warme Tage ließen die Wege abtrocknen und jetzt hielt niemand sie mehr auf dem Gut, auch nicht die Bitte der Mutter, noch länger bei ihr zu bleiben. Katharina nahm Abschied von Willkamm, in ihrem Innersten wusste sie, dass sie nie mehr hierher zurückkommen würde. Innig nahm sie auch Abschied von Mutter und Schwester, und als die Kutsche mit ihr und den Kindern durch das Hoftor rollte, da hatte Katharina das Gefühl, zum ersten Mal seit langer Zeit wieder durchatmen zu können.

***

Erschöpft kam Katharina mit den Kindern in Königsberg an. Sie selbst fühlte sich nicht wohl und auch die Kinder waren alle drei erkältet und husteten um die Wette. Dabei machte sie sich um die beiden Mädchen weniger Sorgen, aber der Kleine war sowieso nicht der Kräftigste und litt unter dem Husten besonders stark. Deshalb hatte sie auch beschlossen, zuerst nach der Hauptstadt zu reisen, zumal sie dort noch einige Besprechungen mit den Räten des Kurfürsten zu führen hatte wegen der verschiedenen Zinsabgaben ihrer Dörfler.

Die ersten Tage verbrachte sie nur im Haus und empfing auch keinen Besuch. Umso erfreuter war sie, als überraschend Bruder Albrecht bei ihr auftauchte.

»Ich habe dich in Potsdam geglaubt«, sagte sie, als sie ihm zur Begrüßung um den Hals fiel. Albrecht, der solche stürmische Begrüßung von seiner Schwester nicht gewohnt war, lachte erstaunt: »Ich bin auf dem Weg nach Willkamm, um mit dem Verwalter Gutsangelegenheiten zu besprechen, und habe hier nur Zwischenstation gemacht. Da habe ich erfahren, dass du in der Stadt bist, gestern Abend bei dem Waldburger«, setzte er noch hinzu.

»Aha«, dachte Katharina und lächelte vor sich hin, »er fängt wieder damit an.«

Sie führte ihren Bruder in den kleinen Salon, und als der Tee serviert wurde, fühlte sie sich seit langer Zeit wieder einmal froh und zufrieden. Aber bei den nächsten Worten ihres Bruders schreckte sie auf.

»Ich komme in einer besonderen Mission. Wie schon gesagt, war ich bei Wolf von Waldburg und habe ein langes Gespräch geführt. Übrigens auf seinen ausdrücklichen Wunsch«, ergänzte Albrecht.

»Schwesterherz, er hat gestern um deine Hand angehalten und mich gebeten, seinen Antrag bei dir vorzubringen.«

Katharina erstarrte, sie hatte die ganze Zeit diesen Schritt erwartet und, wie sie sich eingestand, auch befürchtet. Sie sah ihren Bruder an, der sie glücklich anlächelte. Er hatte damit sein Ziel erreicht, das er ja schon seit einiger Zeit, seit diesem unseligen Abend damals, verfolgte. War er so froh, sie endlich loszuwerden, damit er sich nicht mehr um sie kümmern musste? Nein, nein, das war sicher nicht der Grund. Er sah ja, wie schwer sie an der Bürde der Aufgaben trug, wie niedergeschlagen sie in letzter Zeit war, und er meinte es sicher gut mit ihr.

»Du sagst ja gar nichts«, hörte sie ihren Bruder in die Stille hinein sagen.

»Was soll ich sagen, ich bin sehr überrascht. Natürlich ehrt mich der Antrag, aber... hat der Truchsess angedeutet, warum er mich heiraten möchte?«, fragte sie.

Albrecht lächelte: »Er hat gesagt, du seiest eine schöne Frau, eine Frau eben, die er sich zur Ehefrau wünscht.«

Katharina schüttelte den Kopf. Schön war sie wirklich nicht, wenn auch von »angenehmem« Äußeren, wie man sagte. Ihr Gesicht war ein bisschen zu rundlich und ihre Gestalt ein wenig zu untersetzt, aber auf ihre dunkle Haarfülle konnte sie stolz sein.

»Das, mein lieber Bruder, scheint ein bisschen übertrieben. Sag mir, warum sollte ein so angesehener Mann wie Wolf von Waldburg unbedingt eine Witwe mit drei kleinen Kindern heiraten wollen?«

Albrecht schwieg verlegen. Katharina senkte den Kopf. Ansehen spielte bei dem Waldburger sicher eine Rolle und die Audienz beim Kurfürsten hatte ihm wohl klargemacht, dass Katharina in hohem Ansehen stand. Und dann war natürlich das Vermögen von Chièze, sie war eine reiche Frau und der Waldburger konnte zumindest über einen Teil des Vermögens nach der Hochzeit verfügen. Diese Gedanken sprach sie nicht laut aus, denn das würde ihren Bruder sicher kränken.

»Wolf von Waldburg hat auch immer wieder davon gesprochen, dass er sich einen Stammhalter wünscht«, sagte Albrecht.

»Aha«, dachte Katharina, »das könnte natürlich auch ein Grund sein.« Sie hatte ja bewiesen, dass sie Kinder bekommen konnte, hatte sogar einen Sohn.

»Mein lieber Bruder«, sagte sie, »es gibt also doch einige andere Gründe für den Antrag.«

»Katharina, du solltest nicht so viel grübeln, sondern den Antrag annehmen. Sieh, der Waldburger wird dir viele Lasten abnehmen bei deiner Arbeit, er wird der Vormund deiner Kinder werden und du hättest nicht mehr diesen großen Ärger mit den Räten des Kurfürsten und du würdest wieder eine Rolle spielen in der Gesellschaft. Denk an die Feste hier in Königsberg.«

»Du weißt, dass ich mir noch nie viel daraus gemacht habe, aber natürlich hast du recht. Als Frau allein ist das Leben wirklich schwer.«

Katharina seufzte. »Aber ich glaube nicht, dass Wolf von Waldburg viel Interesse an den Arbeiten in der Niederung haben wird, er ist ein Mann des Militärs.«

»Und damit wird er viel unterwegs sein«, setzte Albrecht lächelnd hinzu.

Katharina schwieg. Mit gesenktem Kopf saß sie da und bedachte noch einmal alles, was sie gesagt hatten. Dann hob sie den Kopf: »Albrecht, wenn ich in die Heirat einwillige, dann müssen zunächst zwei Bedingungen erfüllt sein, erstens, du behältst die Verwaltung des Erbes der Kinder und ich verfüge zweitens weiter ohne Einschränkung selbst über mein Witwengeld. Unter diesen Bedingungen könnte ich in die Heirat einwilligen. Der Waldburger müsste einem solchen Vertrag zustimmen«, sagte Katharina energisch.

Albrecht nickte: »Gut, ich werde Wolf von Waldburg diese Nachricht bringen und ich denke, ein solcher Vertrag dürfte kein Hindernis sein«, sagte er lächelnd und umarmte seine Schwester beim Abschied: »Du hast richtig entschieden, glaube mir.«

***

Katharina wachte von einem Schluchzen auf. Erschrocken fuhr sie mit der Hand über ihr Gesicht und merkte, dass es tränennass war. Was war das? Hatte sie schlecht geträumt und im Traum geweint?

    Sie war verwirrt, versuchte tief durchzuatmen, aber es kam nur ein weiteres Schluchzen aus ihrer Kehle, das sie zu unterdrücken suchte. Sie versuchte sich zu bewegen, aber in ihren Gliedern war eine ungewohnte Starrheit. So lag sie einen Moment regungslos und versuchte, ihrer Verwirrtheit Herr zu werden.

    Da hörte sie ein leichtes Schnarchen neben sich, sie wandte den Kopf und bemerkte eine zusammengekrümmte Gestalt, von der sie nur den Rücken sah. Und in diesem Moment traf sie die Erinnerung mit einer solchen Wucht, dass sie glaubte, ihr Herz würde zerrissen.

    Der Schrei, der in der Kehle steckte, wurde von ihr mit aller Gewalt unterdrückt, aber sie spürte den Schmerz körperlich, ja sie merkte, dass ihr ganzer Körper zu brennen schien. Sie schloss die Augen und dachte zurück an den vergangenen Tag: Wie schön hatte er begonnen und wie schrecklich geendet.

    Am Mittag war ihr Bruder Albrecht in ihrem Haus erschienen. Die Vorbereitungen für die abendliche Hochzeitsfeier waren bereits getroffen und so hatten sie einen gemütlichen Nachmittag miteinander verbracht. Gegen sechs Uhr waren sie dann zusammen zur Kirche gefahren, in der die Trauung stattfinden sollte, und dort hatten sie Wolf von Waldburg getroffen, der von einigen seiner Kameraden aus seinem Regiment begleitet wurde. Es war eine kurze Heiratszeremonie in kleinem Kreise, das hatten beide so gewünscht.

    Anschließend waren sie in ihr Haus gefahren, das nun auch das Haus des Waldburgers werden sollte. Das Hochzeitsessen war in aller Ruhe verlaufen, nur hatte Katharina missbilligend bemerkt, dass ihr Gatte recht viel und recht hastig trank.

    Allmählich wurde die Stimmung immer gelöster, gegen 22 Uhr hatte sich Albrecht verabschiedet und auch sie hatte sich zurückgezogen. Sie hatte geglaubt, dass der Waldburger, wie sie ihn in Gedanken immer noch nannte, ihr bald folgen würde, aber es war wohl weit nach Mitternacht, als er endlich in ihrem Schlafzimmer erschien. Als sie sah, dass er sich kaum auf den Beinen halten konnte, hatte sie unwillkürlich ihre Hände vor der Brust verschränkt. Er hatte höhnisch gelacht und gemeint, er habe gar nicht gewusst, dass er eine Jungfrau geheiratet habe.

Was dann gefolgt war, ließ sie jetzt noch erzittern, und eigentlich wollte sie sich nicht daran erinnern. Aber ihre Gedanken wanderten weiter: Ihr Mann hatte sich auf sie geworfen und mit einem Ruck das Hemd zerrissen und dabei immer etwas gesagt, was sie erst gar nicht verstanden hatte. Erst langsam wurde ihr klar, dass er böseste Verwünschungen hervorstieß und sie beschimpfte. Sie hatte ganz ruhig gelegen, in der Hoffnung, dass dieser Albtraum bald vorbei sei. Aber seine Stimme war immer lauter geworden, mit ungeheurer Kraft presste er sie auf das Bett, immer wieder schreiend: »Wehr dich doch, du Hure.«

Als sie die Schmerzen in den Armen nicht mehr ertragen konnte, hatte sie versucht, ihn von sich zu stoßen, was ihm zu gefallen schien, weil er laut darüber lachte. Dann war plötzlich alles vorbei, er hatte sich zur Seite gedreht und war eingeschlafen.

Katharinas Herz raste und ihr ganzer Körper zitterte, als sie an diese Augenblicke dachte. Jetzt nur nicht an Philipp denken, sagte sie sich, aber schon schossen wieder die Tränen in ihre Augen.

Langsam glitt sie aus dem Bett, jede Bewegung tat ihr weh. Gebückt schleppte sie sich ins Nebenzimmer. Mitten im Zimmer blieb sie stehen und schlug die Hände vors Gesicht. Dann aber richtete sie sich auf, ging zur Kommode, ließ langsam das Wasser aus der Kanne, die dort stand, in die Schüssel fließen. Sie tauchte die Hände in das angenehm kühle Wasser und dann wusch sie ihr Gesicht, so als könne sie damit auch all das Schreckliche der letzten Nacht abwaschen.

»Ich muss mich reinwaschen«, murmelte sie, »ich werde heute Morgen ein Bad nehmen.« Die Dienerschaft würde zwar äußerst erstaunt sein, aber Katharina war sich sicher, dass sie das tun musste, um mit dem Geschehen fertig zu werden.

Wenn Katharina gehofft hatte, ihre Hochzeitsnacht sei nur so verlaufen, weil ihr Gatte betrunken gewesen war, so wurde ihre Hoffnung bitter enttäuscht. Auch die nächsten Nächte liefen in ähnlicher Art ab, der Akt glich immer mehr einer Vergewaltigung.

Langsam aber lernte Katharina damit umzugehen. Sie musste sich nur früh genug zur Wehr setzen, dann konnte sie das ganze Geschehen wesentlich abkürzen. Dennoch zeigten sich bald die Folgen, ihre Arme waren mit blauen Flecken übersät. Sie atmete deshalb auf, als der Waldburger ihr einige Zeit später mitteilte, er müsse unbedingt nach Coeln, man habe dort neue Aufgaben für ihn. Katharina nutzte diese Ankündigung, um ihrem Mann zu erklären, dass sie in dieser Zeit auch beabsichtige, mit den Kindern und einem Teil der Dienerschaft nach Rautenburg zu gehen. Sie müsse sich jetzt auch darum kümmern, welche Schäden durch das Frühjahrshochwasser entstanden seien.

Diese Ankündigung hatte bei Wolf von Waldenburg heftigen Widerspruch ausgelöst und er verbot seiner Frau nach Rautenburg zu gehen. Aber Katharina, die der Gedanke an die Sommertage in Rautenburg während der ganzen Zeit aufrechterhalten hatte, beharrte, mit dem Hinweis auf ihren Ehevertrag, auf ihrem Vorhaben.

Als Wolf von Waldburg abgereist war, ließ sie packen und reiste mit ihren Kindern, ohne die Erlaubnis ihres Ehemannes, in die Niederung.

***

Katharina erholte sich in Rautenburg nicht so, wie sie es erwartet hatte. Sie fühlte sich kraftlos. Sie kümmerte sich nur um das Wichtigste, selbst der Besuch in den Dörfern ringsum, der ihr in den früheren Jahren immer viel Freude gemacht hatte, war für sie ungewöhnlich anstrengend.

An trüben Tagen, wenn der Wind die Regenschwaden über den Deich fegte, weigerte sie sich, ihr Bett zu verlassen. Ihre Bediensteten waren sehr besorgt, denn so kannten sie ihre Herrin überhaupt nicht. Auch das Zusammensein mit ihren Kindern heiterte sie nicht auf.

Als die ständige Übelkeit, die sie meist den ganzen Tag begleitete, nicht nachließ, wurde ihr klar, dass sie schwanger war.

Dieser Gedanke ließ sie regelrecht erzittern. Nie und nimmer wäre sie auf die Idee gekommen, in diesen schrecklichen Nächten ein Kind zu empfangen.

Nein, sie wollte kein Kind, das sie immer an all das Schreckliche, das sie hatte ertragen müssen, erinnern würde. Ihre Seele und ihr Körper wehrten sich gegen dieses Kind.

Bei den Gottesdienstbesuchen an den Sonntagen in ihrer Kirche in Lappienen hörte sie kaum, was der junge Pfarrer Follard predigte, so intensiv betete sie und bat um Vergebung ihrer unchristlichen Gedanken. Sie bat Gott auch um die Kraft, dieses Kind gesund auf die Welt zu bringen und genauso zu lieben, wie ihre ersten beiden Kinder.

Aber wenn sie abends in ihrem Bett lag, dann kamen die bösen Gedanken wieder, und manche Nacht wachte sie schweißgebadet aus wirren Albträumen auf.

Es beunruhigte sie auch, dass sie überhaupt nichts von ihrem Mann hörte. Auf ihren Brief, in dem sie ihre Reise nach Rautenburg angekündigt hatte, hatte er nicht geantwortet.

Inzwischen war es Juni geworden, die Tage wurden länger, die Temperaturen stiegen und Katharina lenkte sich damit ab, dass sie, zusammen mit dem Gärtner, die Parkanlage plante, die in der Nähe des Schlosses angelegt werden sollte.

So stand sie eines Morgens mit dem Gärtner und zwei seiner Gehilfen vor der Tür, als sie drei Reiter sah, die den Deich entlang jagten. Kurz vor dem Schloss trieben sie ihre Pferde den Deich hinunter, und Katharina ärgerte sich, denn dieses rücksichtslose Vorgehen war nicht nur gefährlich für die Tiere, sondern auch schädlich für den Deich.

Sie wollte den dreien gerade ein paar ärgerliche Worte zurufen, als sie unter ihnen ihren Mann erkannte. Dieser war vom Pferd gesprungen, mit hochrotem Kopf stürzte er auf sie zu, sodass sie einen Schritt zurückwich.

»Was in aller Welt habt Ihr Euch dabei gedacht, gegen meinen Wunsch nach Rautenburg zu fahren«, schrie er und seine Stimme überschlug sich.

Katharinas Körper straffte sich, sie schaute ihren Mann fest an, aber ehe sie etwas sagen konnte, fuhr er fort: »Ich habe Euch erklärt, dass ich nicht dulden werde, dass Ihr Euch weiterhin hier in der Wildnis rumtreibt und diesem Gesindel auch noch helft oder dafür auch nur einen Taler ausgebt!«

Wütend machte er einen Schritt auf sie zu, seine Hand langte nach dem Degen und er machte Anstalten, diesen zu ziehen.

Die Bediensteten, die aus dem Haus gekommen waren, erstarrten. Würde er seine Hand gegen seine Frau erheben, hier, vor allen Leuten?

In diesem Moment trat einer seiner Begleiter neben den Truchsess und legte ihm die Hand auf die Schulter. »Lasst es gut sein, Waldburg«, sagte er beruhigend.

Wolf von Waldburg drehte sich um, strich sich dann über die Stirn, sah Katharina an und meinte: »Madame, es wäre gut, wenn ich und meine Begleiter eine Erfrischung bekommen könnten, es war ein langer Ritt hier heraus.«

Katharina, weiß vor Schrecken, erwachte aus ihrer Erstarrung, sie nickte mit dem Kopf und bat die drei Männer ins Haus. Die Bediensteten folgten eilfertig, der Gärtner wandte sich mit den beiden Helfern den hinteren Wirtschaftsgebäuden zu. Es gab viel zu berichten im Dorf.

***

Am Abend des gleichen Tages teilte Katharina ihrem Mann mit, dass sie schwanger war. Seine Reaktion erstaunte sie doch ein wenig, zum ersten Mal sah sie ihn lächeln, offensichtlich freute er sich über diese Nachricht. Natürlich sprach er sofort nur von einem Sohn, einem Stammhalter.

Das aber fiel Katharina erst auf, als sie in ihrem Bett lag und über die Ereignisse an diesem Tag noch einmal nachdachte. Sie erschrak ein wenig, als sie daran dachte, dass dieses Kind auch ein Mädchen sein könnte. Ihr erstes Kind mit Philipp war ja auch ein Mädchen gewesen und sie hatte damals die leise Enttäuschung Philipps gespürt, obwohl er es sich nicht anmerken ließ. Aber wie hatte er sich über seinen Sohn gefreut. Katharina seufzte; gerade von diesem Kind hatte er nicht viel gehabt, er war zu früh gestorben.

Was würde geschehen, wenn das Kind, das sie so widerwillig in sich trug, auch nur ein Mädchen wäre. Sie wollte nicht weiter daran denken und versuchte einzuschlafen. Der letzte Gedanke richtete sich an den Waldburger, aber es war Erleichterung.

Ihre Ankündigung hatte den gewünschten Effekt gehabt: Der Waldburger hatte, mit Hinweis auf das Kind, ihr mitgeteilt, dass er seine Pflichten als Ehemann bis zur Geburt nicht ausüben werde. Über diesen Gedanken konnte Katharina nun gut einschlafen.

Die nächsten Tage verbrachte Wolf von Waldburg damit, mit seinen Kameraden wilde Ritte in der Umgebung von Rautenburg zu unternehmen.

Am nächsten Sonntag begleitete er seine Frau sogar in die Kirche von Lappienen. Als sie am Arm ihres Mannes die Kirche betrat, merkte Katharina gleich die gedrückte Stimmung der Gemeinde. Keiner lächelte sie an, wie es sonst der Fall war, alle hielten die Köpfe gesenkt.

Natürlich hatte sich die Nachricht vom Auftreten des Waldburgers wie ein Lauffeuer in der ganzen Gegend verbreitet. Außerdem war das

Militär in der Niederung nicht gern gesehen, egal ob es schwedische oder brandenburgische Soldaten waren, zu frisch waren noch die Erinnerungen an die kriegerischen Auseinandersetzungen in den letzten Jahren.

Aber auch dieser Gottesdienst ging vorbei und wenige Tage später erklärte Wolf von Waldburg, dass er beschlossen habe, sofort nach Königsberg zu reisen und von da an den Hof nach Coelln. Katharina atmete erleichtert auf.

Sie verbrachte noch den ganzen Sommer in Rautenburg, Anfang September ging sie mit den Kindern zuerst nach Tilsit und von da aus zurück nach Königsberg. Die Schwangerschaft machte ihr schwer zu schaffen, die ständige Übelkeit blieb und sie ekelte sich fast vor jedem Essen.

Anfang Februar setzten dann verfrüht die Wehen ein und kaum eine Stunde später war das Kind schon geboren; es war so, als wolle ihr Körper dieses Kind ganz schnell loswerden.

Es war ein kleines, schmächtiges Kind, das die Welt mit einem jämmerlichen Quieken begrüßte … und es war ein Mädchen. Noch am gleichen Tag ließ Katharina das Kind, auf Anraten der Hebamme, die glaubte, das Kind könnte die Nacht nicht überleben, auf den Namen Albertine Louise taufen. Sie ließ diese Nachricht ihrem Mann zukommen, der noch in Potsdam weilte, und sie konnte sich seine Reaktion ganz gut vorstellen. Sie fürchtete sich schon davor, ihn wiederzusehen, denn natürlich würde er ihr die Schuld geben, dass das Kind nicht der erhoffte Erbe war.

***

Katharina hielt ihr jüngstes Kind in den Armen und wiegte es sachte hin und her. Dabei betrachtete sie das winzige Mädchen und eine Welle von Liebe und Mitleid stieg in ihr auf. Sie atmete erleichtert auf, denn dieses Gefühl zeigte ihr, dass sie das Kind angenommen hatte. Sie hatte befürchtet, dass sie die Kleine vielleicht hassen würde, da sie sie an die Schrecken der Zeit nach ihrer Hochzeit erinnern würde. Aber was konnte dieses kleine Mädchen dafür?

Während der ganzen Schwangerschaft hatte sie das Kind abgelehnt, aber nun, da es auf der Welt war, überwog doch ihre Liebe und Sorge, denn die Kleine war längst nicht so kräftig, wie es ihre anderen beiden gewesen waren. Ihr Schreien glich eher einem Wimmern und sie wog auch nicht genug. Die Amme, die ins Haus gekommen war, meinte auch, das Mädchen trinke viel zu wenig.

Katharina fürchtete, dass es ein Sorgenkind werden könnte, und dachte schon mit Schrecken an die Reaktion des Waldburgers, wenn er sein Kind überhaupt einmal sehen wollte. Sie hatte ihm die Geburt sofort mitgeteilt, aber bis jetzt – es waren inzwischen fast drei Wochen vergangen – war er nicht nach Hause gekommen, hatte ihr auch sonst keine Nachricht zukommen lassen. Wahrscheinlich war die Enttäuschung darüber, dass das Kind nicht der erhoffte Stammhalter war, so groß, dass Wolf von Waldburg keine Eile hatte, sein Kind zu begrüßen. Irgendwie war es Katharina auch recht, dass der Waldburger sich bis jetzt nicht gemeldet hatte, denn sie fürchtete sich vor seiner Rückkehr. Würde es da weitergehen, wo es vor einem Dreivierteljahr aufgehört hatte?

Katharina schauderte. Dennoch war der Gedanke daran nicht mehr so schlimm wie vormals, denn nun glaubte sie zu verstehen, warum ihr Mann sich so benahm.

Vor einer Woche war ihr Bruder Albrecht zu Besuch gekommen, auch um den neuen Erdenbürger zu besuchen.

Sie hatten sich sehr lange nicht mehr gesehen und Albrecht hatte sofort gemerkt, dass seine Schwester irgendetwas bedrückte. Sie war ihm ausgewichen, aber Albrecht hatte nicht lockergelassen und bald herausgefunden, dass der Waldburger seine Schwester offensichtlich schlecht behandelte. Wie zu dessen Entschuldigung hatte er dann einiges aus dem Leben des Truchsess erzählt.

Katharina hatte erfahren, dass dieser eine schwere Jugend gehabt hatte. Als Wolf neun Jahre alt gewesen war, war seine Mutter gestorben, und drei Jahre später war der Vater ihr gefolgt. Wolf und sein vier Jahre jüngerer Bruder Heinrich waren bei Verwandten aufgewachsen. Dazu kam noch, dass sich bald nach dem Tod des Vaters herausstellte, dass die wirtschaftliche Situation der Familie schwierig war, und so musste das Stammschloss »Schloss Friedrichstein« verkauft werden. Es ging 1666 in den Besitz der befreundeten Familie des Grafen von Dönhoff über.

Auch das Gut in Barten brachte nicht viel ein und so war es vorgezeichnet, dass die beiden Brüder sobald als möglich in den Militärdienst eintraten. Das wurde nun ihre Welt und Wolf hatte wohl dort die rauen Sitten übernommen, die immer dann zutage traten, wenn er betrunken war.

Katharina dachte an ihre behütete Jugend zurück. Wie sorglos war sie aufgewachsen, geliebt von den Eltern, wenn auch nicht der Liebling der Mutter, und geliebt von ihrem Bruder Albrecht.

Die kleine Albertine in ihren Armen war inzwischen aufgewacht und schaute ihre Mutter an. Katharina erschrak, als sie in das Gesicht des Säuglings sah: der gleiche vorwurfsvolle, ja strafende Blick wie bei ihrer Mutter. Als sie das Kind anlächelte, veränderte sich dieser Blick nicht und Katharina bemerkte mit einem Mal, dass das Mädchen jetzt schon ihrer Mutter ähnlich sah. Es war nicht nur der Blick, es war das ganze, ältlich wirkende Gesicht, das sie an ihre Mutter erinnerte. Ihr, die seit Jahren sich nicht mehr um ihre Mutter gekümmert hatte, hatte die Natur diesen »Streich« gespielt.

***

Vier Wochen nach der Geburt seiner Tochter kam Wolf von Waldburg nach Königsberg. Katharina war bedrückt, als sie ihren Mann in die Kinderstube führte, wusste sie doch nicht, wie er reagieren würde. Seine Enttäuschung darüber, dass es nur ein Mädchen geworden war, hatte sie gleich gespürt.

Jetzt beugte er sich über die winzige Gestalt des Säuglings und strich ihm sacht über den Kopf.

»Die kleine Truchsessin«, sagte er lächelnd. Katharina war gerührt; diese kleine, ja fast zärtliche Geste versöhnte sie mit vielem, was ihr Mann ihr angetan hatte. Allerdings erlosch das Lächeln sehr schnell und er wandte sich ab. »Das nächste wird dann der Stammhalter, wir sind ja noch jung und gesund«, meinte er im Hinausgehen. Katharina blieb erstarrt zurück und dachte mit Schrecken an die kommende Nacht.

Wie sie erwartet hatte, spielte sich die gleiche Szene wieder ab, als der Truchsess am späten Abend ihr Schlafzimmer betrat. Aber da Katharina sich schon darauf eingestellt hatte, empfand sie alles nicht mehr so erniedrigend, zumal Wolf nicht betrunken war und somit die wüsten

Beschimpfungen, die sie sonst über sich hatte ergehen lassen müssen, ausblieben.

Obwohl ihr ganzer Körper schmerzte, konnte Katharina in der Nacht einigermaßen ruhig schlafen. Auch die Besuche des Waldburgers in den folgenden Nächten ließ sie relativ geduldig über sich ergehen, dennoch war sie froh, als er nach zwei Wochen verkündete, man brauche ihn in Coelln am Hof, und er kurz darauf abreiste.

Katharina hatte in den Gesprächen der Männer, die ihr Mann zu verschiedenen Essen eingeladen hatte, herausgehört, dass das Militär gar nicht mit dem Verhalten des Kurfürsten einverstanden war.

Das bezog sich vor allem auf die Kriegsauseinandersetzungen mit den Türken auf dem Balkan. Die Türken waren nämlich bis an die Donau vorgedrungen, und alle waren der Meinung, man müsse sie unbedingt aufhalten. Da der Truchsess bereits Erfahrung mit den Türken hatte, hoffte man, dass er dem Kaiser in Wien beistehen werde und er mit einer militärischen Abteilung nach Wien geschickt würde.

Der Waldburger hoffte, wieder ein Kommando zu bekommen, und so glaubte er, in der Nähe des Kurfürsten, den sie seit der Schlacht bei Fehrbellin nur den »Großen Kurfürsten« nannten, sein zu müssen, um sich in Erinnerung zu bringen.

Katharina hatte so die Hoffnung, dass ihr Gatte nicht sobald nach Preußen zurückkehren werde, und in den ersten schönen warmen Tagen im Mai brach sie mit Kindern und Gesinde nach Schloss Rautenburg an die Gilge auf. Dort merkte sie sehr schnell, dass sie wieder schwanger war. Das gefiel ihr gar nicht, das war zu schnell, sie würde zwei Kinder in einem Jahr zur Welt bringen. Ihr Körper war eigentlich noch viel zu geschwächt für eine so schnelle Schwangerschaft, aber anders als beim letzten Mal rebellierte er nicht. Sie fühlte sich recht wohl, bedauerte nur, dass sie auch in diesem Sommer nicht ausreiten konnte.

Aber sie setzte ihre Besuche in den Dörfern fort, sprach mit den Dorfältesten, sah nach dem Rechten, ermahnte hier, half dort mit Saatgut aus und erlaubte den Bauern, ihr Getreide in der großen Mühle beim Schloss, die endlich fertiggestellt war, kostenlos mahlen zu lassen. Ihre Beliebtheit in der Niederung stieg und aus Britannien und aus Heinrichswalde kamen ihre Freunde und Bekannte, um sie zu besuchen.

***

Es war ein fröhlicher Sommer. Man hatte ihr geraten, ihre Kinder Französisch lernen zu lassen. Alles Französische war äußerst beliebt, auch die neue Mode, die aus Frankreich kam. Die Damen trugen jetzt weitere Röcke, wie es im Journal, das sie ab und zu erhielt, abgebildet war.

Katharina konnte sich zwar nicht vorstellen, jemals einen solchen Reifrock zu tragen, vor allem, wenn sie sich vorstellte, wie diese Damen mit diesen Ungetümen in der Kutsche saßen oder vielleicht sogar reiten wollten. Bei dieser Vorstellung musste sie sogar lachen. Diese Damen ritten wohl nicht, oder es gab extra Reitkleidung.

Aber Katharina hatte in Tilsit einen Franzosen gefunden, einen ehemaligen Sergeanten, der in Preußen hängengeblieben war, der sich bereiterklärte, ihren Kindern die kommende moderne Sprache beizubringen. Die Kinder lernten schnell, vielleicht lag ihnen ja die französische Sprache durch ihren Vater im Blut, Katharina dagegen, die auch an dem Unterricht teilnahm, tat sich schwer.

In ihren preußischen Schädel passe diese elegante Sprache nicht, verkündete sie lächelnd, aber sie lernte immerhin so viel, dass sie im Gespräch hin und wieder eine französische Wendung einfließen lassen konnte, wie es jetzt in Mode war.

Der Sommer ging vorbei, sie kehrten alle gut gelaunt nach Königsberg zurück und noch vor Weihnachten wurde Helene Dorothea geboren. Die Geburt war auch diesmal leicht, aber natürlich war die Enttäuschung groß, dass auch dieses Kind wieder nur ein Mädchen war. Der Waldburger reagierte auf die Nachricht überhaupt nicht, kam auch nicht nach Königsberg, sondern verbrachte die Weihnachtstage bei seinem Regiment.

Katharina hatte so gehofft, dass dieses zweite Kind mit dem Waldburger ein Junge wäre, sie hatte geglaubt, dass er sie dann in Ruhe lassen würde und sie die Demütigungen nicht mehr ertragen müsste. So aber war sie sich sicher, dass der Waldburger ihr diese Ruhe nicht gönnen würde, denn er wollte unbedingt einen männlichen Nachfolger.

Katharina sah mit Schrecken in die Zukunft.

***

Es war, als habe die Geburt der zweiten Tochter des Waldburgers alle Kraft aus Katharina genommen. Den ganzen Winter bis ins Frühjahr quälte sie sich mit Erkältungen, und der Husten wollte nicht weichen.

Die Dienerin und die Zofe, die sie noch aus Willkamm mitgenommen hatte, machten sich große Sorgen. Auch als es wärmer wurde, besserte sich ihr Zustand wenig. Meist saß sie den ganzen Tag über, in eine warme Decke gehüllt, in einem bequemen Sessel, schlief oder starrte vor sich hin.

Um die beiden Säuglinge kümmerte sie sich kaum. Einmal am Tag ließ sie sich zwar die Mädchen bringen, aber schon nach wenigen Minuten war sie zu erschöpft und schickte die Amme wieder weg. Auch die größeren Kinder bekamen ihre Mutter kaum zu Gesicht, sie schlichen scheu durch das Haus, um sie nicht durch Lärm zu stören. Oft weigerte sich Katharina aufzustehen und lag tagelang im Bett in einem verdunkelten Schlafzimmer.

Wolf von Waldburg ließ sich fast drei Monate Zeit, bis er nach Königsberg kam und seine zweite Tochter sah. Er war entsetzt über den Zustand, in dem sich Katharina befand, und verließ schon nach wenigen Tagen die Stadt. Seine Stimmung war immer noch sehr getrübt, da der Kurfürst weiter zögerte, Truppen gegen die Türken zu schicken, die eine immer größere Gefahr auf dem Balkan wurden. Er war voll Tatendrang und fühlte sich so nutzlos, wenn er Festungsanlagen inspizierte und Berichte nach Coelln an den Hof schrieb.

Als es Mai wurde, erwarteten alle, dass Katharina Vorbereitungen für die Übersiedlung nach Rautenburg treffen würde, aber allen Hinweisen und Nachfragen wich sie aus und nichts geschah.

Anfang Juni kam Albrecht von Rauter nach Königsberg, um seine Schwester zu besuchen. Er machte sich Sorgen, denn sie hatte seine letzten beiden Briefe nicht beantwortet. Er wusste zwar, dass sie keine eifrige Briefschreiberin war, aber das war noch nie vorgekommen.

Als er Katharina sah, war er sehr erschrocken. Sie war entsetzlich dünn geworden, in dem blassen Gesicht brannten die Augen, das Haar war stumpf und ihr ganzes Äußere wirkte ungepflegt. Sie schien sich zwar über seinen Besuch zu freuen, war aber schon nach kurzer Zeit müde.

Dennoch versuchte Albrecht sie zu der Reise nach Rautenburg zu drängen, denn er hoffte, dass sie sich dort erholen könnte, aber Katharina machte ihm deutlich, dass sie nicht gewillt und wohl auch nicht fähig war, eine solche Reise durchzustehen.

Als er ihr vorschlug, dass er in die Niederung reisen wollte, um sich um alles zu kümmern, nickte sie nur und schloss dann die Augen, um ihm zu zeigen, dass sie sich mit diesem Thema nicht länger befassen wollte.

Das erschütterte Albrecht besonders, wusste er doch, wie viel Kraft und Energie Katharina in diese Arbeiten gesteckt hatte und wie viel Freude ihr das alles gemacht hatte. Sein Herz war deshalb schwer, als er Katharina in Königsberg zurückließ und sich auf den Weg nach Norden machte.

Was würde aus ihr werden, wenn sich ihr Zustand nicht bessern würde? Er wusste, dass sie in der Ehe mit dem Waldburger nicht glücklich war, und er ahnte auch, dass die zwei Geburten in einem Jahr sie viel Kraft gekostet hatten, aber einen solchen Zustand der Schwermut war ihm unerklärlich und machte ihn sehr besorgt.

Im Laufe des Sommers besserte sich zwar der gesundheitliche Zustand Katharinas, aber die Interesselosigkeit an ihrer Umwelt blieb. Sie ging nicht aus, saß meist den ganzen Tag im Lehnstuhl und sie nahm am Leben ihrer Kinder kaum teil.

Der Waldburger kam in diesem Jahr zwar mehrmals nach Königsberg, aber seine Besuche waren nur kurz und der Zustand seiner Frau erschreckte ihn so sehr, dass er sie völlig in Ruhe ließ. Die Zeiten, in denen er weg von Königsberg war, wurden immer länger, selbst nicht bester Laune, mied er die bedrückende Atmosphäre zu Hause.

Auch im folgenden Jahr änderte sich wenig, wieder weigerte sich Katharina nach Rautenburg zu fahren, wieder übernahm ihr Bruder Albrecht die Aufgabe, nach dem Rechten zu sehen, damit die Arbeiten an den Kanälen und am Deich nicht ins Stocken gerieten.

Ende Juli 1683 kam der Waldburger wohlgelaunt nach Königsberg. Am 22. des Monats hatte er den Auftrag vom Kurfürsten erhalten, als Oberst ein brandenburgisches Hilfskorps mit 1000 Mann zu Fuß und 200 Dragonern gegen die Türken zu führen. Sein Abschied von Katharina und den Kindern war flüchtig, schon zwei Tage nach seiner Ankunft in Königsberg verließ er die Stadt wieder.

Als er gegangen war, starrte Katharina noch lange auf die geschlossene Tür. Dann ging ein Ruck durch ihren Körper, sie richtete sich auf und murmelte: »Und wir reisen jetzt nach Rautenburg.«

***

Den Rest des Sommers dieses Jahres verbrachte Katharina zusammen mit ihren Kindern in Rautenburg. Als bekannt wurde, dass ihr Mann im Auftrag des Kurfürsten ein Kommando gegen die Türken erhalten hatte, wurde sie immer häufiger von ihren Nachbarn in der Niederung eingeladen. In früherer Zeit hatte sie diese Einladungen immer höflich abgelehnt, weil sie fürchtete – und sie hatte es ja auch erlebt –, dass sie wegen ihres Einsatzes für die Bauern in ihren Dörfern ein bisschen schief angesehen wurde. Jetzt freute sie sich auf die Begegnung mit den Nachbarn und erlebte auch, dass sie freundlich aufgenommen wurde.

Da war vor allem die Familie von Halle. Heinrich Ehrenreich von Halle stammte aus Niedersachsen. Er hatte 1657 – wie Chièze – 58 Hufe Land vom Kurfürsten gekauft, später dann noch 100 Hufe von Jacob von Sparn erworben.

Der Ort, der sich nun entwickelte, wurde ihm zu Ehren Heinrichswalde genannt. Dort erbaute er auf Drängen seiner Frau Rosina, geborene von und zu Egloffstein, eine hölzerne Kirche.

Inzwischen hatte sein Sohn Georg Wilhelm die Leitung der Güter übernommen und in seinem Haus war Katharina ein gerngesehener Gast, konnte Georg Wilhelm mit ihr doch alle seine Probleme besprechen und sie um Rat fragen.

Im Herbst, als die ersten Stürme über das Land fegten und es in den Räumen des Schlösschens merklich kühl wurde, kehrte Katharina gut erholt nach Königsberg zurück. Von allen Seiten beglückwünschte man sie zu der Ernennung ihres Gatten und Katharinas Angst und Zorn milderten sich, sodass sie auch in Königsberg ruhige Nächte hatte und manches Mal sogar eine Nacht durchschlafen konnte, ohne Albträume.

Ende Februar erreichte sie ein Brief ihres Mannes, der zunächst Ängste auslöste, sie auch gleich wieder beruhigte. Der Brief kam aus Coelln. Ihr Mann schrieb ihr, dass er siegreich an den Hof zurückgekehrt sei, dass er sich gleichzeitig aber bemühe, ein weiteres Kommando zu bekommen. Er werde daher nicht nach Preußen kommen.

In einem zweiten Brief teilte ihr der Waldburger mit, dass er ein neues Kommando erhalten habe. Stolz schrieb er, dass er ein Hilfskorps von 2000 Mann aufgestellt habe, zusammen mit den Obristen Karl Ernst zu Dohna und Prinz Alexander von Kurland.

Katharina atmete auf, als dieser zweite Brief eintraf.

Den Sommer verbrachte sie wieder mit ihren Kindern in Rautenburg und genoss die friedliche Atmosphäre. Ihre Seele gesundete mehr und mehr und besonders glücklich war sie, wenn sie »ihre« Dörfer besuchen konnte, sehen konnte, dass das Korn gut stand, dass die Ernte ausreichend war. Sie trieb auch die Landwirtschaft von Rautenburg voran, Kuh- und Pferdeställe waren gut gefüllt. Da ihr Mann nicht da war, übernahm sie auch die Abrechnung und lernte so, sparsam und erfolgreich zu wirtschaften.

Der Umgang mit den Zahlen bereitete ihr, zu ihrer eigenen Überraschung, sehr viel Freude und lächelnd erinnerte sie sich an die Stunden, wenn sie ihrem Vater beim Rechnen zugesehen und die endlosen Zahlenreihen staunend betrachtet hatte.

Am Sonntag besuchte sie ihre Kirche in Lappienen, für die der Waldburger noch vor seiner Abreise für sich und seine Frau die Patronatsrechte beantragt hatte. Sie freute sich darüber, dass ihr Mann den Kirchenbau schließlich doch geduldet hatte, wenn er auch jedes Mal über die hohen Kosten, die diese Kirche verursachte, schimpfte.

***

Im Frühjahr 1684 kehrte Wolf zu Waldburg erfolgreich aus dem Krieg nach Hause zurück. Der Kurfürst zeigte seine Zufriedenheit darin, dass er ihn zum Generalmajor beförderte und ihm »seine wichtigste Festung«, wie er zu sagen pflegte, als Kommandant anvertraute: Pillau.

Diese Festung hatten einst die Schweden angelegt, es war ihr Tor nach Preußen gewesen.

Nachdem sie aus Preußen vertrieben waren, sollte Pillau nun ein wichtiges Bollwerk gegen die Schweden werden und damit beauftragte jetzt der Kurfürst den Truchsess zu Waldburg, den er »einen seiner fähigsten Leute« nannte.

Katharina war entsetzt, als sie von ihrem Mann, der inzwischen nach Königsberg gekommen war, diese Nachricht erhielt. Würde Wolf sie zwingen, nach Pillau umzusiedeln und eventuell in einer Festung zu wohnen, unter all den Soldaten? Sie fürchtete für sich und für ihre Kinder, denn eine solche Festung war nicht der richtige Ort für Kinder. Das machte sie auch sofort ihrem Mann klar und sie war mehr als erleichtert, als der Waldburger ihr erklärte, er würde sie auf keinen Fall mit nach Pillau nehmen, denn »Weiber« hätten dort wirklich nichts zu suchen. Er werde von Zeit zu Zeit nach Königsberg kommen und seine Familie dort besuchen.

Katharina war sehr erleichtert. Zwar war ihr Mann nicht mehr ganz so rabiat zu ihr in den gemeinsamen Nächten, aber sie merkte bereits, wie der alte Hass wieder in ihr aufstieg und sie schon fast panisch den Tag erwartete, an dem er nach Pillau abreisen würde.

Vorher aber machte ihr Mann ihr klar, dass er endlich einen Sohn von ihr erwartete. Und er hatte ihr einen absurd erscheinenden Vorschlag gemacht.

Er sagte: »Ich habe von anderen gehört, dass es im Westen einen Ort geben soll, einen Badeort, den Frauen aufsuchen, die einen Sohn wollen. In Berlin habe ich darüber mit einem Medikus gesprochen, der dies für wahrscheinlich hielt und der erklärte, dass aus diesem Embs schon die besten Erfolge gemeldet worden sind. Vielleicht solltet Ihr diese Kur auch einmal versuchen.«

Katharina war zunächst zurückgeschreckt vor dem Gedanken, ihre Kinder zu verlassen und eine so weite Reise anzutreten, aber ihr Mann hatte immer wieder davon gesprochen und sie eindringlich dazu aufgefordert.

Inzwischen hatte sie sich entschlossen, diese Reise auf sich zu nehmen, damit sie vor ihm Ruhe hatte. Sie beschloss also, Ende des Monats Juni zunächst nach Coelln zu reisen und von dort aus, in Begleitung eines Arztes, zu diesem geheimnisvollen Embs zu fahren.

Ein bisschen freute sie sich sogar auf diese Reise, kam sie doch nach langer Zeit wieder einmal in eine völlig andere Gegend; ihre Neugierde war geweckt.

***

Langsam glitt das Boot vom Rhein in den Nebenfluss. Katharina stand an Deck und blickte mit wachsendem Staunen zu den Bergen hinauf.

Zu ihrer rechten Seite entdeckte sie eine Burgruine, auf der linken Seite stand eine kleine Kapelle. Seit sie vor zwei Tagen das Schiff in Köln am Rhein bestiegen hatte, beobachtete sie fasziniert die Landschaft.

So etwas hatte sie noch nie gesehen, ja, sie hatte sich diese Berge gar nicht vorstellen können, und jetzt wurde das Tal noch enger und die Berge noch höher. Steil ragten die Felsen aus dem Wasser auf.

Man hatte ihr geraten, mit dem Schiff zu diesem Badeort Embs zu fahren, und nun wurde ihr klar, dass das offensichtlich der einzige Weg war, dorthin zu gelangen. Hier im Tal war gar kein Platz für einen Weg, und wo Platz für eine Siedlung sein sollte, war ihr auch nicht recht klar.

Das Boot wurde von Pferden den Fluss hinaufgezogen, einem Fluss, der jetzt im Sommer noch nicht einmal so breit war wie die Gilge zu Hause, und der Schiffer hatte ihr auch erklärt, dass es Untiefen geben könne, die eine Weiterfahrt verhindern würden.

Langsam ging die Fahrt voran und die Sonne stand schon tief, als eine kleine Siedlung auf der rechten Seite auftauchte. Von dort war auch Lärm zu hören und der Schiffer erklärte ihr, dort auf einer Insel im Fluss befänden sich ein Hammerwerk und einige Schmelzöfen zur Gewinnung von Eisenerz, aber Katharina konnte sich darunter nichts Rechtes vorstellen.

Nun weitete sich das Tal auf der linken Seite und sie sah einen Kirchturm umgeben von einigen Häusern, offensichtlich ein Dorf.

Der Schiffer wies mit dem Finger dorthin und meinte: »Seht Ihr dort die Häuser und die Kirche, das ist der Ort Embs. Wir werden aber weiter flussaufwärts anlegen, dort, wo die Badehäuser mit den warmen Quellen sind.«

Katharina blickte dort hin, wohin der Schiffer zeigte, und sah nun einige größere Gebäude auf der linken Seite des Flusses und kleinere Häuser, die ihnen gegenüberlagen. Dahinter aber stieg ein Fels bis in den Himmel hinauf, der von der untergehenden Sonne rot angestrahlt wurde.

So etwas Großartiges hatte Katharina noch nie gesehen und der Schiffer und ihre beiden Bediensteten, die sie begleiteten, mussten sie geradezu drängen auszusteigen.

Die nächsten Tage verbrachte Katharina damit, gemäß den Anweisungen des Badearztes in der sogenannten »Bübchenquelle« zu baden und auch etwas von dem warmen Wasser zu trinken, das stärkend sein sollte.

Körperlich fühlte sie sich sehr wohl und sie merkte, dass ihr die Kur guttat, aber das, was sie am Anfang so entzückt hatte, begann sie zu bedrücken. Ihr fehlte der weite Blick, egal, wohin sie schaute, überall ragten Berge auf, sie fühlte sich eingeschlossen, wie in einer Kiste.

Und die Berge schienen jeden Tag näher zu kommen, die Enge legte sich auf ihre Brust, sodass ihr manchmal das Atmen schwer fiel. Nachts träumte sie von zu Hause, von dem weiten Himmel über der Gilge. Ganz schlimm waren die Regentage, an denen die Berge bis in die Wolken ragten und der Blick noch stärker eingeschränkt wurde. Aber sie hatte versprochen, diese Kur drei Wochen durchzuhalten, und so fügte sie sich drein.

Am Ende der zweiten Woche erreichte sie ein Brief aus Pillau. Sie war erstaunt, dass ihr Mann ihr schrieb, aber es war kein Brief des Waldburgers. Sein Stellvertreter in der Festung schrieb, dass der Kommandant erkrankt sei. Er habe hohes Fieber, sei zeitweise nicht bei sich, seine Hustenanfälle seien gefährlich, wie die Ärzte sagten. Diese hätten auch gebeten, Katharina zu benachrichtigen und um eine schnelle Heimkehr zu bitten.

Katharina war zuerst sehr erschrocken, dann machte sich Erleichterung in ihr breit. Sie hatte nun einen Grund, die Kur abzubrechen und Embs zu verlassen. Erstaunt stellte sie fest, dass sie darüber sehr froh war und dass sie sich andererseits wenig Gedanken um ihren Mann machte. Er hatte immer einen so gesunden Eindruck gemacht, sodass sie sich kaum vorstellen konnte, dass ein solches Fieber ihm etwas anhaben könnte.

Dennoch drängte sie auf schnelle Rückkehr.

***

Nach knapp zwei Wochen erreichte sie Königsberg, begrüßte dort nur kurz ihre Kinder und fuhr dann gleich weiter nach Pillau. Sie betrat zum ersten Mal die Festung, an der überall gebaut wurde, und war entsetzt über den kalten, feuchten Raum, in dem ihr Mann in einem schmalen, harten Bett lag. Er lächelte schwach, als sie ihn begrüßte. Das Fieber hatte nachgelassen, aber sein Gesicht war schneeweiß und die große Nase sprang spitz hervor.

Katharina schüttelte den Kopf, hier konnte Wolf nicht bleiben. Es gelang ihr, in einem der wenigen größeren Häuser in Pillau eine Wohnung zu mieten und ihren Mann zu überreden, dorthin umzusiedeln.

In ihrer Obhut erholte sich der Waldburger recht schnell, aber die Krankheit hatte doch ihre Spuren hinterlassen. Wolf von Waldburg war bedeutend ruhiger, auch sein Jähzorn war gedämpfter und er behandelte seine Untergebenen und seine Frau wesentlich freundlicher als vor der Krankheit.

Katharina nahm diese positiven Veränderungen gerne wahr und es entwickelte sich ein fast freundschaftliches Verhältnis zwischen den Ehegatten.

Trotzdem verließ Katharina im Spätherbst Pillau und ihr Mann kehrte in die Festung zurück.

Zu Weihnachten kam er für ein paar Tage nach Königsberg, um die Familie zu sehen, und Katharina konnte ihrem Mann mitteilen, dass sie wieder schwanger war. Im Frühsommer wurde ihr Sohn geboren, der auf den Namen Carl Ludwig getauft wurde.

Wolf von Waldburg kam nach Königsberg zur Taufe und war offensichtlich überglücklich über die Geburt des Sohnes. Er erwog sogar, dass die ganze Familie nach Pillau übersiedeln sollte, aber dagegen stemmte sich Katharina und erreichte auch, dass sie in Königsberg bleiben konnten.

Der Waldburger kam im Laufe des Sommers immer wieder nach Königsberg und Katharina verzichtete darauf, nach Rautenburg umzusiedeln. Es war alles unerwartet harmonisch, aber umso mehr erschütterte sie es, als sie erfuhr, dass Wolf den Kurfürsten gebeten hatte, wieder mit nach Ungarn gegen die Türken in den Krieg zu ziehen. Nun, eine Festung auszubauen, war offensichtlich nicht das, was sich der Truchsess wünschte. Aber der Kurfürst schlug ihm diese Bitte ab: Er brauche ihn als Kommandant von Pillau, da sei er wichtiger, ließ er ihm mitteilen.

Zähneknirschend fügte sich Wolf von Waldburg, während Katharina aufatmete.

Sie dachte an die Zeit zurück, als er das erste Mal in den Krieg aufbrach, und erinnerte sich noch gut an die Erleichterung, die sie damals empfunden hatte.

Und jetzt war sie froh, dass er in Pillau blieb. Sie dachte aber auch an seinen Gesundheitszustand, der nicht der Beste war. Natürlich hatte der Kurfürst das auch erfahren und hatte deshalb vielleicht das Gesuch des Waldburgers abgelehnt.

Es blieb alles beim Alten. Nur eine Neuerung gab es: Im März kam die Nachricht, dass der Kurfürst den Truchsess von Waldburg in den Reichsgrafenstand erhoben hatte.

Aus diesem Anlass gab Katharina in Königsberg ein großes Fest, ein gesellschaftliches Ereignis, von dem man noch lange sprach.

Es folgte ein friedliches Jahr, aber im Herbst stellten sich bei Wolf von Waldburg wieder die Fieberanfälle ein. Wieder eilte Katharina nach Pillau, wieder holte sie ihren Mann aus der Festung, wieder pflegte sie ihn aufopfernd, aber das Fieber schwächte ihn immer mehr und am Ende verlor sie den Kampf; am 26. Januar 1688 starb Wolf Truchsess von Waldburg, im Alter von 45 Jahren. Katharina war zum zweiten Mal Witwe.

***

Katharina lehnte sich in ihrem Sessel zurück und betrachtete schläfrig die beiden Männer, die ihr gegenüber Platz genommen hatten und in eine lebhafte Unterhaltung vertieft waren.

Im Moment besprachen sie, wie es nach dem Tod des Kurfürsten nun in Preußen weitergehen werde und wie sich der neue Kurfürst, Friedrich der Dritte, den Problemen dieses Landes gegenüber verhalten werde.

Auch sie hatte sich darüber so ihre Gedanken gemacht, aber im Moment beteiligte sie sich nicht an dem Gespräch, sondern ihre Gedanken wanderten zurück in den Morgen, als die beiden plötzlich auf dem Deich vor dem Schlösschen aufgetaucht waren. Sie hatte sich selten so gefreut, ihren Bruder Albrecht und seinen Begleiter, Jan Stawinski zu sehen.

Nach dem Tod ihres zweiten Mannes hatte sie sich zunächst ganz von der Gesellschaft zurückgezogen und war schon Anfang Mai mit ihren Kindern und dem ganzen Hausstand nach Rautenburg gefahren. So sehr sie das ruhige Leben hier genoss, so sehr freute sie sich jetzt über den unerwarteten Besuch der beiden Männer. Beide hatte sie über ein Jahr nicht gesprochen, nur hin und wieder einen Brief ihres Bruders erhalten, in dem er ihr das Neueste aus Willkamm berichtete oder auch aus Coelln, wenn er bei Hofe war.

Mit Jan Stawinski hatte sie im vorigen Jahr viel zu tun gehabt, als er wegen des Baus des großen Grabens, an dem er immer noch arbeitete, bei ihr vorgesprochen hatte. Sie war sehr interessiert daran, als er ihr erklärte, dass er Pläne für einen Probekanal eingereicht habe und hoffen könnte, dass er auch den Zuschlag bekommen würde.

Es gab nämlich inzwischen zwei weitere Bewerber um den Bau eines Grabens von der Gilge nach Labiau, Daniel Wilken aus Danzig und Johann Heinrich von Steutner. Den hatte Stawinski als einen unangenehmen Mitbewerber geschildert, eingebildet und anmaßend. Er hatte Stawinski die Fähigkeit abgesprochen, überhaupt einen Kanal bauen zu können.

Jan Stawinski hatte ihr erzählt, dass er ihm wohl heftig widersprochen habe und betont habe, dass er einen großartigen Lehrmeister gehabt habe, Philipp von Chièze.

»Ach ja, Philipp«, Katharina seufzte, als sie jetzt an ihren ersten Mann dachte.

Nach dem Tod des Waldburgers war die Erinnerung an Philipp wieder erneut da, nicht mehr überlagert durch all ihre anderen Probleme. Auch die Wiederaufnahme der Gespräche um einen Kanalbau hatte diese Erinnerungen wieder zunehmen lassen.

Das Lob aus dem Mund Stawinskis hatte ihr gutgetan und sie hatte sich darüber gefreut. Deshalb hatte sie auch sofort ihre Hilfe zugesagt, als er sie – sehr zögerlich – darum angegangen war. 3000 Taler hatte sie ihm für den Bau des Probekanals gegeben.

Da fiel Katharina ein, dass sie seitdem nichts mehr davon gehört hatte. Ging es vielleicht darum? Waren die beiden Männer deshalb den weiten Weg von Königsberg hierher geritten?

Mit einem Mal war Katharina hellwach. Drehte sich das Gespräch der beiden nicht um die Zukunft Preußens und war der Kanalbau nicht ein wichtiger Beitrag zur Verbesserung der Wirtschaft des Landes?

»Also, meine Herren, jetzt sagt endlich, was der Grund Eures plötzlichen Erscheinens hier in der Wildnis ist?«, fragte sie mit einem schelmischen Lächeln.

Albrecht von Rauter und Jan Stawinski sahen sich an und zuckten mit den Achseln. Sie zögerten beide, aber dann begann Albrecht: »Liebste Schwester, es ist offensichtlich, dass Ihr von uns eine Erklärung erwartet. Es ist wirklich kein Zufall, dass wir beide hier sind. Aber das sollte Euch lieber Stawinski erklären«, setzte er hinzu.

Jan Stawinski errötete leicht. Er räusperte sich, dann aber sprach er mit fester Stimme: »Ihr wisst, dass ich im vorigen Jahr den Plan für den Bau eines Probegrabens hatte. Die Arbeiten sind inzwischen ausgeführt, es gab große Probleme, vor allem mit den großen Steinen, die weggeschafft werden mussten, aber am Ende ist der Probegraben wohl gelungen.

Nun hat die Commission ihn besichtigt und für gut befunden.

Nach dem Tod des Kurfürsten im Frühjahr habe ich befürchtet, dass die weitere Planung nun ruhen werde. Jetzt hat man mir aber mitgeteilt, dass der neue Kurfürst wie sein Vater sehr an der Fortführung der Planung und letztendlich des Baus des Kanals interessiert ist. Es wurden sogar schon Verhandlungen mit den Königsberger Kaufleuten, die ja davon am meisten profitieren würden, geführt.«

»Und die haben, wie schon damals, als Chièze mit ihnen verhandelte, abgelehnt, auch nur einen Taler dafür zu bezahlen«, unterbrach ihn Katharina lachend. »Der Geiz der Kaufleute ist uns ja allen bekannt.«

»Ja«, fuhr Stawinski fort, »genauso war's. Sie haben geklagt, dass sie kein Geld dafür zur Verfügung stellen könnten. Der Kurfürst ist jetzt also auf der Suche nach Geldgebern. Wilken, von Steutner und ich selbst sollen ein Berechnung aufstellen, wie viel der Bau eines solchen Kanals kosten würde. Ich habe also Berechnungen angestellt und Euer Bruder hat sie in den letzten Tagen geprüft.«

Katharina sah zu ihrem Bruder und dieser nickte ihr zu.

»Ja, und nach meinen Berechnungen könnte der gesamte Graben von der Gilge bis nach Labiau etwa 60 000 Taler kosten.«

Jan Stawinski hatte diese Summe fast geflüstert und jetzt verstummte er und sah Katharina fragend und, wie es ihr schien, ein bisschen bittend an.

Was wollte man von ihr? Etwa, dass sie die 60 000 Taler zur Verfügung stellte?

Die eigentlich der Staat, sprich der Kurfürst bezahlen sollte?

Katharina wartete, dass einer der Männer weitersprechen würde. Sie sah fragend zu ihrem Bruder hinüber, der würde doch nicht mit einem solchen Vorschlag zu ihr kommen? Oder doch?

Sicher, sie hatte einen Teil des Vermögens, das sie von Chièze geerbt hatte, schon in die Trockenlegung der Niederung gesteckt, sicher, sie hätte das Geld aus diesem Vermögen auch jetzt, aber sie musste auch an ihre Kinder denken, vor allem an den Sohn, der vielleicht später einmal nicht einverstanden sein könnte, dass sie das Geld seines Vaters für einen Kanalbau ausgegeben hatte. Der Waldburger hatte es ihr ja mehr als einmal vorgeworfen, dass sie das Vermögen verschwende, aber … wenn ihr Bruder Albrecht, der ja das Geld verwaltete, dafür stimmen würde, dann würde sie nichts Unrechtes tun …

Albrecht hatte dem Blick seiner Schwester standgehalten. Jetzt sagte er: »Stawinski hat gute Chancen, den Zuschlag zu bekommen, denn Steutner hat 150 000 Taler verlangt und Wilken 120 000 Taler. Stawinski hat mir aber versichert, wenn der Kurfürst wegen des Landes und des benötigten Bauholzes Zugeständnisse machen würde, er mit den angegebenen 60 000 Talern auskommen könnte.«

Katharina blickte auf Stawinski und dieser nickte zustimmend.

Ihr war aber immer noch nicht klar, welche Rolle sie dabei spielen sollte, als sie ihren Bruder sagen hörte: »Stawinski hat im Übrigen bei den Kommissaren darauf hingewiesen, dass Ihr noch immer im Besitz des Kontraktes Eures Mannes von 1671 seid und dass Stavinski damals diesen Plan zusammen mit Chièze erarbeitet hat. Wenn man diesen Kontrakt und seine neue Planung einem neuen Kontrakt zugrunde legen würde, dann könnte der Kanal in absehbarer Zeit gebaut werden.«

»Nun«, sagte jetzt Stawinski und strich sich übers Haar, »das eben ist die Frage. Der Kurfürst hat zu verstehen gegeben, dass er erst jemand finden muss, der die Kosten übernimmt. Und da die Königsberger Kaufmannschaft das eben nicht will, weiß ich nicht, ob der Kanal jemals gebaut werden wird.«

Das war es also doch, dachte Katharina, sie hatte mit ihrer Ahnung gar nicht so falsch gelegen.

»Und jetzt kommt ihr beiden und meint, dass ich diesen Kanalbau bezahlen sollte.«

Die Erleichterung bei den beiden Männern war deutlich zu sehen. Katharina hatte selbst ausgesprochen, was sie beide nicht zu sagen gewagt hatten.

Katharina war zuerst etwas ärgerlich, aber als sie die beiden so ansahen – sie wurde an den Blick von bettelnden Hunden erinnert – stahl sich ein Lächeln auf ihr Gesicht. »Meine Herrn, das kann ich so schnell nicht entscheiden. Lasst mich wenigstens eine Nacht darüber schlafen.«

»Natürlich«, meinte Albrecht, »aber denk daran, dass du es auch zum Andenken an Chièze tun kannst, Planung und Geld stammen von ihm. Du würdest sein Andenken stärken und ein großes Werk vollbringen. Du hast so viel für dieses Land getan und du weißt, dass der Kanal lebenswichtig für Preußen ist.«

Albrechts Bitte war so eindringlich, dass er das vertraute »du« aus Kindertagen gebrauchte.

Katharina war beeindruckt und verwirrt.

»Morgen werden wir noch einmal darüber sprechen, lasst mich noch eine Weile darüber nachdenken. Und jetzt entschuldigt mich, ich bin sehr müde.«

***

Den ganzen Winter 1688 über verhandelten Albrecht von Rauter und Jan Stawinski mit der Kommission über die Bedingungen, unter denen die Kanäle von der Gilge in die Deime gebaut werden sollten.

Nachdem Katharina zugestimmt hatte, die Kosten zu übernehmen, waren die beiden sogar nach Coelln gereist, um vor Ort mit den Kommissaren des Kurfürsten zu verhandeln. Sie waren aber ziemlich enttäuscht zurückgekommen, denn bei Hofe war man mit ganz anderen Sachen beschäftigt und an Ostpreußen herzlich wenig interessiert.

Friedrich Wilhelm, der neue Kurfürst, war nicht gewillt, das Testament seines Vaters zu erfüllen. Dieser hatte nämlich bestimmt, dass seine Söhne aus der zweiten Ehe eigenen, souveränen Landbesitz erhalten sollten. Dazu war Friedrich Wilhelm aber nicht bereit und so ließ er kurzerhand diesen Passus des Testaments für nichtig erklären.

Er hatte aber einen der fähigsten Männer aus seiner Umgebung zum Premierminister ernannt, Eberhard von Danckelmann, der gleich nach seinem Amtsantritt begann, eine neue Verwaltung in Brandenburg und Preußen aufzubauen.

In dieser Zeit der Umwandlung der Ämter war es für Albrecht von Rauter und Jan Stawinski schwierig, immer die richtigen Verhandlungspartner zu finden, und so zogen sich die Verhandlungen auch in

Königsberg lange dahin, und manchmal schien es so, also ob ein Ergebnis niemals zustande kommen würde.

Katharina kümmerte sich in diesem Winter allerdings wenig um den Kanalbau.

Da sie noch in Trauer war, lebte sie sehr zurückgezogen und besuchte auch keine Gesellschaften.

Was ihr eigentlich Sorgen bereitete, war, dass durch das Trauerjahr auch ihre beiden Töchter Henriette Maria und Dorothea Amalie nicht an den Gesellschaften teilnehmen konnten. Dorothea war jetzt 18 Jahre und Henriette schon 20 Jahre alt, beide also in einem Alter, wo es galt, für sie einen Mann zu finden, und da waren die winterlichen Gesellschaften ja der ideale »Heiratsmarkt«.

Sie erinnerte sich noch gut daran, als ihre Mutter sie Winter für Winter nach Königsberg brachte und sie von einer zur anderen Gesellschaft »schleppte«.

Nun ja, auf einem dieser Feste hatte sie ihren Philipp getroffen, allerdings war sie da auch schon 19 Jahre alt gewesen.

Jetzt würde auch für die beiden ihre beste Zeit vergehen.

Es würde außerdem schwierig werden, denn Dorothea war nicht gerade eine Schönheit und dazu recht eigenwillig. Sie hatte das schöne schwarze Haar ihres Vaters geerbt, aber auch die etwas große, vorspringende Nase, was ihr Gesicht herb erscheinen ließ.

Manche Nächte lag Katharina wach und fragte sich, was das Schicksal nun noch für sie bereithielt. Eines wusste sie aber ganz genau: sie würde nicht ein drittes Mal heiraten, zu tief war das Gefühl der Erleichterung nach dem Tod des Waldburgers gewesen. Solange sie die beiden Männer, ihren Bruder Albrecht und Jan Stawinski, an ihrer Seite wusste, war sie bereit, das Schicksal der restlichen Jahre ihres Lebens selbst in die Hand zu nehmen.

Deshalb war sie auch zunächst etwas abweisend, als sie kurz nach dem Ablauf des Trauerjahres überraschend Besuch erhielt. Ein alter Bekannter von Philipp von Chièze, Hermann Ernst von Kayserlingk, war in der Stadt und hatte angefragt, ob er und sein Sohn Johann Ernst sie besuchen dürften. Die Kayserlingks waren Herren in Okten, was in Kurland lag, daran erinnerte sich Katharina noch.

Der Nachmittag verlief sehr harmonisch, man tauschte Erinnerungen an Chièze aus, auch den Waldburger hatten die Kayserlingks gekannt, und nachdem Katharina deutlich geworden war, dass der Kayserlingk nicht gekommen war, um um sie zu werben, sondern dass es »nur« ein Freundschaftsbesuch war, löste sich ihre Spannung.

Allerdings machte ihr ihre Tochter Dorothea Sorge, denn sie errötete ihr etwas zu viel, wenn sie mit dem jungen Johann Ernst sprach. Hoffentlich verliebte sie sich nicht in ihn, denn der junge Kayserlingk war fest verlobt mit Agnes von Nagel, wie Hermann Ernst von Kayserlingk ihr gleich zu Beginn des Besuchs mitgeteilt hatte, um jeden Verdacht auszuräumen, sein Sohn sei auf Brautsuche.

Aber Katharina hatte richtig beobachtet, ihre Tochter schwärmte noch tagelang nach dem Besuch von dem jungen Mann, und wenn Katharina sie auf den Umstand aufmerksam machte, dass er schließlich verlobt sei, dann verschloss sie sich und zog sich schmollend zurück.

***

Noch immer zogen sich die Verhandlungen um den Kanalbau hin. Jan Stawinski, der gehofft hatte, noch in diesem Jahr mit dem Bau beginnen zu können, war verärgert. In der Erwartung, dass es bald zu einem zufriedenstellenden Vertrag kommen würde, hatte er bereits begonnen, Arbeiter anzuwerben.

Und nun war das Frühjahr schon fast vorbei und noch immer waren ein Ende und eine Vertragsunterzeichnung nicht in Sicht. Der neue Kurfürst, der angeblich so viel Interesse an dem Bau des Kanals gezeigt hatte, reiste ständig im Land umher, vor allem im Westen, und hielt sich immer häufiger in den Niederlanden auf.

Preußen schien für ihn weit weg, die große Politik spielte sich zwischen Frankreich und den Niederlanden ab und das schien viel wichtiger zu sein.

In vielen Gesprächen äußerte Stawinski Katharina gegenüber darüber seinen Unmut, er brannte darauf, bald mit den Arbeiten zu beginnen.

Endlich, Anfang Juni, kam Albrecht von Rauter nach Königsberg und brachte den endgültigen Vertrag, den der Kurfürst am 4. Juni (1689) unterschrieben hatte, mit. Bevor sie selbst ihn aber in der Kanzlei unterschrieb, studierte Katharina ihn noch einmal gründlich.

Schon der erste Artikel war für sie enttäuschend, als sie lesen musste: »*Erstlich nehmen gedachte Wittibe*« – damit war sie gemeint – »*und ihre Erben über sich, ... aus dem jüngst von Labiau an bis in die Gilge durch den Kurfürstlich Königsbergischen Mühlenmeister Jan Stawinski bereits angefertigten kleinen Graben*« – damit war der Probekanal gemeint – «*zur besseren Beförderung der Schifffahrt und Commercion auf eigenen Kosten und Gefahr*« – Katharina seufzte, darauf hatte der Kurfürst bestanden – «*einen größeren Graben*« – jetzt folgten die genauen Angaben, von denen sie wenig verstand – «*der nach Rheinländischem Maße 60 Fuß breit, im Elbogenen aber nach Proportion etwas weiter, und 17 Fuß tief sein, auch Ordinarie 6 Fuß Wasser und nicht weniger haben soll, zu verfertigen, und ohne eigenes Zutun Ihrer königlichen Durchlaucht, die hierzu den geringsten Heller nicht geben, machen zu lassen.*«

Katharina schüttelte den Kopf, hier hatte der Kurfürst keinen Deut nachgegeben, er war nicht bereit, einen Taler für den Bau auszugeben.

Albrecht sah, wie sich das Gesicht seiner Schwester zu einem schmerzlichen Lächeln verzog: »Ja, hier war nichts zu verhandeln, aber lies weiter, ich habe versucht, die Conditiones zu verbessern.«

»Aber hier, auch der zweite Passus ist nicht gerade glücklich«, meinte Katharina: »Wenn der Bau schief geht, dann trage ich das Risiko, wenn es gut geht, dann muss ich auf jeden Fall die Arbeiten abschließen ...« sie zögerte, »koste es, was es wolle.«

»Aber es gibt auch gute Zusagen«, meinte Albrecht: »Sieh hier, im 3., 4. und 5. Abschnitt: Du bekommst Bauholz, so viel du brauchst, das Land wird dir zur freien Verfügung gestellt, wo der Kanal entlangläuft, und es gibt noch zwei Huben Land, auf denen du jeweils einen Krug mit Brauereirecht bauen kannst.«

»Und zwei Bagger aus Labiau, die ich aber auf eigene Kosten zu unterhalten habe«, fügte Katharina mit einem ironischen Lächeln hinzu.

»Dafür wird auch dein Wunsch erfüllt, dass Stawinski die Oberaufsicht über den Bau bekommt«, sagte Albrecht.

»Aber wie heißt es hier so schön: »*Er soll dennoch an dem, was seiner Haupten Arbeit und er allertreuen Fleißes zu beobachten verpflichtet ist, nicht vernachlässigen*«, das heißt doch, wir können nur in den Sommermonaten bauen, im Winter wird er in Königsberg seiner dortigen Arbeit nachgehen müssen«, fügte Katharina hinzu.

Sie las weiter und verzog das Gesicht. Albrecht wusste, dass sie den 8. Punkt erreicht hatte, in dem der Kurfürst anbot, nach der Fertigstellung des Kanals diesen für 60 000 Taler zurückzukaufen.

»Das ist fatal«, sagte sie, »wenn der Kanal mit den Zolleinnahmen Gewinn macht, kauft der Kurfürst ihn zurück, und wir können sehen, wo wir bleiben«, sagte sie bitter.

Albrecht schüttelte den Kopf: »Ich sehe da nicht so schwarz, natürlich muss der Kurfürst sich ein Kaufrecht sicher, aber ...«

»Hoffentlich hast du recht, aber wenn ihm in Zukunft etwas nicht passt oder ich zu viel gewinne, dann kann er immer damit drohen«, sagte Katharina ahnungsvoll.

»Das wird nicht eintreten«, beruhigte Albrecht sie, aber es war ihm auch nicht ganz wohl bei diesem Punkt.

»Den letzten Abschnitt verstehe ich nicht recht«, fuhr jetzt Katharina fort, »warum soll ich von diesem Vertrag zurücktreten, wenn ein anderer ein besseres Angebot macht?« »Nun, damit sichert sich der Kurfürst die Möglichkeit, noch andere Angebote zu prüfen«, antwortete Albrecht.

»Stawinski hat doch gesagt, dass die anderen Angebote viel ungünstiger waren als seines«, warf Katharina ein.

»Ja, du brauchst auch nichts zu befürchten, der letzte Abschnitt ist reine Formsache, haben mir die Kommissäre versichert.«

»Gut«, meinte Katharina nach kurzem Nachdenken und strich sich über die Stirn, »dann werden wir also diesen Vertrag so annehmen und unterschreiben und dann kann Stawinski endlich mit dem Bau anfangen.«

***

Am 4. Juli des gleichen Jahres konnte dann endlich mit den Arbeiten am Kanal begonnen werden, und zwar gleichzeitig an beiden Abschnitten, von der Gilge nach Süden und von Labiau nordwärts.

Jan Stawinski hatte für die Arbeiten bei Labiau den Mühlenmeister Johann Lau angestellt und auch einen erfahrenen Baggermeister, nämlich Andreas Heynau gewinnen können. Beide arbeiteten so zuverlässig, dass Jan Stawinski sich ganz auf die Arbeiten am nördlichen Kanalabschnitt konzentrieren konnte.

Dort begann der zukünftige Graben beim Dorf Kryszanen, westlich von Schloss Rautenburg gelegen.

Die ausgehobene Erde wurde rechts und links als zukünftiger Treideldamm aufgeschüttet. Zunächst wurde ein drei Fuß tiefer Graben ausgehoben.

Später würde sich nach dem Durchfluss des Wassers dieser Graben vertiefen. Auch war er zunächst nur ein Kahn breit und würde am Ende die Breite haben, dass zwei Wettinen ohne Schwierigkeiten aneinander vorbei könnten.

Obwohl die Arbeiten in diesem Sommer zügig vorangingen, tauchten Schwierigkeiten auf, im südlichen Teil schwemmte immer wieder das Moor auf und im nördlichen Teil bereitete es große Mühe, die gewaltigen Gesteinsbrocken fortzuschaffen, auf die die Arbeiter immer wieder stießen.

Kein Mensch wusste, woher die Felsbrocken kamen, sie waren fest mit dem Untergrund verbacken, obwohl nirgends anstehender Fels zu finden war.

Das Sprengen dieser Steine war mühsam, man übergoss sie bei kalter Witterung mit kochendem Wasser, der Frost sprengte sie dann auseinander. Das waren die Arbeiten, die noch im späten Herbst durchgeführt wurden, während die eigentlichen Arbeiten am Graben längst eingestellt waren und Jan Stawinski nach Königsberg zurückgekehrt war, um dort seiner eigentlichen Arbeit, wie im Vertrag geregelt, nachzugehen.

Auch Katharina, die im Sommer stets in der Nähe der Baustelle war, kehrte dann nach Königsberg zurück und widmete sich wieder der Erziehung ihrer Kinder, vor allem der jüngeren, die sie im Sommer meist in der Obhut ihrer ältesten Töchter in Rautenburg ließ.

Inzwischen hatte sie sich nämlich in der Nähe des Nemonien-Flusses, dort, wo der nördliche Graben in den Fluss einmünden würde, ein einfaches Holzhaus erbauen lassen, um immer in der Nähe zu sein. Später würde dieses Haus als Krug genutzt werden.

Sie ließ es sich auch nicht nehmen, am Ende der Woche den Arbeitern persönlich ihren Lohn auszuzahlen und sie war dabei so gerecht, dass sie bei allen angesehen war. Man achtete sie und rechnete es ihr hoch an, dass sie, eine Reichsgräfin, diese Mühe und dieses entbehrungsreiche Leben auf sich nahm.

Während die Arbeiter sich Sommer für Sommer durch die Wildnis und die Moore kämpften, traf Katharina im Jahre 1694, fünf Jahre nach Beginn der Grabungsarbeiten, ein schwerer Schicksalsschlag: Ihr Bruder Albrecht starb.

Es war ihm in den letzten Jahren nicht gut gegangen, er hatte immer wieder über Brustschmerzen geklagt, dennoch kam sein Tod für Katharina plötzlich und viel zu früh. Ihr wichtigster Berater, der Freund, der immer für sie da gewesen war, war nun nicht mehr da.

Albrecht hatte ja auch alle ihre Vermögensangelegenheiten geregelt, hatte aber in den letzten Jahren mehr und mehr einen befreundeten Notar dazu herangezogen und Katharina dachte in Dankbarkeit daran, es schien so, also wolle er noch über seinen Tod hinaus seine kleine Schwester beschützen.

Katharina trauerte lange um ihren Bruder und hatte in Stawinski einen Freund, der sie verstand und die Trauer mit ihr teilte. Jan Stawinski war ihr nun also als letzter enger Freund geblieben und die beiden schlossen sich noch mehr zusammen, ohne ihre Distanz aufzugeben oder den Leuten einen Grund für falsches Gerede zu geben.

Im Winter aber, wenn Stawinski bei seiner Familie war, spürte Katharina, obwohl noch keine 40 Jahre alt, die Einsamkeit »des Alters«, wie sie manchmal zu sagen pflegte.

***

Seit Wochen lag die Sommerhitze über dem Land. Weite Landstriche, sonst Moorgebiet, waren ausgetrocknet, die Störche hatten es immer schwerer, Nahrung zu finden, die Schiffer stöhnten, dass es kaum noch möglich war, die Gilge zu befahren, immer mehr Sandbänke behinderten den Schiffsverkehr.

Die Kanalbauten standen kurz vor der Vollendung. Man hatte beschlossen, die Arbeiten so weit fortzuführen, dass im kommenden Jahr der Durchstich zur Gilge erfolgen könnte und dann die Schifffahrt über beide Kanäle, die man in der Bevölkerung nur die »truchsesschen« nannte, aufnehmen könnte.

Katharina war in diesem Sommer wieder in das Holzhaus gezogen, das sie in der Nähe des Übergangs des Grabens in den Nemonien-Fluss hatte bauen lassen. Später würde es einer der Krüge werden, die der

Kurfürst ihr genehmigt hatte, mit einer Zollstation für die Schiffer und Händler, die den Kanal benutzen wollten.

Das Haus hatte im Untergeschoss eine geräumige Küche und einen großen und einen kleineren Raum. Den großen, der spätere Schankraum, hatte Katharina sich als Salon eingerichtet. Es war ein gemütlicher heller Raum, mit vier nach zwei Seiten gehenden Fenstern und einem großen Kamin, den sie in diesem Sommer aber noch nicht benötigt hatte.

Das kleinere Zimmer nutzte sie als Schlafraum. Über eine steile Treppe ging es ins Obergeschoss, wo es vier kleine Kammern gab. In der einen schliefen die Köchin und die Zofe Anna, die Katharina mitgenommen hatte aus Rautenburg, in der zweiten Kammer schliefen die beiden Knechte und die dritte Kammer bewohnte der Kutscher, ein hünenhafter Mann, treu und zuverlässig, der Katharina auf ihren vielen Ausfahrten ein guter Beschützer war. Die vierte Kammer war vollgestellt mit allerlei Gerätschaft, die sich im Laufe der Monate angesammelt hatte.

An einem Samstag in diesem heißen Juli ließ Katharina anspannen, um zur Baustelle zu fahren und um dort die Wochenlöhne auszuzahlen. Das tat sie, so oft sie konnte, denn es machte ihr Freude, mit den Arbeitern zu sprechen, die aus vielen Ländern Europas hierher gekommen waren, um Arbeit zu finden.

Jetzt saß sie in der leichten Kutsche, das Verdeck hatte sie aufziehen lassen, um ein wenig Schutz gegen die gleißende Sonne zu haben. Aber weder Schatten noch Fahrtwind konnten die Hitze mildern. Katharina war ärgerlich darüber, dass sie, um korrekt gekleidet zu sein, sich hatte einschnüren müssen. Der Schweiß lief ihr am ganzen Körper herunter.

Vor Monaten hatte sie in einem Journal gesehen, wie die Frauen in den heißen Ländern gekleidet waren mit ihren weiten Kleidern ohne Taille, den weiten Ärmeln, durch die die Luft streichen konnte.

Sie hatte sich ein solches Kleid nähen lassen und trug es im Haus. Ihre Zofe hatte zwar den Kopf geschüttelt, als sie es zum ersten Mal trug, inzwischen hatten aber alle eingesehen, dass es bei der andauernden Hitze wirklich sehr nützlich war. Mit diesem »Kaftan« konnte sie aber nicht ausfahren. Sie hatte zwar ihr luftigstes Kleid gewählt und nur einen Unterrock angezogen, trotzdem fühlte sie sich schrecklich eingeschnürt und heiß.

Die Fahrt zum Kanal war kurz. Als sie sich der Baustelle näherte, hörte sie das Schreien der Männer, und als sie näher kam, sah sie ein Ochsengespann, das zwei Männer antrieben.

Dicke Seile führten zum Rand des Grabens. Katharina sah, dass sie um einen gewaltigen Felsbrocken geschlungen waren, der wohl von dort weggezogen werden sollte. Mehrere Männer, deren nackte Oberkörper in der Sonne glänzten, versuchten mit großen Stangen, den Stein zu lockern.

Dies war, wie Katharina wusste, eine sehr gefährliche Arbeit, konnte der Felsen doch zurückrutschen und die Männer unter sich begraben. Das war mehr als einmal geschehen und so musste sie schon öfters Tote beim Grabenbau beklagen, was sie immer sehr traf, und sie kümmerte sich darum, dass die Witwen und die Kinder der Verunglückten gut versorgt wurden. Der Grad ihrer Beliebtheit war auch deshalb sehr hoch und überall sprach man in der Bevölkerung nur mit Hochachtung von ihr. Katharina verließ nun, am Rande des Grabens angelangt, den Wagen und ging zu dem Unterstand hinüber. Die wenigen Schritte über die sonnenbeschienene Fläche fielen ihr schwer und sie war froh, als sie sich im Schatten des Unterstandes, den sich die Arbeiter gebaut hatten, auf einer grob gezimmerten Bank niederlassen konnte. Von hier aus beobachtete sie die Männer, die noch immer mit dem Felsbrocken beschäftigt waren.

Inzwischen hatte man ihre Ankunft auch bemerkt, denn Jan Stawinski kam mit schnellen Schritten auf sie zu, um sie zu begrüßen.

Katharina lächelte, als sie die große, immer noch hagere Gestalt Stawinskis kommen sah. Sein Gesicht war braun gebrannt und seine Haare waren durch die Sonne ausgebleicht und wirkten sehr hell, aber Katharina wusste auch, dass sich schon manch graues Haar zwischen dem blonden versteckte. Sie selbst entdeckte ja auch schon fast jeden Morgen ein graues Haar, es waren inzwischen so viele, dass sie angefangen hatte, das Haar zu färben.

Lautes Gebrüll ließ sie jetzt zusammenzucken und sie konnte sehen, dass sich der Felsbrocken wirklich langsam bewegte. Er wurde von dem Ochsengespann, das sich ebenfalls jetzt vorwärtsbewegte, aus dem Graben gezogen.

»Diese Brocken machen uns viel Mühe«, erklärte Stawinski, nachdem er Katharina begrüßt hatte. »Heute ist zum Glück alles gut gegangen.«

Katharina bat ihn, die Arbeiten für heute zu beenden und mit der Auszahlung der Gelder zu beginnen.

Stawinski brachte ihr die Kasse und das Buch, in dem er fein säuberlich alle Arbeiten vermerkt hatte.

Mit einem Lächeln und einem guten Wort und meist mit der Ermahnung, das Geld nicht gleich in Branntwein umzusetzen, zahlte Katharina jedem der Arbeiter seinen zustehenden Lohn aus.

Die Warteschlange wurde immer kürzer, denn die Männer verließen einzeln oder in Gruppen die Arbeitsstelle, nachdem sie ihr Geld bekommen hatten.

Stawinski überwachte das Sichern des Arbeitsgerätes, der Bauer führte sein Ochsengespann nach Hause und schließlich waren nur noch Katharina und Stawinski vor Ort.

Katharina erhob sich mühsam und ging hinüber zu ihrer Kutsche und Stawinski folgte ihr, sein Pferd am Zügel führend.

Während sie mit der Auszahlung beschäftigt war, hatte sie gar nicht bemerkt, dass große dunkle Wolken am Himmel aufgezogen waren. Jetzt blickte sie erschrocken und ängstlich in den schwarzen Himmel.

Sie war kaum in die Kutsche eingestiegen und wollte sich gerade von Stawinski verabschieden, als die ersten Tropfen fielen und sich sofort zu Sturzbächen, die vom Himmel kamen, zusammenschlossen. In Sekundenschnelle war Stawinski, der neben der Kutsche stand, bis auf die Haut nass und in der Kutsche bildete sich zu Katharinas Füßen bereits ein kleiner See.

»Schnell, bindet euer Pferd an der Kutsche fest und steigt ein, so könnt ihr nicht nach Hause reiten!«, rief sie Stawinski zu.

Sie wusste, dass er noch mindestens eine halbe Stunde brauchte, um sein Quartier zu erreichen, während ihr Haus ganz nahe lag.

Stawinski tat, wie ihm geheißen, und der Kutscher trieb die Pferde an und so erreichten sie in wenigen Minuten Katharinas Haus.

Aber auf dem Weg von der Kutsche bis zur Haustür war auch sie völlig durchnässt.

In dem kleinen Hausflur stand schon ihre Zofe. Katharina rief ihr zu: »Sagt dem Knecht Bescheid, dass er eine Hose und ein Hemd für Stawinski holen soll, er hat ja ungefähr die gleiche Größe, außerdem macht den Kamin im Salon an, damit er sich dort trocknen kann.«

Sie selbst verschwand im Schlafzimmer, wo Anna ihr die nassen

Kleider vom Körper zerrte. Katharina gab ihr den Auftrag, bei der Köchin einen heißen Tee zu bestellen, während sie selbst ihren Kaftan anzog, was ein Stirnrunzeln bei ihrer Zofe hervorrief. Dann ging sie in die Küche, wo die Köchin inzwischen ein Tablett mit Tee und kleinen Kuchen zurechtgemacht hatte.

Sie wollte alles gerade in den Salon tragen, aber Katharina nahm ihr das Tablett ab.

Die Tür zum Salon war nur angelehnt und Katharina stieß sie leicht mit dem Fuß auf und betrat das Zimmer.

Das Bild, das sich ihr bot, ließ sie stocken: Vor dem Kamin, in dem jetzt ein Feuer brannte, stand Stawinski, nur mit einer Hose bekleidet und rieb sich mit einem Leinentuch die Haare trocken. Er kehrte ihr den Rücken zu und hatte ihr Kommen offensichtlich nicht gehört.

Katharina starrte wie gebannt auf den nackten Oberkörper. Sie hatte Stawinski bei den Arbeiten schon öfter so gesehen, aber in der Intimität ihres Salon war das etwas ganz anderes.

Sie merkte, wie eine Wärme von ihrem Schoß aufstieg, ihr Herz begann zu rasen, ihr Magen krampfte sich zusammen. Die Wärme stieg bis in den Kopf und sie glaubte zu glühen. Dieses Gefühl hatte sie längst tot geglaubt, umso überraschter war sie jetzt.

Sie begann zu zittern und das Teegeschirr klirrte leise. Stawinski drehte sich um und sekundenlang trafen sich ihre Blicke. Dann griff er hastig nach dem Hemd und Katharina wandte sich dem Tischchen zu, das in ihrer Nähe stand, und setzte das Tablett ab. Mit unsicherem Fuß ging sie zum Fenster und öffnete es.

Draußen rauschte noch immer der Regen, aber Katharina sog die frische Luft, die jetzt hereinströmte, mit tiefen Atemzügen ein. Ihr Herz beruhigte sich langsam, ihr Kopf wurde kühl und das Zittern hörte auf.

Dann wandte sie sich um: »Ihr müsst einen heißen Tee trinken, damit Ihr Euch nicht verkühlt. Ich habe auch den Knecht angewiesen, dass er in der kleinen Kammer schläft. Ihr könnt bei dem Hausknecht übernachten, denn der Regen scheint nicht aufhören zu wollen und so könnt Ihr nicht heimreiten.«

***

Die Arbeiten an beiden Gräben gingen im nächsten Jahr zügig voran, sie wurden durch kein größeres Unglück gestört. Natürlich gab es immer wieder große Felsbrocken zu entfernen, aber inzwischen hatte man gelernt, auf welche Weise dies am einfachsten zu machen war.

Ende des Jahres 1696 waren die beiden Gräben weitgehend fertiggestellt.

Jan Stawinski bestimmte, dass der Durchstich zur Deime und zur Gilge im nächsten Frühjahr geschehen sollte. Die Gräben waren etwa 3 Fuß tief (ca. 1m) und nur einen Kahn breit, wie es der Plan vorsah.

Stawinski rechnete damit, dass das durchströmende Wasser nach dem Durchstich die Vertiefung und Verbreiterung schaffen würde.

So waren alle im Frühjahr 1997 äußerst gespannt, ob dies gelingen würde. Die Flüsse, vor allem die Gilge, führten viel Wasser, und nachdem die Verbindung zum Graben hergestellt war, strömte das Wasser mit großer Geschwindigkeit in den Graben, sodass genau das geschah, was Jan Stawinski erwartet hatte.

Sehr schnell vertiefte und verbreitete sich der Graben und hatte bald die gewünschte Tiefe von 9 Fuß (ca. 3 m) und die Breite von 6 Ruthen (ca. 25 m), sodass zwei Wettinen gut aneinander vorbeikommen konnten.

Alle waren hell begeistert, Jan Stawinski war mehr als erleichtert, dass seine Planung sich als richtig erwiesen hatte und der Durchstich so erfolgreich war.

Nur Katharina äußerte Bedenken wegen des Bewuchses an den Ufern.

»Wird das Gestrüpp nicht die Segel zerreißen, wenn die Schiffer nahe am Ufer fahren müssen, zum Beispiel bei einer Begegnung?«, fragte sie Stawinski. Dieser beruhigte sie.

Aber Katharina sollte Recht behalten, in den nächsten Jahren kamen immer wieder Beschwerden wegen dieser Behinderung, und sie musste mehrmals Arbeiten anordnen, um das Ufergestrüpp entfernen zu lassen – eine Sache, die ihr viel Ärger einbrachte.

Jetzt aber waren alle zufrieden, und der Tag der feierlichen Eröffnung der beiden Gräben wurde auf den 11. Juni 1697, den Geburtstag des Kurfürsten Friedrich, festgelegt.

Auf den Tag genau vor acht Jahren war der Bau begonnen worden, und deshalb wurde beim Kurfürsten angefragt, ob die Gräben den

Namen des Kurfürsten »kleiner und großer Friedrichsgraben« tragen dürften. Dies wurde auch huldvoll gestattet, aber bei der Bevölkerung hießen sie nur die »Truchsesschen Gräben«. Da das Wasser im kleinen Friedrichsgraben schnell floss, nannten die Leute ihn auch »Greituschke«, was »die Schnellfließende« hieß.

Die Feierlichkeiten sollten am 11. Juni in Labiau stattfinden, aber schon mehrere Tage vorher kamen die Abgesandten des Kurfürsten nach Rautenburg, um mit Katharina und Stawinski die letzten Unterlagen zu ordnen und die Rechnungen zu prüfen.

Auch Abgesandte aus Königsberg und zwei Vertreter der Kaufleute kamen nach Rautenburg, denn sie wollten sich die erste Fahrt auf dem Friedrichsgraben nicht entgehen lassen. Katharina hatte geplant, einen Tag vorher mit zwei oder drei Schiffen von Rautenburg nach Labiau zu fahren, und nun, zwei Tage vorher, wurden die Schiffe bereits mit allem, was man für die Reise brauchte, beladen.

***

Die Sichtung der Unterlagen hatte sich den ganzen Tag hingezogen, und nach einem einfachen Abendessen hatten sich die Gäste bereits in ihre Zimmer zurückgezogen, nur Jan Stawinski saß noch am großen Eichentisch, der mit allerlei Urkunden und Dokumenten übersät war, und las und bündelte die Papiere zu kleinen Aktenstößen. Es war dämmrig im Zimmer und der Diener hatte die Kerzen angezündet, die nun die hagere Gestalt und das schmale ernste Gesicht von Jan Stawinski beleuchteten.

Katharina selbst saß in einer Ecke nahe den Fenstern und freute sich über ihre neueste Anschaffung. Es war ein Schaukelstuhl, den sie im Winter in Königsberg bei Freunden gesehen hatte, und sie war gleich so begeistert gewesen, dass sie einen solchen Stuhl bei einem Schreiner bestellt hatte. Natürlich musste dieses schöne Stück mit nach Rautenburg und nun genoss sie das sanfte Wiegen und fühlte sich irgendwie geborgen.

Sie war in den letzten Tagen sehr erschöpft gewesen und nutzte nun die wenigen Ruhestunden an diesem Abend, um Kraft zu schöpfen für die nächsten Tage, die Reise nach Labiau und die dort auf sie wartenden Feierlichkeiten.

Aber heute Abend wollte sie nicht daran denken, und so ließ sie ihre Gedanken schweifen. Wie meist, wenn sie etwas Ruhe hatte, dachte sie an ihre Familie.

Sie war jetzt 47 Jahre alt und galt schon als eine alte Frau, eine alte Witwe, die nichts mehr vom Leben zu erwarten hatte.

Aber so fühlte sie sich gar nicht. Die Beaufsichtigung der Arbeit an den Gräben in den letzten acht Jahren hatte sie jung gehalten. Nur ihr Körper zeigte zunehmend Spuren des Älterwerdens, sie hatte an Gewicht zugenommen, sodass ihr das Reiten immer schwerer fiel. Viele ihrer Bekannten nahmen ihr ihre Rührigkeit auch übel und meinten, sie habe doch jetzt endlich Ruhe verdient, ja, manche äußerten sogar, aus dem allem spräche zu viel Überheblichkeit.

Diese Gedanken unterdrückte Katharina jetzt, als sie an ihren Bruder Albrecht dachte. Der hatte sie immer verstanden, der hatte sie auch bei all ihrem Tun immer unterstützt, und war es nicht er gewesen, der sie dazu drängte, den Bau der Gräben zusammen mit Stawinski zu unternehmen?

Traurigkeit stieg in Katharina auf. Seit fast drei Jahren hatte sie ihren Bruder und engsten Vertrauten nicht mehr an ihrer Seite. Im Jahr 1694 war Albrecht von Rauter gestorben. Zwar war er schon länger kränklich gewesen, aber der Tod kam für Katharina doch unerwartet. Sie fühlte sich alleingelassen, musste alle Entscheidungen nun alleine treffen. Aber nein, ein Freund war ihr ja noch geblieben: Jan Stawinski.

Sie blickte wieder zum Tisch. Nun, er war ein Freund von Chièze gewesen und dann ihr Freund geworden, aber auch das war ja bald zu Ende. Er würde zu seiner Familie zurückkehren und sie in Rautenburg bleiben.

Katharina unterdrückte einen Seufzer, um die Stille, die nur vom Rascheln der Papiere unterbrochen wurde, nicht zu stören.

Aber sie wollte nicht nur traurige Gedanken an diesem Abend haben und so dachte sie an die bevorstehende Hochzeit ihrer Tochter Dorothea Amalie. Diese war bereits 27 Jahre alt und es schien so, als ob sie sich nicht verheiraten wollte. Aber dann war die Anfrage aus Kurland gekommen.

Der junge Graf Kayserlingk hatte seine Frau im Kindbett verloren und bat nun um die Hand von Dorothea, die er vor Jahren in Königsberg kennengelernt hatte, und diese, als ob sie nur darauf gewartet hätte, hatte auch sofort in diese Heirat eingewilligt.

Allerdings würde sie dann in Kurland auf Gut Okten leben, weit weg, aber Katharina freute sich, dass Dorothea übermorgen zu den Feierlichkeiten nach Labiau kommen wollte.

Auch die Tochter von Chièze, Henriette Maria, würde mit ihrem Mann, dem Tribunalsrat von Schöneich, die jetzt auf Karnitten lebten, nach Labiau kommen.

Das zweite ihrer Kinder mit Philipp von Chièze, ihr Sohn Friedrich Wilhelm, jetzt 25 Jahre alt, bereitete ihr etwas Sorgen. Er hatte den Charme und die Leichtigkeit des Blutes, sein italienisches Erbe, wohl vom Vater, aber ohne dessen Zielstrebigkeit. So lebte er in den Tag hinein, feierte gerne Feste und beantwortete ihre Vorhaltungen mit einem charmanten Lächeln, dem sie nicht widerstehen konnte.

In geldlichen Dingen aber schien er die glückliche Hand seines Vaters zu haben, er hatte inzwischen Schloss Capustigall erworben und hatte ihr von seinen Plänen erzählt, weitere Güter zu kaufen. Nur ans Heiraten wollte er überhaupt nicht denken.

Katharina musste bei diesem Gedanken lächeln, wirklich Sorgen musste sie sich um Friedrich nicht machen.

Wohl aber um Albertine Louise, ihre erste Tochter mit dem Truchsess von Waldburg. Albertine war von Geburt an ihr Sorgenkind gewesen. Immer schwach und kränklich, war sie still und wenig beachtet herangewachsen. Nun, mit 17 Jahren, war sie bettlägerig geworden und die kleine Lebensflamme schien zu verlöschen. Wie eng doch in diesem Jahr Freude und Trauer beieinander lagen.

Katharina dachte an Helene Dorothea, die das Gegenteil ihrer älteren Schwester war. Dieses Kind hatte ihr damals bei seiner Geburt alle Kraft geraubt und sich zu einem hübschen, kräftigen Mädchen entwickelt. Gerade erst 17 Jahre alt, war sie schon verlobt mit Heinrich Wilhelm, dem Sohn des Grafen zu Solms und Tecklenburg, der die Güter Schellecken und Glückhofen bei Labiau besaß. Bei den Feiern in Labiau würden sie zusammentreffen und vielleicht schon die Hochzeit im nächsten Jahr planen. Katharina standen also zwei Hochzeiten bevor, aber sie freute sich sehr darauf, jetzt sah die Zukunft gar nicht mehr schwarz aus.

Und was war mit ihrem Jüngsten? Carl Ludwig kam jetzt in ein schwieriges Alter. Er war 12 Jahre alt und zeigte leider immer deutlicher, dass er die Neigung zum Jähzorn von seinem Vater geerbt hatte. Katharina musste ihn immer öfter besänftigen bei seinen Wutausbrüchen und sie hoffte inständig, dass sich dieser Charakterzug vielleicht eindämmen ließ.

Draußen war es fast dunkel geworden und Katharina saß schläfrig in ihrem Schaukelstuhl, als ein Geräusch sie erschrocken aufblicken ließ. Ein tiefes Stöhnen kam vom Tisch her und sie sah, dass Jan Stawinski seine Arbeit beendet hatte und nun unbeweglich da saß, sein Gesicht in den Händen vergraben.

»Was habt Ihr, seid Ihr krank?«, fragte Katharina besorgt.

Stawinski schüttelte nur stumm den Kopf ohne aufzublicken.

»Freut Ihr Euch gar nicht, dass nun alles fertig ist, dass alles so gut gelungen ist und Ihr endlich zu eurer Familie nach Königsberg zurückkehren könnt?«, fragte sie weiter. Die Antwort war nur wieder ein lautes Stöhnen.

Katharina sah erschrocken zu dem Mann hinüber, der jetzt sein Gesicht hob und sie anblickte.

Katharina bemerkte im Schein der Kerzen das zerquälte Gesicht Jan Stawinskis und in den Augen spiegelte sich dieselbe Qual und – Angst.

»Mein Gott, wovor hat dieser Mann eine solche Angst?«, dachte sie.

Eine Zeit lang blieb alles still, dann hörte sie Stawinski sagen: »Auf mich wartet in Königsberg die Hölle.«

Katharina rührte sich nicht, sie wartete und wirklich, da brach es aus Stawinski heraus: »Meine Frau hasst mich. Schon seit Jahren ist sie rasend eifersüchtig auf Euch. Sie hat es mir immer mehr übelgenommen, dass ich im Sommer hierher zum Grabenbau gegangen bin. Sie wirft mir vor, ich hätte sie mit Euch betrogen, sie und die Kinder vernachlässigt. Jeden Tag musste ich ihr Geplärr anhören und in den Wintern hat mich immer nur der Gedanke gerettet, dass ich im Frühjahr wieder wegkonnte. Das ist jetzt vorbei, ich kann nicht mehr flüchten.«

Ein tiefer Seufzer beendete diesen Wortschwall.

Katharina war erschrocken aufgestanden und an den Tisch getreten.

»Ich wusste von der Eifersucht seiner Frau, aber so schlimm habe ich es mir nicht vorgestellt«, dachte sie.

Jan Stawinski blickte Katharina jetzt an: »Und das Allerschlimmste ist, dass sie die Kinder gegen ihren Vater aufgehetzt hat, die großen gehorchen nicht mehr und die kleinen schreien, wenn ich etwas sage.«

Stawinski ließ den Kopf wieder sinken.

Katharina legte tröstend eine Hand auf seine Schulter, der Mann zuckte unter der leisen Berührung zusammen, dann nahm er die Hand und bedeckte sie mit verzweifelten Küssen.

Katharina wich erstaunt zurück, überließ ihm aber die Hand, und während sie auf ihn hinunterblickte, spürte sie die gleiche Wärme wie damals nach dem Regen in ihrem Salon. Ihr Herz schlug immer heftiger, sie glaubte zu glühen.

Sie blickte auf den Kopf hinunter und ein Bild stieg auf: Zwei Männer, der eine dunkelhaarig, der andere hellblond, beugen sich über eine Landkarte – die erste Begegnung mit Jan Stawinski.

Wie von selbst löste sie mit der anderen Hand das Band, das das noch immer strohblonde Haar zusammenhielt, und griff in die Haarfülle: »Führen wir also auch das zu Ende.«

***

Die morgendliche Dämmerung sickerte durch die Vorhänge und Katharina öffnete die Augen. Wohlig dehnte sie sich und bemerkte dabei, dass sie nackt unter der leichten Daunendecke lag. Das erstaunte sie ein wenig, aber da kam auch schon die Erinnerung an die Nacht – und sie lächelte.

Sie drehte den Kopf zur Seite und betrachtete den Mann, der neben ihr lag. Er hatte sich in die Decke gewickelt und ähnelte, so wie er dalag mit angezogenen Beinen, einem friedlich schlafenden Säugling.

Dankbarkeit durchflutet Katharina, Dankbarkeit, dass dieser Mann ihr mit seiner Zärtlichkeit ihre Angst genommen hatte, die Angst, die sie seit der Heirat mit dem Waldburger gelähmt hatte.

Ihre Gedanken schweiften zurück zu ihrem zweiten Mann und sie konnte an ihn denken, ohne dass sie zu zittern anfing. Sie dachte in der Stille dieses Morgens zurück an die Männer, die bis zu diesem Zeitpunkt eine Rolle in ihrem Leben gespielt hatten.

Da war zuerst ihr Vater: ein strenger, aber gerechter Mann. Sie war sein Liebling gewesen, und wie glücklich war er, als sie ihr Interesse an den Pferden zeigte, wenn er sie mit in den Stall genommen hatte. Er hatte ihr die Liebe zu Tieren und Menschen vermittelt und ihr das Reiten beigebracht. Viel zu früh war er gestorben, aber was er sie gelehrt hatte, hatte in ihrem Leben ihr Handeln bestimmt.

Und da war natürlich ihr Bruder Albrecht; er hatte ihr immer zur Seite gestanden und ohne seinen Rat und ohne seine Hilfe hätte sie nicht das geschafft, was sie erreicht hatte. Sie erinnerte sich noch sehr genau an all die vielen Gespräche, die sie geführt hatten, auch wegen des Kanalbaus, und sie bedauerte es sehr, dass er die Vollendung nicht mehr erleben konnte.

Katharina wurde es schwer ums Herz, als sie an ihren toten Bruder dachte und an ihren ersten Mann: Philipp.

Auch er war viel zu früh gestorben und hatte sie mit den drei kleinen Kindern und der Riesenaufgabe, die Niederung zu kultivieren, alleine gelassen. Aber er hatte ihr auch Kraft gegeben. Sicher, er hatte sie vielleicht nicht so geliebt, wie sie ihn, aber er hatte sie respektiert und in seine Planungen einbezogen, er hatte auch ihr Urteil anerkannt und manchen Rat von ihr angenommen.

Gerade diesen Respekt hatte sie bei dem Waldburger so schmerzlich vermisst und schnell unterdrückte sie all die bösen Gedanken, die kommen wollten.

Diesen Morgen wollte sie sich nicht verderben. Jan Stawinski liebte sie, er war seit vielen Jahren ein treuer Freund gewesen und es war nur traurig, dass sie auch ihn verlieren würde, nicht durch den Tod, sondern durch die bitteren Umstände in seiner Familie.

Zärtlich, fast mütterlich strich sie dem Mann neben sich über den Kopf. Er öffnete daraufhin die Augen und lächelte sie an. Katharina lächelte zurück, als er sich über sie beugte und ihr Gesicht mit Küssen bedeckte. Sie ließ es gerne geschehen und die Woge der Leidenschaft schlug über ihnen zusammen.

***

Es war noch früh am Morgen, als sich die drei Boote von Rautenburg auf den Weg nach Labiau machten, wo am nächsten Tag die offizielle Einweihungsfeier für den neuen Graben stattfinden sollte.

Katharina und ihre Gäste hatten gut gefrühstückt und dann die Boote bestiegen, Jan Stawinski war im ersten Boot, während Katharina im dritten Boot Platz genommen hatte.

Es war ein strahlender Junitag, noch lag ein leichter Dunstschleier über den Wiesen, aber die Sonne wärmte schon und tauchte die Landschaft in helles Licht. Katharina war glücklich, als sie von der Gilge vorsichtig in den kleinen Friedrichsgraben einfuhren.

Die Bewohner von Kryszanen standen am Ufer und winkten und auch einige Hurra-Rufe waren zu hören. Wie ein Lauffeuer verbreitete sich die Nachricht, dass die Truchsessin auf dem Kanal unterwegs war, und überall strömten die Leute ans Ufer und winkten ihr fröhlich zu. Die ganze Fahrt glich einer Triumphfahrt, was Katharina einerseits freute, sie andererseits auch verlegen machte, denn der Dank gebührte ja eigentlich ganz anderen, allen voran Jan Stawinski.

Die Leute aber hatten natürlich auch ihren Einsatz all die Jahre nicht vergessen und sie wussten außerdem, dass ohne das Geld von Katharina dieser Graben wohl nicht gebaut worden wäre, und natürlich versprachen sie sich auch einen Gewinn durch den Kanal.

Am späten Nachmittag kamen sie endlich in Labiau an, wo sie der Burgkommandant nahe der »Adlerbrücke« begrüßte. Er war froh, dass man Labiau ausgewählt hatte zur feierlichen Eröffnung des Kanals, und er hatte Katharina sofort angeboten, dass sie und ihre Gäste bei ihm in der Burg Quartier nehmen könnten.

Am nächsten Tag, dem 11. Juni 1697, am Geburtstag des Kurfürsten, wurde dann der Kanal feierlich eingeweiht. Zugegen waren Abordnungen des Königsberger Magistrats, der Kaufmannschaft und Abgesandte des Kurfürsten.

Mehr als einmal lächelte Katharina verlegen, wenn von den Rednern ihr Verdienst allzu sehr gelobt und hervorgehoben wurde.

Am Abend gab der Burgkommandant einen Ball zu Ehren des Kurfürsten und der Reichsgräfin, auf dem Katharina seit vielen Jahren zum ersten Mal wieder einen Tanz wagte. Sie war sich sicher, dass dieser Tag einer der glücklichsten in ihrem Leben war.

Katharina blieb noch zwei Tage in Labiau, dann reiste sie ab nach Königsberg, denn es galt, die Hochzeit ihrer Tochter Dorothea Amalie mit dem Grafen Kayserlingk von Kurland vorzubereiten. Es war eine stille Hochzeit im engsten Familienkreis, denn der Graf hatte erst gerade das Trauerjahr um seine erste Frau hinter sich und so war es der Wunsch des Brautpaares gewesen, dass alles in ruhigem Rahmen ablaufen sollte. Gleich nach der Hochzeit reiste das Paar ab nach Gut Okten, wo sie zukünftig leben wollten.

***

Katharina blieb zunächst in Königsberg.

Kurze Zeit später erkrankte die 17-jährige Albertine Louise, die schon immer ihr Sorgenkind gewesen war, schwer. Sie pflegte ihre Tochter, aber dieses Mal konnte sie ihr nicht helfen und am 8. Oktober verstarb ihr dieses Kind, dem sie nie ihre ganze Liebe und Zuneigung hatte geben können. Seit seiner Geburt hatte Katharina deswegen Gewissensbisse und umso größer war jetzt ihre Trauer und sie fühlte sich irgendwie schuldig am Tod der Tochter.

Katharina schloss sich den ganzen Winter über im Haus in Königsberg ein und erst im Frühjahr ließ der Schmerz langsam nach.

Ihre Gedanken mussten sich jetzt auch der nächsten Hochzeit zuwenden, denn noch in diesem Jahr wollten Helene Dorothea, jetzt 18-jährig, und Heinrich Wilhelm, Graf zu Solms und Tecklenburg, heiraten.

Wegen des Todes ihrer Schwester hatten sich beide bereit erklärt, ihre Hochzeit in den Spätherbst zu legen. Aber es sollte eine große Hochzeit werden, und so hatte Katharina den Sommer über so viel mit der Planung dieser Hochzeit zu tun, dass sie Königsberg nicht verließ und nicht nach Rautenburg reiste, was sie in den heißen Augusttagen, als die Hitze über der Stadt lag, besonders bedauerte.

Ende Oktober fand die Hochzeit statt und sie wurde das gesellschaftliche Ereignis in Königsberg.

Katharina hatte nun ihre Töchter gut verheiratet, aber ihr ältester Sohn dachte noch immer nicht daran, sich zu verehelichen, was Katharina hin und wieder schlaflose Nächte bereitete. Aber alles Reden half nichts und so beschloss sie, ihren Sohn nicht zu drängen.

Stattdessen widmete sie sich jetzt ganz der Erziehung ihres jüngsten Sohns Carl Ludwig, der 13-jährig immer mehr Züge des schwierigen Charakters seines Vaters, des Truchsess', zeigte. Sie hoffte, vor allem seine Anfälle von Jähzorn weniger heftig werden zu lassen, und tatsächlich bewirkte die ungeteilte Aufmerksamkeit seiner Mutter eine gewisse Milderung, was Katharina mit Erleichterung feststellte.

***

Es war ein warmer Spätfrühlingstag, der Sommer kündigte sich an diesem letzten Sonntag im Mai 1699 mit lauer Luft und Sonnenschein schon an.

Katharina war bereits nach Rautenburg gekommen, früher als gewöhnlich, aber da sie so lange nicht hier gewesen war, hatte sie das überraschend warme Wetter und die Sehnsucht nach der Niederung veranlasst, bereits Mitte Mai aufzubrechen.

Ihr jüngster Sohn begleitete sie, ein wenig widerwillig, fand er doch das »Landleben«, wie er zu sagen pflegte, mehr als langweilig. Einzig die Vorfreude auf lange Ausritte zu Pferde ermunterte ihn.

An diesem Sonntagmorgen waren Mutter und Sohn zur Kirche gefahren und vom Pfarrer und den Besuchern des Gottesdienstes freudig begrüßt worden.

Nun saßen sie vorne in ihrer Kirchenbank und Katharina hatte Zeit, sich genauer umzublicken. Was sie sah, gefiel ihr aber gar nicht.

Die Kirche, die sie vor zwei Jahren das letzte Mal gesehen hatte, machte einen heruntergekommenen Eindruck. Katharina war schon von außen beim Anblick der Kirche mehr als erschrocken. Zum Teil fehlten die Fenster, der Putz fiel von den Wänden und die Wetterfahne hing schief auf der Dachspitze und zeigte nicht mehr an, woher der Wind kam.

Im Inneren war der Zustand der Kirche ähnlich erschreckend. Zum Teil war der Putz von der Wand gefallen, durch die offenen Fenster zog es, die Holzverkleidung war schäbig und zeigte Spuren von Regenwasser.

Zwar erinnerte sich Katharina daran, dass der alte Pfarrer Follard sie mehrmals angeschrieben hatte wegen des schlechten Zustands des Dachs, aber dass es so schlimm aussah, hatte sie sich nicht vorgestellt.

Nun, sie hatte damals andere Probleme zu bewältigen und hatte die Kirche wohl zu lange vernachlässigt. Bei diesem Gedanken wurde sie traurig. Ausgerechnet die Kirche zur Erinnerung an Philipp von Chièze gebaut – und nach seinen Plänen – um diese Kirche hatte sie sich nicht mehr gekümmert.

Während des ganzen Gottesdienstes ließ sie dieser Gedanke nicht mehr los und in ihren Gebeten bat sie Gott und ihren Mann um Verzeihung, ja, ihre Gedanken kreisten so stark um den Zustand der Kirche, dass sie nachher nicht mehr hätte sagen können, worüber der Pfarrer gepredigt hatte.

Nach dem Gottesdienst begrüßte sie der junge Pfarrer Johann Georg

Titus, der nach dem Tod seines Vorgängers jetzt neu im Amt war, ein zweites Mal sehr herzlich: »Wir freuen uns, dass Frau Reichsgräfin uns wieder einmal die Ehre geben«, meinte er lächelnd.

Katharina kam gleich zur Sache und sagte vorwurfsvoll: »Warum habt Ihr mich nicht darüber unterrichtet, in welch schlechtem Zustand die Kirche ist?«

Der Pfarrer schüttelte den Kopf: »Ihr hattet anderes zu bedenken und dann habt Ihr uns ja immer wieder Geld zukommen lassen für die nötigsten Reparaturen.«

Katharina nickte: »Aber das reicht doch gar nicht aus, gerade mal vielleicht für das Dach.«

»Ja, das Dach ist wieder dicht, aber das Gebälk hat unter dem Regen sehr gelitten, ich fürchte, einige Dachbalken sind faul.«

Katharina war bestürzt. »So bleibt wohl nichts anderes übrig, als die Kirche gründlich zu renovieren. Da müssen neue Fenster her, ein neues Dach und auch innen muss alles erneuert werden. Werdet Ihr mir dabei helfen?« wandte sie sich an den Pfarrer.

Dieser verneigte sich tief.

»Die Frau Reichsgräfin ist zu gütig. Ich biete natürlich meine Hilfe und tatkräftige Unterstützung an. Sicher können auch Handwerker aus dem Dorf dabei helfen, aber besser wäre es natürlich, Ihr würdet Bauleute aus Tilsit oder sogar aus Königsberg mit heranziehen.« Vor Eifer glühten seine Wangen und er strahlte über das ganze Gesicht.

Auch Katharina war von einer großen Freude erfüllt. Hier gab es für sie wieder eine Aufgabe, die ihr die Leere, die sie im letzten Jahr nach Beendigung des Grabenbaus so bedrückt hatte, vertrieb.

»Ich werde gleich morgen nach Tilsit reisen und mich wegen der Bauleute erkundigen, und …«, ein plötzlicher Einfall ließ sie zögern, »… und wir wollen eine Orgel. Ihr habt zwar eine gute Stimme, um die Lieder anzustimmen, aber eine Orgel …«

Pfarrer Titus stammelte: »Das … Frau Reichsgräfin … das … wäre einfach wunderbar …«

Katharina lächelte, sie war glücklich, dass ihr der Gedanke gekommen war.

»In Königsberg habe ich von einem neuen Orgelbauer gehört, der aus dem Hannoverschen gekommen ist. Der baut jetzt die Orgel im Dom um und soll sehr gut sein. Der Name war auch passend für ihn, ja

Mosengel heißt er, Josua Mosengel. Der Kurfürst hat ihn in seine Dienste genommen und ich hoffe sehr, dass er uns für unsere Kirche eine schöne Orgel bauen wird.«

Der Pfarrer verneigte sich tief, als Katharina sich von ihm verabschiedete.

Ihre anfängliche Traurigkeit war nun einer großen Vorfreude gewichen. Mit strahlenden Augen blickte sie über den Fluss und die sonnenbeschienene Weite der Landschaft.

Dann wandte sie ihren Blick in den fast wolkenlosen Himmel, sie faltete die Hände und dankte Gott für seine große Güte und die guten Gedanken, die er ihr geschickt hatte.

****

Katharina machte sich schon zwei Tage nach dem sonntäglichen Kirchenbesuch auf den Weg nach Tilsit, um den Baumeister zu sprechen, der damals für sie die Kirche erbaut hatte. Sie traf ihn aber nicht an, sondern erfuhr von seinem Sohn, einem freundlichen Mann von Anfang dreißig, dass sein Vater im Vorjahr verstorben war. Katharina war zunächst ratlos, bis der junge Mann sagte:

»Ich habe die Geschäfte meines Vaters übernommen, denn ich bin auch ein Baumeister. Mit Kirchenbauten habe ich allerdings wenig Erfahrung. Aber wenn Ihr wollt, dann sehe ich einmal die Planmappen meines Vaters durch, ob ich vielleicht den Plan für die Kirche finde.«

Katharina stimmte dem zu.

Am nächsten Morgen trafen sie sich wieder im Haus des Baumeisters und tatsächlich konnte ihr der junge Mann die Pläne der Kirche von Lappienen zeigen. Noch während sie die Zeichnungen studierte, fasste Katharina einen Entschluss: »Kommt mit mir hinaus an die Gilge und beseht Euch das Bauwerk. Dann können wir weiter planen.«

Der junge Baumeister war sofort dazu bereit und so kamen sie bereits am frühen Nachmittag in Lappienen an.

Während Katharina im Schatten der Büsche vor der Kirche saß, umkreiste der junge Mann die Kirche mehrmals und studierte genau den Zustand. Dann betraten sie den Kirchenraum und im hellen Licht des Sonnentages traten all die Schäden zutage, die sie früher nicht bemerkt hatte.

Auch hier nahm sich der junge Mann Zeit, alles genau zu studieren. Schließlich setzten sie sich auf eine der harten Bänke und der junge Tilsiter begann: »Es ist wirklich eine ungewöhnliche Kirche, dieses Achteck. Man sieht, dass es von einem großen Baumeister, wie es euer Gatte gewesen war, geplant wurde. Aber inzwischen sind sehr viele Schäden aufgetreten und es muss sehr viel erneuert werden.«

»Damit habe ich gerechnet«, erwiderte Katharina mit einem leisen Lächeln, »aber wenn Ihr sagt, dass sie zu restaurieren ist, so bin ich gerne dazu bereit.«

»Natürlich ist die Kirche zu renovieren, die Mauern sind stabil, wenn auch der Putz überall abfällt, nur …«, er zögerte.

»Redet weiter«, forderte Katharina ihn auf, »würdet Ihr die Bauleitung übernehmen?«, fügte sie hinzu.

»Wenn Ihr mir das zutraut, ich würde das gerne für Euch tun, nur … es würde sicher zwei Jahre oder mehr dauern.«

»Damit habe ich gerechnet«, meinte Katharina gelassen, »was, meint Ihr, wäre als Erstes zu tun?«

»Nun«, sagte der junge Mann, »zuerst muss ein neues Dach her und dazu müssten auch die Pfeiler in der Kirche erneuert werden. Damals hat man die Säulen aus Holz gemacht und einige sind im unteren Bereich angefault, wie ich eben gesehen habe. Ich würde vorschlagen, die Säulen aufzumauern.«

»Gut, dann macht, so schnell Ihr könnt, einen Plan, damit wir bis zum Herbst das Dach fertig haben. Um die Handwerker werdet Ihr Euch kümmern, mir wäre es lieb, wenn Ihr Leute aus dem Dorf oder aus den umliegenden Dörfern dafür nehmen könntet. Den Bauleiter könnt Ihr ja aus Tilsit mitbringen, es gibt aber auch gute Leute in Heinrichswalde«, fügte Katharina hinzu.

Der junge Baumeister nickte zustimmend: »Ich werde sehen, was sich auf die Schnelle machen lässt. In der nächsten Woche komme ich mit meinen Leuten und wir werden die ganze Kirche vermessen und ich werde neue Pläne anfertigen. Alles Weitere werde ich dann genau planen und, sobald die Pläne fertig sind, mit Euch genauestens besprechen, damit alles zu Eurer Zufriedenheit ausgeführt wird.«

Katharina lächelte vor sich hin, offensichtlich stand sie im Ruf, eine besonders kritische Auftraggeberin zu sein. Diesen Ruf hatte sie sich wohl bei dem Bau der Gräben erworben.

»Nun gut«, dachte sie, »das kann nicht schaden, da werden sich alle auch Mühe geben, mich zufriedenzustellen.«

»Gut, junger Mann«, sagte sie nun laut und wandte sich dem jungen Baumeister zu, »ich werde es mit Euch versuchen. Richtet mir die Kirche so her, dass sie schöner ist als jemals. Sie ist ein Andenken an meinen ersten Mann, das ich bewahren möchte. Macht Euch auch schon mal Gedanken über das Innere, den Kanzelaltar möchte ich beibehalten.«

Sie machte eine Pause und sah sinnend vor sich hin. Der junge Baumeister betrachtete sie und wartete.

Dann hob Katharina den Kopf: »Ich habe dem Pfarrer eine Orgel versprochen. Bitte, seht Euch um, ob das möglich ist und wo sie aufgebaut werden könnte.«

Der Baumeister blickte erstaunt. »Sogar an eine Orgel habt Ihr gedacht, aber ich denke, der Raum ist groß genug und wir werden schon noch einen Platz finden für eine schöne Orgel.«

Katharina lächelte ihn dankbar an.

»So haben wir jetzt wohl alles Notwendige besprochen. Reitet gleich zurück, dann kommt Ihr noch vor Anbruch der Dunkelheit in die Stadt. Ich erwarte Eure Pläne in den nächsten Wochen, dann können wir alles Weitere besprechen.«

Sie reichte ihm die Hand und sah ihm nach, als er davonritt. Dann blickte sie auf die Kirche und lächelte glücklich.

***

Der junge Baumeister aus Tilsit hielt Wort. Schon wenige Tage später kam er mit einigen Leuten nach Lappienen geritten. Er hatte Katharina und den Pfarrer benachrichtigt und so trafen die drei vor der Kirche zu einem Gespräch zusammen. Es musste geklärt werden, wo der Gottesdienst während des Umbaus stattfinden sollte. Der Pfarrer schlug nun vor, am Rande des Dorfes, flussabwärts, einen Raum dafür zu errichten, den man später wieder abreißen oder als Lagerraum weiter nutzen könnte.

Katharina war sofort damit einverstanden und der Baumeister sagte zu, gleich in den nächsten Tagen mit dem Aufbau zu beginnen. Das Holz könnte zusammen mit dem Holz für das Dach mit dem Schiff hierher gebracht werden. Auch damit war Katharina einverstanden.

Dann holte der Baumeister eine Rolle aus seiner Satteltasche und zeigte sie den beiden anderen.

»Hier seht, ich habe eine Zeichnung von dem Dach gemacht und noch eine »Laterne« hinzugefügt, das ist im Moment sehr modern und passt meiner Meinung nach sehr gut zu der Dachform und vor allem zu der Form der Kirche.« Katharina studierte die Zeichnung genau und zögerte.

Diese »Laterne« gefiel ihr gut, aber es war natürlich eine Änderung an Philipps Plan und sie wusste nicht, ob sie da zustimmen konnte. »Was würde Philipp zu einer solchen Änderung sagen?«, fragte sie sich. »Aber er war ja allem Neuen immer aufgeschlossen«, fügte sie in Gedanken hinzu.

Die beiden anderen bemerkten ihr Zögern und sahen sie erwartungsvoll an.

»Es ist wie eine Krone«, meinte der Pfarrer. Ja, so kam es ihr auch vor. Sie nickte. »Gut«, sagte sie, »macht das Dach, wie Ihr es vorgeschlagen habt.«

Der Baumeister strahlte: »Das ist sehr freundlich von Euch«, antwortete er, »ich habe bereits berechnet, wie viel Holz wir brauchen. Es kann schon nächste Woche gebracht werden. Aber erst werden wir den Schuppen bauen, dann das Dach herunternehmen und das neue aufzimmern. Ich habe auch schon nach guten Zimmerleuten gefragt. In Tilsit sind gerade welche aus dem Hannoverschen und zwei aus Hamburg, die haben sich bereit erklärt, hier zu arbeiten, allerdings …«, er zögerte, »allerdings verlangen sie einen recht hohen Lohn.«

Er schaute Katharina fragend an.

»Wenn sie gut sind, spielt der Lohn keine Rolle, und wenn sie gleich mitarbeiten können, wäre das wunderbar«, antwortete Katharina.

»Dann wäre alles geregelt«, sagte der Pfarrer.

»Es wäre mir eine Freude, Euch«, er wandte sich an Katharina, »zu einem kleinen Mittagsmahl nach Hause einzuladen, und wenn Ihr könnt«, hier sah er den Baumeister an, »seid auch Ihr herzlich in mein bescheidenes Haus eingeladen.«

Erfreut sagten beide zu. Der Baumeister ging zu seinen Leuten, die mit der Vermessung der Kirche begonnen hatten, sprach ein paar Worte mit ihnen und folgte dann den anderen beiden zum nahe gelegenen Pfarrhaus.

***

Schon Mitte Juni kam der Baumeister mit einer Gruppe Arbeiter, den Zimmerleuten und Dachdeckern, insgesamt zwanzig Personen, nach Lappienen, und als die Schiffe das Holz gebracht hatten, begannen sie zunächst das Holzhaus zu bauen, eine Art Schuppen, mit Fenstern auf der Südseite, einem stabilen Dach und einem festen Holzboden.

Dann wurden die Bänke aus der Kirche dorthin gebracht und schließlich auch der Altar. So konnten die Arbeiten an der Kirche beginnen, wo zuerst das Dach abgebaut werden musste.

Jeden Samstag kam Katharina zur Kirche, um die Arbeiter auszubezahlen, so wie sie dies auch bei dem Bau der Gräben gemacht hatte.

Mit dem Vorarbeiter, einem gemütlichen, erfahrenen Mann, hatte sie das ausgemacht und er war froh gewesen, dass er damit nichts zu tun hatte. Er führte sehr genau das Arbeitsbuch, und so gab es kaum einmal einen Anlass zur Beschwerde.

Katharina war glücklich, wieder eine Aufgabe zu haben, all die dunklen Wolken des letzten Winters hatten sich verzogen.

Die Arbeiten gingen sehr gut voran, der Sommer war trocken und nicht zu heiß und so konnten die Dacharbeiten Ende Oktober bereits abgeschlossen werden. Man beschloss aber, die Gottesdienste weiter im Ersatzhaus abzuhalten, damit gleich im nächsten Frühjahr die Arbeiten im Inneren der Kirche weitergehen konnten.

Katharina kehrte nach Königsberg zurück und nutzte die Zeit, um sich mit Josua Mosengel wegen eines Orgelbaus zu besprechen. Mosengel zeigte sich bereit, eine Orgel für die Kirche in Lappienen zu bauen, erklärte aber, dass er zuerst die Kirche sehen müsste, um Vorschläge und Pläne machen zu können.

So kam es, dass Katharina im folgenden Frühjahr Ende Mai zusammen mit Josua Mosengel und einem Gehilfen des Orgelbauers nach Rautenburg reiste.

Mosengel war begeistert von der Kirche, denn in dieser abgelegenen Gegend hatte er ein solches Schmuckstück, wie er sagte, nicht erwartet.

Schon wenige Wochen später kam er ein zweites Mal nach Rautenburg und zeigte Katharina die Pläne, von denen sie sehr angetan war. Schließlich einigten sie sich auf einen Entwurf, Mosengel erklärte Katharina aber, dass es wohl zwei Jahre dauern werde, bis die Orgel fertig eingebaut sei. Auch damit war Katharina einverstanden.

Anfang Juni erschien wieder der Tilsiter Baumeister mit seinem Vorarbeiter und den Bauleuten in Rautenburg.

Es waren, bis auf wenige, die gleichen Leute wie im Vorjahr, nur die Zimmerleute und Dachdecker waren nicht mehr dabei, dafür aber zwei Glaser, denn es sollten die Fenster neu verglast werden.

Die meisten dieser hohen Fenster waren zurzeit mit Brettern zugenagelt, und der Innenraum der Kirche wirkte an trüben Tagen sehr düster. Das sollte sich nun ändern.

Einige Tage später kam der Baumeister wieder nach Rautenburg und überraschte Katharina mit neuen Plänen.

»Seht her«, sagte er, »ich habe mir im Winter Gedanken um die Kirche gemacht und festgestellt, dass zwei Dinge fehlen, ein besonderer Eingang und eine Grablege.« Katharina sah ihn erstaunt an.

»Ich habe einmal einen Plan gemacht: Hier im Westen, am Eingang, sollte ein eigener Eingangsbereich angebaut werden, das schützt die Kirche, aber auch die Leute, die zum Gottesdienst kommen.«

Katharina betrachtete die Zeichnung. Was sie sah, gefiel ihr gut: Über der Eingangstür hatte der Baumeister ein Tympanon vorgesehen, auf das er jetzt auch zeigte. »Hier wäre Platz für ein schönes Relief. Ihr müsstet mit einem Steinmetz überlegen, was dargestellt werden sollte.«

Katharina nickte zustimmend.

Sie zögerte zwar noch, weil eine solche Eingangshalle das Gesicht der Kirche verändern würde, aber nachdem schon das Dach verändert war, meinte sie, dass Philipp wohl nichts dagegen gehabt hätte, diese Verschönerung durchzuführen.

»Und hier auf der Rückseite sollten wir eine Grablege anbauen, getrennt von der Kirche mit einem eigenen Zugang«, fügte der Baumeister hinzu.

Das hörte sich gut an, Katharina nickte anerkennend. »Wollt Ihr noch dieses Jahr mit den Anbauten beginnen?«, fragte sie.

Der Baumeister nickte: »Ja, aber ganz fertig werden wir wohl erst im nächsten Frühjahr.«

Und so geschah es. Den ganzen Sommer wurde eifrig repariert und gebaut. Katharina fuhr nach Tilsit und suchte einen anerkannten Steinmetz auf. Mit ihm besprach sie das Relief und schließlich war man sich einig: In der Mitte sollte ein Ritter mit gezogenem Schwert Philipp von Chièze darstellen, als Streiter für den Glauben. Rechts und links von ihm sollten seine Frau und seine Kinder betend knien. Der Entwurf gefiel Katharina und sie beauftragte den Steinmetz, das Relief in Absprache mit dem Baumeister zu erstellen.

Den Winter und die Feierlichkeiten zur Jahrhundertwende verbrachte Katharina wieder in Königsberg zusammen mit ihren Söhnen. Die von vielen angekündigte Katastrophe zur Jahrhundertwende blieb aus und so reiste sie, froh dem Trubel der quirligen Stadt zu entgehen, im Frühjahr 1700 wieder nach Rautenburg.

Dort ging nun die Renovierung der Kirche ihrem Ende entgegen. Am Eingang wurden die Steine mit der eingeschlagenen 17 und 00 zu beiden Seiten der Tür eingelassen und als Abschluss wurde auf dem Dach eine Wetterfahne mit der Jahreszahl 1700 angebracht.

Aufsehen erregte besonders das Relief und im Dorf ging bald eine andere Deutung herum, von der Katharina aber nichts wusste. Die Leute erzählten sich, hier sei die Szene dargestellt, als der Truchsess von Waldburg mit gezogener Waffe auf seine Frau losgegangen war, um sie dafür zu bestrafen, dass sie gegen seinen Willen die Kirche gebaut hatte. (Diese Deutung hielt sich über die Jahrhunderte hinweg.)

Der Innenausbau der Kirche war auch abgeschlossen und sie erstrahlte in neuem Glanz. Nur die Orgel würde erst im nächsten Jahr eingebaut werden, aber das tat den Feiern zur Einweihung keinen Abbruch. Katharina nahm an diesem Fest teil, obwohl ihre Gliederschmerzen im letzten Winter so zugenommen hatten, dass sie sich nur noch mühsam bewegen konnte, vor allem bei kaltem und regnerischem Wetter.

***

Als Katharina im Herbst nach Königsberg zurückkehrte, war die Stadt voller Gerüchte: Kurfürst Friedrich führte mit dem Kaiser in Wien Verhandlungen um die Königswürde.

Viele der adligen Freunde Katharinas schüttelten die Köpfe. Dieser Kurfürst war so ganz anders als sein Vater, eitel und prunksüchtig – und jetzt wollte er auch noch König werden.

Auch die Königsberger Kaufmannschaft war alles andere als glücklich, man sah große Ausgaben auf sich zukommen. So war der Jubel auch sehr verhalten, als die Nachricht eintraf, der Kaiser habe dem Kurfürsten wirklich die Königswürde verliehen. Noch größeres Erstaunen löste die Nachricht aus, dass diese Königswürde auf Ostpreußen beschränkt war.

»Das kommt mir alles recht seltsam vor«, sagte Katharina zu ihrem ältesten Sohn Friedrich Wilhelm, als dieser wieder einmal in Königberg war.

»Das ist keineswegs seltsam«, meinte er, »was ich so gehört habe, war es der ausdrückliche Wunsch seiner Durchlaucht.«

Katharina sah ihn fragend an.

»Die Sache ist nämlich so, Brandenburg ist Reichsland und damit Lehen des Kaisers. Unser Ostpreußen ist sozusagen persönlicher Besitz des Kurfürsten, da ist er souverän.«

Katharina schüttelte den Kopf: »Ausgerechnet dieses abgelegene Stück Erde wird ein Königreich«, setzte sie lachend hinzu.

»Ja, deshalb ist auch die Krönung hier in Königsberg. Wie ich gehört habe, schon gleich Anfang des Jahres.«

»Da hat unser Herr es aber eilig«, antwortete Katharina verwundert. »Jetzt zu reisen ist sicher kein Vergnügen, und Krönungsfeierlichkeiten mitten im Winter?« Sie schüttelte den Kopf.

»Ja, offensichtlich kann unser Kurfürst es kaum abwarten, König zu werden«, lachte Friedrich Wilhelm, »er soll schon mit 200 Bediensteten auf dem Weg sein.«

»Das wird teuer. Da haben die Kaufleute recht gehabt mit ihren Bedenken.«

»Es ist von einer Kronsteuer die Rede, die alles bezahlen soll«, fügte ihr Sohn hinzu.

Wieder schüttelte Katharina den Kopf. Das Ganze gefiel ihr gar nicht.

Anfang Dezember erhielt Katharina dann die offizielle Einladung zu den Krönungsfeierlichkeiten. Als sie die weiß-goldene Karte genau studierte, stutzte sie. Irgendetwas war falsch. Noch einmal las sie die Einladung durch: zuerst die Krönung im Schloss, anschließend der Gottesdienst mit der Salbung im Dom.

Katharina ging hinüber in die Bibliothek, wo Friedrich Wilhelm mit seinem jüngeren Halbbruder, dem 16-jährigen Carl Ludwig, saß.

»Ein Bote hat gerade die Einladung zu den Krönungsfeierlichkeiten am 18. Januar gebracht. Seht Euch das mal an, irgendetwas kommt mir seltsam vor.«

Die beiden jungen Männer studierten die prächtige Einladungskarte.

Es war ganz still im Raum, bis Friedrich zu lachen anfing: »Oh chère maman, ich weiß, was Ihr meint. Ganz Königsberg spricht schon darüber. Der Kurfürst hat erst die Krönung und dann die Salbung im Dom angesetzt. Der katholische Bischof hat aus diesem Grund schon mehrmals vorgesprochen, um ihn zu überzeugen, dass er, als Abgesandter des Papstes, zuerst im Dom ihn salben müsste, ehe die Krönung stattfinden könnte. Seine Durchlaucht habe ihn aber nur ausgelacht und darauf hingewiesen, dass Preußen ein protestantisches Land sei, in dem der Papst nun wirklich nichts zu sagen habe. Es heißt, Friedrich habe den lutherischen Hofprediger Sanden und seinen reformierten Prediger Ursinus inzwischen zu Bischöfen ernannt, beide sollten die Salbung im Dom vornehmen, aber eben nach der Krönung.«

Katharina hatte erstaunt zugehört. Na, man würde ja sehen, wie alles kommen würde.

»Begleitest du mich zu der Krönung?«, fragte sie ihren Ältesten. Friedrich nickte, während Carl meinte: »Ich würde auch gerne mitkommen.«

»Das geht leider nicht, hier steht – ein Begleiter. Wir werden dir hinterher aber alles genau erzählen.«

***

Der 18. Januar des Jahres 1701 war ein kalter, aber trockener Tag.

Katharina war sehr froh darüber, denn so konnten sie und ihr Sohn mit der Kutsche zum Schloss fahren. Die Straßen, die zum Schloss führten, und diejenigen zwischen dem Schloss und dem Dom waren in den letzten Tagen von Hunderten von Männern von Eis und Schnee geräumt und mit Sand bestreut worden, damit die geladenen Gäste ohne Probleme zur Krönung des Kurfürsten gelangen konnten.

Überall in der Stadt waren Triumphbögen errichtet und im Schlosshof waren Brunnen aufgebaut worden, aus denen roter und weißer Wein sprudelte.

Auf den Plätzen der Stadt wurden Ochsen gebraten für die Bevölkerung, die sich schon seit Stunden durch die Straßen schob, um all das zu bewundern und auch zu genießen.

Auf der Fahrt in der eiskalten Kutsche zum Schloss war Katharina froh, dass sie sich so warm wie möglich angezogen hatte: mit Pelz gefütterte Stiefel, vier schwere Unterröcke und den mit Pelz gefütterten Umhang. Was aber nur ihre Zofe wusste, war, dass sie unter dem Kleid wollene Männerhosen trug. Das hatte sie sich ausgedacht und besorgen lassen, vor allem, als sie an den langen Gottesdienst im kalten Dom gedacht hatte. Und auch jetzt in der Kutsche war sie froh, so gut vorgesorgt zu haben.

»Vielleicht hätten es auch die Unterröcke getan«, dachte sie, als sie den großen Festsaal im Schloss betrat und die Feuer sah, die in den zwei großen Kaminen brannten. Aber dann dachte sie an den Dom, in dem es auch im wärmsten Sommer kalt war.

Von den Bediensteten wurden Katharina und ihr Sohn Friedrich Wilhelm nun zu ihren Plätzen in der Mitte des Saales geführt.

An der Stirnseite war ein Podest aufgebaut und mit dicken Teppichen belegt. Darauf stand ein vergoldeter Thronsessel und ihm gegenüber lag, auf Purpur gebettet, die Krone.

»Es ist nur ein Sessel und eine Krone zu sehen, ich dachte, der Kurfürst würde …«, flüsterte sie und schaute ihren Sohn fragend an.

»Hier findet nur die Krönung des Kurfürsten statt, die Kurfürstin wird anschließend in ihren Gemächern gekrönt«, unterbrach sie ihr Sohn.

Katharina schüttelte missbilligend den Kopf, dann betrachtete sie interessiert die Krone. Die Juwelen für die Krone soll der Kurfürst in Venedig bestellt haben, für 180 000 Taler, hatte man ihr erzählt, und die Knöpfe an seinem Ornat sollen 3000 Taler je Stück gekostet haben.

»Und jetzt wird er sich auch noch selbst krönen«, dachte Katharina, »welche Überheblichkeit und welche Verschwendung.«

Und wieder schüttelte sie den Kopf: Würde diese Verschwendungssucht, die so gar nicht zu den Preußen passte, von nun an so weitergehen?

Kaum hörbar seufzte sie. Beklommen dachte sie an ihre »Gräben« und daran, dass der Kurfürst jederzeit das Recht hatte, sie ihr abzunehmen, beziehungsweise abzukaufen.

»Wenn er merkt, dass die Zolleinnahmen weiter so gut sind, wird er sicher auf den Vertrag zurückkommen, wenn er für seinen aufwendigen Lebensstil Geld brauchen wird.«

***

Drei Wochen nach den Krönungsfeierlichkeiten verließ der neue König Friedrich I. mit seinem großen Gefolge Königsberg und es wurde wieder ruhiger in der Stadt. Man kehrte zu seinen Geschäften zurück, der Magistrat zog Bilanz und die Kaufmannschaft stöhnte über die Kosten, die diese Krönung verursacht hatte.

Katharina sehnte den Frühling herbei. Mit Josua Mosengel war vereinbart worden, dass, sobald das Wetter es zuließ, mit dem Einbau der Orgel in der Kirche von Lappienen begonnen würde.

So reiste Katharina Anfang Juni zusammen mit Mosengel und zwei Gesellen nach Rautenburg und verfolgte den Einbau, der schließlich Ende August abgeschlossen werden konnte.

Mit großem Glücksgefühl, erfüllt aber auch von großer Dankbarkeit, saß sie in dem Gottesdienst, in dem zum ersten Mal die Orgel erklang.

Ihre Gedanken wanderten zurück zu dem Tag, als sie mit ihrem ersten Mann, Philipp von Chièze, hier in Lappienen gewesen war und sie erinnerte sich noch genau an ihr Entsetzen über die große Armut des Dorfes.

Was war seither nicht alles geschehen: Sie hatte fünf Kinder geboren und großgezogen, sie hatte das Werk ihres Mannes nach seinem frühen Tod fortgesetzt und die Niederung zu einer gesunden und ertragreichen Gegend gemacht, sie hatte Rautenburg, das Schlösschen, fertiggebaut, hatte die beiden Gräben bauen lassen, die wichtig waren für den Handel in Ostpreußen, und sie hatte schließlich diese schöne Kirche bauen lassen.

Katharina faltete die Hände und dankte Gott inbrünstig für das große Glück, das er ihr gewährt hatte, und für die Kraft, die er ihr gegeben hatte, um all das zu erreichen. Eine große Freude breitete sich in ihr aus, aber es war kein Stolz oder Hochmut dabei. Sie wusste, dass ohne die vielen Helfer, allen voran ihr Bruder Albrecht und natürlich Jan Stawinski, sie dieses Werk nicht hätte schaffen können. Und sie schickte sogar einen dankbaren Gedanken an ihren zweiten Mann, den Truchsess von Waldburg, mit dem sie sich in den letzten Lebensjahren ausgesöhnt hatte. Durch ihn war sie Reichsgräfin geworden, was ihre Position in den Verhandlungen mit den Beamten des Kurfürsten sehr gestärkt hatte.

Bis in den Oktober blieb Katharina in Rautenburg, dann kehrte sie wieder nach Königsberg zurück.

Der Winter war ungewöhnlich kalt und Katharina erkrankte an einem bösen Husten, der sie mehr und mehr schwächte. Dazu kamen die Schmerzen in den Gelenken, sodass sie oft tagelang das Bett hüten musste.

Als das Frühjahr kam, wuchs in ihr die Sehnsucht nach Rautenburg, aber der Arzt riet von einer so langen und beschwerlichen Reise ab. Der April war ungewöhnlich trocken und so setzte Katharina schließlich ihren Willen doch durch. Sie unterbrach die Reise auf Gut Glückshöfen bei Labiau, wo ihre Tochter Helene Dorothea zusammen mit ihrem Mann Wilhelm zu Solms den Sommer verbrachte. Als sie schließlich in Rautenburg eintraf, war sie sehr erschöpft, aber auch zufrieden.

***

Im Kamin des kleinen Salons flackerte das Feuer und verbreitete eine wohlige Wärme. Dennoch fror Katharina. Man hatte sie auf ihren Wunsch in ihren geliebten Schaukelstuhl gebettet und in wollene Decken gewickelt, dennoch wollte sich kein Wohlgefühl einstellen.

Katharina hatte die Augen halb geschlossen und betrachtete den Sonnenstrahl, der in das Zimmer fiel.

Es war später Nachmittag und die Sonne stand schon recht tief.

Plötzlich hob sie den Kopf: Stand dort nicht jemand am Fenster, ein schlanker Mann mit langen Haaren, der ihr den Rücken zudrehte?

Philipp!, schoss es ihr durch den Kopf, Philipp war gekommen. Mit Schwung warf sie die Decken beiseite und stemmte sich hoch.

Woher kam die Kraft auf einmal, die sie aufstehen und zum Fenster gehen ließ?

Sie stellte sich neben die regungslose Gestalt und blickte aus dem Fenster.

Die tief stehende Sonne färbte das Wasser der Gilge golden: »Ein goldener Fluss«, flüsterte sie.

Ihr Blick ging hinüber zur Kirche: Blitzte dort nicht die Wetterfahne in der Sonne? Und dahinter und daneben stiegen schmale Rauchwolken in den Himmel, die Frauen bereiteten das Abendessen für ihre Familien vor.

Katharina nickte, dann wandte sie sich an den Mann an ihrer Seite und sagte: »Sieh, es ist alles wohl getan« – und es schien ihr, als ob er zustimmend nickte.

***

Fünf Tage später wurde Louise Katharina von Rauter, verwitwete von Chièze, verwitwete Truchsessin von Waldburg und Reichsgräfin unter großer Anteilnahme der Bevölkerung, die aus fast allen Niederungsdörfern zusammenströmte, in der Kirche, in der von ihr gebauten Grablege beigesetzt.

Der einfache Sarkophag trug nur ihren Namen und das truchsessche Wappen, sonst keine Angaben und keinen Schmuck – so wie Katharina eben in ihrem Leben gewesen war.

Pfarrer Titus hielt ein lange Rede, in der er all ihre Verdienste darlegte, und er schloss mit einem Bibelspruch, 1. Buch Mose 12, 1–4, in dem er alles zusammenfasste, was Katharina betraf: »Gott spricht: ... ich will dich segnen ... und du sollst ein Segen sein.«[1]

---

[1] Lutherbibel, revidierter Text 1984, durchgesehene Ausgabe
© 1999 Deutsche Bibelgesellschaft, Stuttgart

Louise Katharina von Rauter
(1650–1703(?))

Eltern: *Ludwig von Rauter* ⚭ *Amalie von Podevils*
(1623–1665)   (†1685)
Herr auf Willkam, Blandau und Sobrost

Bruder: *Wilhelm Albrecht von Rauter* ⚭ *Louise Catharina von Goldstein*
(1642–1694)
Oberhofmarschall

⚭ 1. *Philipp von Chièze*
(1626–1673)
Generalbaumeister

Kinder: *Dorothea Amalie* ⚭ *Graf von Kayserlingk*
(*1670)   Herr auf Okten (Kurland)
Friedrich Wilhelm ⚭ *Catharina Louise von Tettau*
(1672–1740)

⚭ 2. *Wolf Christof von Waldburg*
(1643–1688)
Erbtruchsess, später Reichsgraf
Kommandant der Festung Pillau

Kinder: *Albertine Louise*
(1680–1697)
Helene Dorothea ⚭ *Heinrich Wilhelm Graf zu Solms und*
(1680–1712)   *Tecklenburg*
Herr auf Schellecken/Glückshofen
Carl Ludwig ⚭ *Sophie Charlotte von Wylich und*
(1685–1738)   *Lottum*
Domprobst von Havelberg
Hauptmann zu Insterburg

Spenden für den Erhalt und die Pflege der Kirchenruine Rauterskirch/Lappienen
nimmt die Kreisgemeinschaft Elchniederung e. V.
IBAN: DE 56 25 65 13 25 000000 8581
unter dem Stichwort: *Kirche / Rauterskirch* entgegen

**Aktuelle Probleme
der Toxikologie**

Toxikologische Aspekte bei der biotechnologischen Herstellung und Qualitätskontrolle von Proteinwirkstoffen

Herausgegeben von
H.-P. Klöcking, H. Hoffmann und J. Güttner

mit 5 Abbildungen und 13 Tabellen

Verlag Gesundheit GmbH Berlin

Toxikologische Aspekte bei der biotechnologischen Herstellung und Qualitätskontrolle von Proteinwirkstoffen / hrsg. v. H.-P. Klöcking; H. Hoffmann u. J. Güttner.-
Berlin: Verl. Gesundheit GmbH
1. Aufl. - 1991. - 110 S.: 5 Abb., 13 Tab.

ISBN 3-333-00630-8

Fotomechanischer Nachdruck
1. Auflage
© Verlag Gesundheit GmbH, Berlin 1991
Dieses Werk ist urheberrechtlich geschützt. Die daraus begründeten Rechte, insbesondere die der Übersetzung, des Nachdrucks, des Vortrages, der Entnahme von Abbildungen und Tabellen, der Funksendung, der Mikroverfilmung oder der Vervielfältigung auf anderen Wegen und der Speicherung in Datenverarbeitungsanlagen, bleiben, auch bei nur auszugsweiser Verwertung, vorbehalten.
Produkthaftung: Für Angaben zu Dosierungsanweisungen und Applikationsformen übernimmt der Verlag keine Gewähr.
Gesamtherstellung: Druckhaus Schöneweide
Einbandgestaltung: Eckhard Steiner

Autoren

Hoffmann, Herbert, Prof. Dr. sc. med.
Institut für Mikrobiologie und experimentelle Therapie, Jena

Horn, Ursula, Dr. med.
Institut für Mikrobiologie und experimentelle Therapie, Jena

Jacker, Hans Joachim, OPhR Dr. rer. nat.
Bundesgesundheitsamt
Institut für Arzneimittelwesen, Außenstelle Weißensee, Haus 1

Jelke, Brigitte, Dr. rer. nat.
Institut für Mikrobiologie und experimentelle Therapie, Jena

Knorre, Wolfgang, Prof. Dr. sc. nat.
Institut für Mikrobiologie und experimentelle Therapie, Jena

Laplace, Frank, Dr. sc. nat.
Institut für Mikrobiologie und experimentelle Therapie, Jena

Reh, Hans Robert, Dr. rer. nat.
Institut für Arzneimittelwesen, Berlin

Smalla, Kornelia, Dr. rer. nat.
Institut für Veterinärwesen, Magdeburg

Tschäpe, Helmut, Doz. Dr. sc. nat.
Institut für Experimentelle Epidemiologie, Wernigerode

Wondraczek, Reinhard, Dr. sc. nat.
Institut für Mikrobiologie und experimentelle Therapie, Jena

Vorwort

Die Herstellung von Proteinpharmaka auf der Basis der rekombinanten DNA-Technologie ist ein hochaktuelles Forschungsgebiet, das sich in raschem Wachstum befindet. Damit sind humane Proteine in nahezu unbegrenzter Menge zugänglich geworden, die bisher nicht oder nur zu Forschungszwecken verfügbar waren. Inzwischen ist eine Reihe rekombinanter DNA-Produkte als Arzneimittel zugelassen, eine weit größere Zahl derartiger Proteine wird gegenwärtig klinisch geprüft.

Unerwartete und ernste Nebenwirkungen bei der therapeutischen Anwendung dieser neuen Generation von Wirkstoffen haben zu einer intensiven Diskussion über die möglichen und notwendigen Sicherheitsprüfungen von rDNA-Produkten geführt. Die Auffassungen hierüber sind in den entsprechenden Gremien sowie in den Forschungslabors von Industrie und Hochschulen nicht einheitlich. Dies liegt vor allem daran, daß einerseits spezifische Eigenschaften dieser Proteine die Anwendung konventioneller Prüfmethoden ausschließen, andererseits validierte Prüfprogramme sich noch in Entwicklung befinden.

Anliegen dieses Bandes ist es, in die Gewinnung rekombinanter Humanproteine einzuführen und toxikologische Aspekte einzelner Teilschritte herauszustellen. Einzelbeiträge befassen sich mit zwei Komplexen, nämlich Sicherheitsanforderungen bei der Herstellung von Proteinpharmaka mittels gentechnisch veränderter Produktionsstämme (Charakterisierung von Expressionssystemen, Herstellungs- und Reinigungsverfahren, Gesundheits- und Umweltschutz) sowie Qualitätsanforderungen an rDNA-Pharmaka wie deren Identität, Reinheit, Gehalt/Wirksamkeit und Unbedenklichkeit. Selbstverständlich können in den Beiträgen nur jene Aspekte dargestellt werden, die von dem gegenwärtigen Technik- und Kenntnisstand ausgehen. Bei den außerordentlich rasanten Entwicklungen auf dem Gebiet der rekombinanten DNA-Technologie und ihrer Nutzung für die Wirkstofforschung ist eine weitere Aktualisierung abzusehen. Dennoch und gerade deswegen sei den Autoren für die Bereitschaft, an dieser Monographie mitzuwirken, herzlich gedankt.

Erfurt, Jena 1990　　　　　　　　　　　　　　Die Herausgeber

Inhaltsverzeichnis

1. rDNA-Produkte - eine neue Generation von Wirkstoffen 1
   und potentiellen Arzneimitteln
   W.-A. Knorre, H. Hoffmann und B. Jelke

1.1. Einleitung 1
1.2. rDNA-Technologie 1
1.3. Auswirkungen der rDNA-Technologie 3
1.4. Literatur 5

2. Risikoabschätzung der industriellen Nutzung von rDNA- 6
   Mikroorganismen
   K. Smalla

2.1. Einleitung 6
2.2. Belastung natürlicher Ökosysteme durch rDNA-Mikro- 8
     organismen aus biotechnischen Anlagen
2.2.1. Freisetzung von rDNA-Mikroorganismen aus biotechni- 9
       schen Systemen
2.2.2. Überleben von rDNA-Mikroorganismen aus biotechni- 10
       schen Systemen unter Umweltbedingungen
2.2.3. Genaustausch unter Umweltbedingungen 11
2.3. Effekte durch in die Umwelt freigesetzte rDNA-Mi- 12
     kroorganismen
2.3.1. Effekte von rDNA-Mikroorganismen auf den Menschen 14
2.3.2. Effekte von Enzymen oder anderen rDNA-Produkten auf 14
       den Menschen
2.4. Pathogenitätstestung für rDNA-Produktionsstämme 16
2.4.1. Bestimmung von Pathogenitätsdeterminanten bzw. 18
       -faktoren
2.4.2. In-vitro-Testung 18
2.4.3. Tierexperimentelle Untersuchungen 19
2.5. Sicherheitsmaßnahmen bei der industriellen Nutzung 20
     von rDNA-Mikroorganismen
2.5.1. Physikalische Sicherheitsmaßnahmen 21
2.5.2. Biologische Sicherheitsmaßnahmen 21
2.5.3. Konzept der "Good industrial large scale practice" 22
       (GILSP)
2.6. Zusammenfassung 23

2.7. Literatur 24

3. Charakterisierung des Wirt-Vektor-Systems 27
F. Laplace

3.1. Einleitung 27
3.2. Wirtssysteme 27
3.3. Vektor und Fremdgen 29
3.4. Wirt-Vektor-System 30
3.5. Literatur 31

4. Hochproduktivitäts-Fermentationen mit Escherichia coli 32
zur Herstellung von rDNA-Produkten
W.-A. Knorre

4.1. Entwicklung und Markteinführung von rDNA-Produkten 32
4.2. Escherichia coli als Wirtsorganismus 33
4.2.1. Kriterien für die Wahl von Escherichia coli 33
4.2.2. Faktoren, die die Expression in Escherichia coli 36
beeinflussen
4.2.3. Überproduktion von Proteinen in Escherichia coli 37
4.3. Hochproduktivitäts-Fermentationen 38
4.3.1. Experimentelle Ergebnisse mit nichtrekombinantem 39
Escherichia coli
4.3.2. Experimentelle Ergebnisse mit rekombinantem Escheri- 40
chia coli
4.4. Zusammenfassung 41
4.5. Literatur 42

5. Aufarbeitung und Reinigung von rDNA-Produkten 43
R. Wondraczek

5.1. Ziele und Probleme der Aufarbeitung und Reinigung 43
rekombinanter Proteine
5.2. Methoden der Proteinreinigung 45
5.2.1. Primäraufarbeitung 49

5.2.2.	Feinreinigung	50
5.2.3.	Endreinigung	51
5.3.	Neue Tendenzen und Möglichkeiten	54
5.3.1.	Der Einsatz von Überproduktionsstämmen und die Produktaufarbeitung aus "inclusion bodies" (IB's)	55
5.3.2.	Die Expression von Fusionsproteinen mit speziellen, für die Aufarbeitung günstigen physikalischen Eigenschaften	55
5.3.3.	Die Expression von Rezeptorproteinen und deren Einsatz zur Rezeptor-Affinitätschromatographie	56
5.3.4.	Einige Probleme der Analytik	57
5.3.5.	Strategien bei der Entwicklung von Verfahren zur Produktisolierung	58
5.4.	Literatur	61

6.	Grundlagen und Möglichkeiten des Plasmidtransfers in biotechnologischen Produktionsverfahren	63
	H. Tschäpe	
6.1.	Einleitung	63
6.2.	Der autonome Transfer von Plasmiden	64
6.2.1.	Der konjugative Transfer von Plasmiden in gramnegativen Bakterien	64
6.2.2.	Konjugativer Transfer von Plasmiden der grampositiven Bakterien	67
6.2.3.	Übertragung von Plasmiden nach künstlich erzwungener Aggregation	68
6.3.	Übertragung von Plasmiden durch Helferelemente	69
6.3.1.	Die Mobilisierung	69
6.3.2.	Transduktion	70
6.3.3.	Transformation	72
6.4.	Bedingungen des Transfers unter experimentellen und ökologischen Verhältnissen	72
6.5.	Übertragung von Plasmiden unter biotechnologischen Produktionsverfahren	74
6.6.	Schlußfolgerungen	76
6.7.	Literatur	77

7. Qualitätsanforderungen an rDNA-Arzneimittel 78
H.-R. Reh und H.-J. Jacker

7.1. Allgemeine Grundsätze und Anforderungen 78
7.2. Internationale und nationale Empfehlungen und Regelungen 79
7.3. Charakterisierung der Produktion 80
7.3.1. Produktionszellen 80
7.3.2. Kultivierung 81
7.3.3. Reinigung 82
7.4. Charakterisierung des Arzneistoffes 83
7.4.1. Identität 83
7.4.2. Reinheit 86
7.4.3. Gehalt/Wirksamkeit 88
7.5. Qualitätssicherung bei Routineproduktion 89
7.6. Literatur 89

8. Die toxikologische Prüfung von rekombinanten DNA-Produkten 94
U. Horn und H. Hoffmann

8.1. Einleitung 94
8.2. Die Sicherheitsprüfung rekombinanter DNA-Produkte 95
8.3. Literatur 100

1. rDNA-Produkte - eine neue Generation von Wirkstoffen und potentiellen Arzneimitteln

W.-A. Knorre, H. Hoffmann und B. Jelke

1.1. Einleitung

Die Herstellung von Proteinwirkstoffen auf der Basis der rekombinanten DNA-Technologie ist ein gegenwärtig hochaktuelles Forschungsgebiet, das sich von der Grundlagenforschung bis hin zur Markteinführung im rasanten Wachstum befindet. Die Gentechnologie ermöglicht heute die Isolierung, molekulare Charakterisierung, gezielte Veränderung, Expression und Vervielfachung beliebiger Gene in neuen Wirtsorganismen (Bakterien, Hefen, Säugerzellen), die industriell in technischem Maßstab kultivierbar sind. Dadurch wird die Gewinnung bisher nicht oder nur schwer zugänglicher Genprodukte (Proteine) in unbegrenzten Mengen möglich. Mit der ersten erfolgreichen In-vitro-Rekombination von genetischem Material im Jahre 1973 wurde international eine revolutionäre Entwicklung auf dem Pharmamarkt unter dem Einsatz großer materieller und finanzieller Mittel in Gang gesetzt. Inzwischen sind einige rekombinante DNA-Produkte wie Insulin, alpha-Interferone, Wachstumshormon, Gewebe-Plasminogenaktivator, Erythropoetin, Tumornekrosefaktor, koloniestimulierende Faktoren u.a. als Arzneimittel zugelassen. Eine weit größere Zahl von humanen Proteinen befindet sich derzeit in klinischer Prüfung. Zahlreiche weitere sind bereits kloniert und in verschiedenen Zellsystemen exprimiert. Es wird erwartet, daß der eigentliche Boom rekombinanter Arzneimittel erst Anfang der 90er Jahre einsetzen wird.

1.2. rDNA-Technologie

Mit den Möglichkeiten der rDNA-Technologie wurde ein neues Wirkstoff- und Therapiekonzept eröffnet - nämlich die therapeutische Anwendung körpereigener Wirkstoffe.
Das international große Interesse an Proteinpharmaka ist darin

begründet, daß diese endogenen Regulatoren bei ihrer Anwendung einen hohen Grad kausaler Behandlung ermöglichen, in außerordentlich niedrigen Dosierungen wirksam sind, geringe oder keine toxischen Wirkungen aufweisen und rückstandsfrei zu physiologischen Produkten im Organismus abgebaut werden. Bereits zu Beginn der Entwicklung eines Humanproteins kann seine gewünschte biologische Wirkung genau definiert werden. Damit unterscheidet sich die Vorgehensweise grundsätzlich von der "klassischen" Wirkstoffsuchforschung auf der Basis von Empirie oder biologisch begründeter Targets.

Im vergangenen Jahrzehnt hat sich auf dem Gebiet der "New Biotechnology" (USA) eine immer enger werdende Verzahnung von Grundlagenforschung und angewandter Forschung vollzogen. Im Unterschied zu den Entwicklungszeiten bei konventionellen Pharmaka von mehr als 10 Jahren betragen diese für rDNA-Produkte von der Klonierung bis zur Markteinführung nur etwa 5 Jahre. Die Entwicklungskosten für rekombinante Proteine hingegen belaufen sich gegenwärtig auf ein Mehrfaches verglichen mit denen für konventionelle Pharmaka. Die Firma Genentech hat beispielsweise für die Entwicklung von rt-PA 200 Mio $ aufgewandt (Aktuelle Probleme pharmazeut. Industrie, 1988).

Der finanzielle Aufwand für die gentechnischen Arbeiten beträgt etwa 1 % der Gesamtsumme, ca. 25 % werden für die biotechnologische Verfahrensentwicklung bis zum hochreinen Wirkstoff benötigt. Mehr als $^2/_3$ der Gesamtaufwendungen entfallen auf die Produktionsentwicklung einschließlich pharmakologischer und klinischer Prüfungen, Marketing etc.. Da es sich bei den bisher eingeführten "gentechnologischen Arzneimitteln" um Präparate handelt, die intravenös verabreicht werden, sind extrem hohe Anforderungen an die Reinheit (99,9 %) zu stellen. Die Validierung der Produktionsverfahren, die Charakterisierung (Identität, Authentizität) und die Qualitätssicherung von Proteinwirkstoffen erfordern modernste analytische Methoden und Gerätetechnik. Nur seit Jahrzehnten führende Pharmakonzerne waren bisher in der Lage, diese Aufwendungen und Entwicklungen zu realisieren. Die Anforderungen an die Zulassung von rDNA-Produkten als Arzneimittel bezüglich des Gehaltes an Fremdprotein, DNA oder mikrobiellen und viralen Kontaminanten sind hoch und bedingen erhebliche Aufwendungen für die Hochreinigung und Qualitätsprüfung. Während bei Antibiotika sich die Kosten von Fermentation zu Aufarbeitung und Reinigung etwa wie 1:1 oder 1:2 verhalten, sind die Aufwendungen für rDNA-Produkte bis 1:10.

Für die Gewinnung komplexer Glykoproteine müssen Säuger-Zellkulturen genutzt werden. Diese bieten gegenüber den bakteriellen Wirten den Vorteil, daß das jeweilige rDNA-Produkt in löslicher Form sezerniert wird und sich so die Aufarbeitung vereinfacht. Demgegenüber sind die viel längeren Generationszeiten, die teuren Nährmedien, höhere Kontaminationsgefahr u.a. nachteilig. Insgesamt bedingen Säuger-Zellkulturen bei hoher Produktqualität relative höhere Herstellungskosten als mikrobielle Proteinsynthesen.

Die Anwendung der Gentechnik in der Pharmaindustrie mit dem Ziel, neue Humanproteine zu gewinnen, setzt interdisziplinäre Forschungskooperation voraus. Neben Molekularbiologie, Mikrobiologie, Virologie und Immunologie sind insbesondere Proteinchemie, Bioprozeßtechnik und Know how für die Produktsicherheit zu beherrschen. Letzteres erfordert auch, Neuland bezüglich der pharmakologisch-toxikologischen Prüfungen zu erschließen, da die für klassische Synthetika bewährten Verfahren nicht oder nur bedingt anwendbar sind. Die bisherigen Zulassungen von rDNA-Produkten basieren auf Fall-zu-Fall-Entscheidungen. Eine internationale Harmonisierung der Zulassungsbestimmungen zeichnet sich ab. (s. Alder und Zbinden 1988; Reh und Jacker 1990).

1.3. Auswirkungen der rDNA-Technologie

Auch wenn die gegenwärtig eingeführten Diagnostika und Therapeutika, die mit neuen Biotechnologien hergestellt werden, einen noch geringen Anteil am internationalen Pharmakamarkt aufweisen, so sollten die Auswirkungen der rDNA-Technologie auf die biologisch-medizinische Forschung und klinische Praxis nicht unterschätzt werden. Sie stimuliert Grundlagenforschung, Diagnostik und Therapie gleichermaßen durch Gewinnung von Rezeptoren, Liganden, Enzymen, signalübermittelnden Proteinen und anderen biolo-

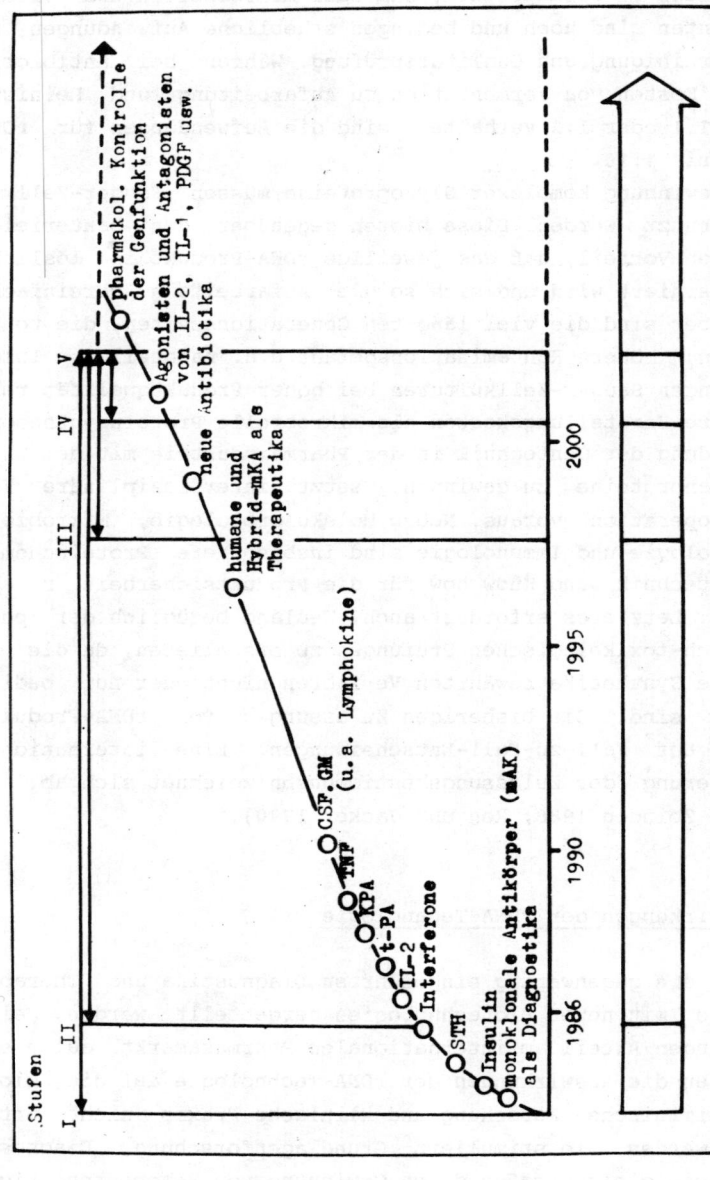

Abb. 1.1.: Entwicklungsstadien der Biotechnik im Rahmen der pharmazeutischen Forschung (nach Cohen et al., 1973)

gisch aktiven Makromolekülen. Nach DREWS (1986) vollzieht sich der Einfluß der neuen Technologien in folgenden Etappen (s. Abb. 1.1). In der ersten Phase wurde es möglich, bereits bekannte Proteine billiger und in größerem Umfang bereitzustellen (z.B. Insulin). In einer bereits begonnenen Etappe gelingt es, Wirkstoffe herzustellen, die nicht oder nicht in ausreichenden Mengen aus natürlichen Quellen zu Behandlung bestimmter Erkrankungsgruppen bereitgestellt werden können (s. Interferone). Heute zeichnet sich bereits eine nächste Stufe biotechnologischer Forschung ab. Durch die molekularbiologischen und proteinchemischen Arbeiten zur Charakterisierung von rDNA-Produkten sollte es möglich werden, diese Proteine durch chemisch-synthetische Alternativen mit verbesserten Wirkeigenschaften und kostengünstiger zu ersetzen. Schließlich ist an die Herstellung völlig neuer Sekundärmetabolite ebenso zu denken, wie an die pharmakologische Kontrolle der Regulation von Genen, die für bestimmte pathophysiologische Normabweichungen verantwortlich sind. Es ist zu erwarten, daß in naher Zukunft eine weitere Beschleunigung auf dem Gebiet der biotechnologischen Arzneimittelherstellung stattfinden wird.

1.4. Literatur

Aktuelle Probleme der pharmazeutischen Industrie 8 (1988), 1-5.
Alder, S. and Zbinden, G., National and International Drug Safety Guidelines. M.T.C. Verlag Zollikon 1988.
Cohen, S. N., Chang, A. C. Y., Boyer, H. W. and Helling, R. B., Proc. Natl. Acad. Sci. USA 70 (1973), 3240-3244.
Drews, J., Swiss Biotech. 4 (1986), 9-10.
Reh, H. R. und Jacker, H.-J., Qualitätsanforderungen an rDNA-Arzneimittel. In: Aktuelle Probleme der Toxikologie, Bd. 8: Toxikologische Aspekte bei der biotechnologischen Herstellung und Qualitätskontrolle von Proteinwirkstoffen. Berlin: Verlag Gesundheit GmbH,

2. Risikoabschätzung der industriellen Nutzung von rDNA-Mikroorganismen

K. Smalla

2.1. Einleitung

Lange etablierte Arbeitsgebiete, die biologische Systeme im Rahmen technischer Verfahren und industrieller Produktion nutzen, wurden vor etwa 20 Jahren unter dem Begriff Biotechnologie zusammengefaßt.
Eines der wichtigsten und ältesten Gebiete der Biotechnologie ist die "Gentechnik". Seit Jahrtausenden wird diese - also die direkte oder indirekte Veränderung der DNA eines Organismus - von den Menschen bei der traditionellen Selektion und Züchtung von Tieren und Pflanzen angewendet. Relativ neu sind hingegen die Verfahren, die eine Veränderung der DNA auf zellulärer und molekularer Ebene erlauben. Mit molekulargenetischen Methoden ist es möglich, spezifische genetische Informationen über Artgrenzen hinweg auf andere Organismen zu übertragen und damit deren geno- und phänotypischen Eigenschaften gezielt zu verändern. Eine wichtige Voraussetzung für die rDNA-Technik war die Entwicklung der Restriktionsendonucleasen. Eine solche molekulargenetische Veränderung eines Mikroorganismus wird z.B. erreicht, indem DNA-Fragmente eines Donorsystems enzymatisch in Vektoren - wie Plasmide oder Phagen - eingefügt und die rekombinante DNA in ein geeignetes Wirtssystem eingeführt wird. In dieser Weise veränderte Mikroorganismen werden im folgenden als rDNA-Mikroorganismen bezeichnet. Durch gezielte molekulargenetische Veränderungen können Mikroorganismen zu neuen Stoffwechselleistungen aber auch zur Steigerung normalerweise gebildeter Stoffwechselprodukte befähigt werden (Stotzky und Babich, 1984).

Bereits vor der Einführung der rDNA-Technik wurden weltweit mehr als 200 Produkte durch industrielle Fermentationen mit Mikroorganismen gewonnen - Antibiotika, Enzympräparate, Aminosäuren, organische Säuren, Vitamine, Wachstumshormone, Vaccine, Steroide

(Harsanyi 1985). Neben der industriellen Nutzung von Mikroorganismen unter "Containment"-Bedingungen gibt es auch eine Reihe von Beispielen für den erfolgreichen Einsatz von Mikroorganismen in der Landwirtschaft (N-Düngemittel, mikrobielle Pestizide), im Umweltschutz oder bei "Leaching"-Prozessen. Die Anwendung der rDNA-Technik erweitert das Potential der industriellen Nutzung von Mikroorganismen erheblich. Das beeindruckendste Beispiel dürfte die Massenproduktion von Pharmaka, wie Humaninsulin, Wachstumshormon, Interferone oder Interleukine durch rDNA-Mikroorganismen sein (OECD 1986). Das Interesse der Industrie an solchen maßgeschneiderten Mikroorganismen ist daher verständlich. Dennoch steht die breite industrielle Nutzung von rDNA-Mikroorganismen noch aus. Eine Ursache dafür ist neben einer Reihe ungelöster technischer Probleme vor allem die kontroverse Diskussion über mögliche Risiken dieser neuen Technologie und notwendige Sicherheitsmaßnahmen. Die Sorgen und Bedenken, vor allem in Bezug auf eine gezielte oder unbeabsichtigte Freisetzung von rDNA-Mikroorganismen in die Umwelt, werden durch Auffassungen deutlich (Strauss et al. 1986) wie
- Mikroorganismen, die mit molekulargenetischen Methoden verändert wurden, sind prinzipiell gefährlich
- sie können unvorhersehbare Eigenschaften besitzen
- aus apathogenen Mikroorganismen können pathogene entstehen
- es kann zu einer Ausbreitung von rDNA in der Umwelt kommen
- eine Nutzung von rDNA-Mikroorganismen wird aus ethischen Gründen abgelehnt.

Auf Grund solcher Bedenken sind die Sicherheitsanforderungen für ein Verfahren mit rDNA-Mikroorganismen erheblich höher als bei der Nutzung eines konventionellen Produktionsstammes. Systematischen Untersuchungen zur Risikoabschätzung für die industrielle Nutzung von rDNA-Mikroorganismen kommt daher eine besondere Bedeutung zu. Die Untersuchungen müssen fallspezifisch Aussagen zur Unbedenklichkeit des rDNA-Mikroorganismus und seiner Stoffwechselprodukte für den Menschen, zum Ausmaß der Belastung und einer möglichen Beeinflussung natürlicher Ökosysteme liefern. Entsprechend dem geschätzen Risiko bzw. Gefahrenpotential müssen für die industrielle Nutzung von rDNA-Mikroorganismen biologische und physikalische Sicherheitsmaßnahmen gefordert werden.

Anliegen des Beitrages ist es, folgende Aspekte, die für die Risikoabschätzung der industriellen Nutzung von rDNA-Mikroorganismen von Bedeutung sind, näher zu betrachten:
- Belastung natürlicher Ökosysteme durch rDNA-Mikroorganismen aus biotechnischen Anlagen (Freisetzen, Überleben, Genaustausch)
- Effekte durch freigesetzte rDNA-Mikroorganismen
- Pathogenitätstestung von rDNA-Mikroorganismen
- Sicherheitsmaßnahmen bei der industriellen Nutzung von rDNA-Mikroorganismen.

2.2. Belastung natürlicher Ökosysteme durch rDNA-Mikroorganismen aus biotechnischen Anlagen

Die Risikoabschätzung für die gezielte oder unbeabsichtigte Freisetzung von rDNA-Mikroorganismen in die Umwelt läßt sich nach einem Konzept von Backhaus et al. (1988) grundsätzlich in eine Abschätzung der Belastung und der Effekte gliedern.
Unter der Belastung sollte dabei, unabhängig von deren Bewertung, die Dichte (Prävalenz) eines rDNA-Mikroorganismus, der zu einem bestimmten Zeitpunkt im Ökosystem vorgefunden wird, verstanden werden. Die Belastung von betroffenen Ökosystemen mit rDNA-Mikroorganismen bzw. rDNA wird maßgeblich von folgenden Faktoren bestimmt:
- Ausmaß der Freisetzung von rDNA-Mikroorganismen aus biotechnischen Anlagen und deren Verbreitung
- Fähigkeit zum Überleben und zur Vermehrung unter Umweltbedingungen
- Genaustauschprozesse unter Umweltbedingungen.

Im Gegensatz zur Emission chemischer Schadstoffe ist die Voraussage der Belastung eines Ökosystems mit rDNA-Mikroorganismen erschwert, da Mikroorganismen unter bestimmten Umständen die Fähigkeit besitzen, sich unter Umweltbedingungen zu vermehren und genetische Informationen mit der mikrobiellen Standortflora auszutauschen.

2.2.1. Freisetzung von rDNA-Mikroorganismen aus biotechnischen Systemen

Bei industriellen Fermentationen werden mikrobielle Produktionsstämme unter optimalen Temperatur-, pH-, O_2- und Nährstoffbedingungen in Fermentern gezüchtet. Nach einer bestimmten Fermentationsdauer wird der Prozeß unterbrochen, das gewünschte Endprodukt in der Regel nach Abtrennung des Produktionsstammes gewonnen. Die Fermentation und die Aufarbeitungsprozesse (sog. down stream processing) werden weitgehend hermetisiert, um Infektionen im Produktionsprozeß zu vermeiden und die Exposition der Beschäftigten zu reduzieren. Dennoch ist eine unbeabsichtigte Freisetzung von Produktionsstämmen aus Fermentationsanlagen nicht auszuschließen. Produktionsstämme und deren Stoffwechselprodukte werden aus biotechnischen Anlagen vor allem über die Luft (Aerosole, Abluft), die Biomasse und das Abwasser freigesetzt (Smalla et al. 1989). Bislang ist nicht eindeutig definiert, wann von einer Freisetzung von rDNA-Mikroorganismen in die Umwelt gesprochen werden muß. Nach Strauss (1987) stellt ein Prozess dann keine Freisetzung dar, wenn durch ihn weniger als $2 \cdot 10^8 - 4 \cdot 10^9$ Mikroorganismen pro Tag in die Umwelt freigesetzt werden. Dieser Grenzwert entspricht der Mikroorganismenzahl, die aus einem BL-1-Labor pro Tag freigesetzt wird. Nach dieser Definition dürfte die überwiegende Anzahl industrieller Fermentationen zu einer unbeabsichtigten Freisetzung von Produktionsstämmen in die Umwelt führen. Die Erfassung und Identifizierung von rDNA-Mikroorganismen in Umweltmedien wird durch die Verwendung von Selektivnährmedien, Gensonden oder immunologischen Methoden möglich. Die exakte Ermittlung der Zahl freigesetzter rDNA-Mikroorganismen dürfte jedoch praktisch kaum möglich sein. Nach der Freisetzung von rDNA-Mikroorganismen aus biotechnischen Systemen können diese über weite Entfernungen in der Umwelt verbreitet werden. Möglichkeiten zur Verbreitung von Mikroorganismen in der Umwelt sind in der

Abb. 2.1. zusammengefaßt (Alexander, 1985).

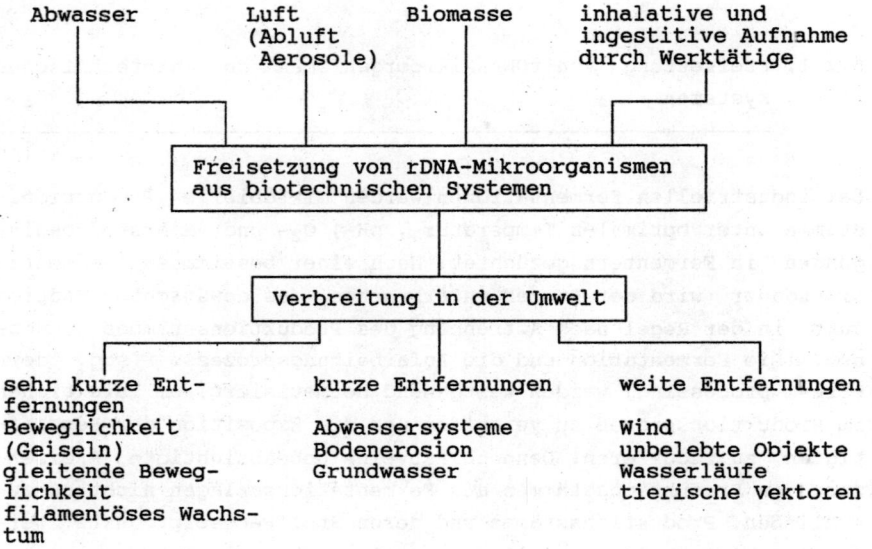

Abb. 2.1.: Verbreitung von rDNA-Mikroorganismen in der Umwelt

2.2.2. Überleben von rDNA-Mikroorganismen aus biotechnischen Systemen unter Umweltbedingungen

Bislang gibt es nur wenige Untersuchungen zum Überleben von rDNA-Mikroorganismen und zum Fortbestand von rDNA unter Umweltbedingungen. Nach Stotzky und Babich (1984) sollten für das Schicksal von rDNA-Mikroorganismen bzw. rDNA in der Umwelt folgende Faktoren von Bedeutung sein:
- Eigenschaften des bakteriellen Wirts und des zur Klonierung verwendeten Vektorsystems
- Ökologische Nischen für den ursprünglichen und den rDNA-Mikroorganismus
- Übertragbarkeit der rDNA auf andere Mikroorganismen

- Selektive Vor- und Nachteile durch das Vorhandensein von fremder DNA im Wirt.

Das Überleben in die Umwelt freigesetzter Mikroorganismen wird weiterhin durch eine Vielzahl biotischer und abiotischer Faktoren beeinflußt (Strauss et al. 1986). Die meisten rDNA-Mikroorganismen, die für eine Nutzung in biotechnischen Anlagen vorgesehen sind bzw. bereits verwendet werden, sind normalerweise keine Bewohner von Boden und Wasser. Die Wahrscheinlichkeit des Überlebens und der Vermehrung unter Umweltbedingungen kann für Wirtssysteme wie E. coli K12 auf Grund ihrer Auxotrophie als sehr gering eingeschätzt werden. Eine Ursache für das rasche Absterben eingeführter rDNA-Mikroorganismen in Umweltmedien ist ihre Unfähigkeit, die metabolitischen Aktivitäten in einer Situation der Nährstofflimitierung zu reduzieren und anzupassen (Crane und Moore 1986; Strauss et al. 1986). Das häufig viel schnellere Absterben eingeführter rDNA-Mikroorganismen in nichtsterilen Umweltmedien im Vergleich zu sterilen kann neben der Konkurrenz um Nährstoffe vor allem auf die Aktivitäten von Protozoen zurückgeführt werden (Acea und Alexander, 1988; Walter et al., 1987). Das Interesse muß weiterhin auf den Fortbestand freier rDNA in Umweltmedien gelenkt werden. Diese freie rDNA kann aus lebenden oder abgestorbenen rDNA-Mikroorganismen stammen. Die Stabilität von DNA unter Umweltbedingungen wird maßgeblich durch die Aktivität bakterieller DNasen begrenzt. Hochmolekulare DNA kann jedoch an Sand und Lehmmineralien adsorbiert werden und dadurch gegen den Abbau durch DNasen geschützt werden (Lorenz und Wackernagel, 1987). Es ist vorstellbar, daß an mineralische Oberflächen adsorbierte DNA erhebliche Zeiträume und Distanzen zu überstehen vermag. Die adsorbierte DNA kann von kompetenten Bakterienzellen aufgenommen, ins Chromosom integriert oder als Plasmid autonom repliziert werden (Stotzky und Babich, 1984).

2.2.3. Genaustausch unter Umweltbedingungen

Die Mehrzahl der Untersuchungen zum Gentransfer wurde bisher unter optimalen Laborbedingungen vor allem am E. coli K12-System durchgeführt. Diese Untersuchungsergebnisse können jedoch nur unter Vorbehalt auf den Gentransfer unter Umweltbedingungen übertragen werden. Es wird jedoch angenommen, daß alle im Labor gefundenen Gentransfermechanismen (Transformation, Transduktion, Konjugation und Mobilisierung) auch in der Umwelt existieren (Trevors et al., 1987). Das Wissen über Ökologie, Physiologie und Genetik der Mikroorganismen, die natürliche Habitate besiedeln, ist derzeit noch außerordentlich begrenzt, nicht zuletzt weil man annimmt, daß nur etwa 10 % aller Umweltmikroorganismen bei Laboruntersuchungen angezüchtet werden (Alexander, 1985).

Im Hinblick auf die Abschätzung der Wahrscheinlichkeit eines Gentransfers bei der Freisetzung von rDNA-Mikroorganismen wurden in den vergangenen Jahren eine Reihe von Arbeiten zum Gentransfer durch Transformation, Transduktion und Konjugation in sterilen Umweltmedien publiziert (Elsas et al., 1986; Saye et al., 1987; Stotzky und Babich, 1984). Die Häufigkeit des Gentransfers unter Umweltbedingungen ist oft deutlich niedriger als unter optimalen Laborbedingungen. Dies wird vor allem auf nichtoptimale Nährstoff-, Temperatur- und pH-Bedingungen sowie auf zu geringe Populationsdichten, verursacht durch das rasche Absterben der freigesetzten rDNA-Mikroorganismen, zurückgeführt (Flint, 1987; Stotzky und Babich, 1984).

2.3. Effekte durch in die Umwelt freigesetzte rDNA-Mikroorganismen

Sind rDNA-Mikroorganismen aus biotechnischen Anlagen unbeabsichtigt in die Umwelt gelangt, sind Effekte für Mensch und Umwelt vor allem von solchen rDNA-Mikroorganismen zu erwarten, die unter Umweltbedingungen überleben, sich vermehren, sich etablieren und rDNA mit der autochtonen Flora austauschen können. Solche Effekte können bedingt sein durch
- pathogene (Menschen-, Tier-, Phyto-) und allergisierende Eigenschaften des Mikroorganismus
- eine Beeinflussung der komplexen Wechselwirkungen zwischen Organismen in einem Habitat

- die Verbreitung von Antibiotikaresistenz-Determinaten
- Beeinflussung bio/geochemischer Stoffkreisläufe (Backhaus et al., 1988; OECD, 1986).

Im Gegensatz zu Emissionen chemischer Schadstoffe muß eine Belastung von Umwelthabitaten durch rDNA-Mikroorganismen nicht zwangsläufig zu unerwünschten Effekten führen. Die prognostische Bewertung solcher Effekte gestaltet sich auf Grund der Komplexität möglicher Wechselwirkungen und Einflußfaktoren schwierig. Für die Risikoabschätzung sollten dabei vor allem die Belastung eines Habitats mit rDNA-Mikroorganismen bzw. rDNA und die Eigenschaften des verwendeten Wirts-Vektor-Systems eine Rolle spielen, weniger aber die Tatsache, daß der Mikroorganismus mit molekulargenetischen Methoden verändert wurde (OECD, 1986).
Bei der Bewertung möglicher negativer Auswirkungen durch die Freisetzung von rDNA-Mikroorganismen in die Umwelt sollte auf die Erfahrungen mit traditionellen Expositionen gegenüber Mikroorganismen - so bei mikrobiellen Fermentationen zur Lebensmittelherstellung, in der Landwirtschaft - oder bei der Freisetzung pathogener und apathogener Keime (die häufig auch Antibiotikaresistenz-Plasmide besitzen) z.B. mit kommunalen oder Krankenhausabwässern zurückgegriffen werden.
Genaustauschprozesse (wie durch Transformation, Transduktion, Konjugation, Transposons oder IS-Elemente) kommen in der Biosphäre auch unabhängig von der Freisetzung von rDNA-Mikroorganismen vor. Wie jedoch die Problematik der bakteriellen Antibiotikaresistenz zeigt, haben auch anthropogene Aktivitäten nicht unwesentlich den bakteriellen Genpool beeinflußt.
Mit dem in der Biosphäre vorhandenen Pool an Mikroorganismen müssen aus biotechnischen Systemen freigesetzte Produktionsstämme in Konkurrenz treten. Sehr häufig werden die Chancen für Produktionsstämme, sich unter Umweltbedingungen zu vermehren und zu etablieren, sehr gering sein. Diese Unfähigkeit von Produktionsstämmen, sich nichtoptimalen verschlechterten Lebensbedingungen anzupassen, ist eine sehr wirkungsvolle biologische Barriere und als solche für die Begrenzung möglicher unerwünschter Umwelteffekte außerordentilch bedeutsam.
Im folgenden Abschnitt sollen einige Aspekte möglicher Effekte

durch DNA-Mikroorganismen bzw. ihre Stoffwechselprodukte auf den Menschen dargestellt werden.

2.3.1. Effekte von rDNA-Mikroorganismen auf den Menschen

Negative Effekte durch die Exposition des menschlichen Organismus gegenüber rDNA-Mikroorganismen sind in den seltensten Fällen eine direkte Folge der molekulargenetischen Veränderung des Mikroorganismus (OECD, 1986). Effekte müssen erwartet werden,
- wenn der Produktionsstamm humanpathogen ist, d.h. wenn er die Fähigkeit besitzt, beim Menschen Krankheiten hervorzurufen. Pathogenität muß dabei in Zusammenhang mit Faktoren wie der Infektionsdosis, den Eintrittswegen, den genetischen und phänotypischen Eigenschaften des Mikroorganismus und des exponierten Menschen gesehen werden. Aber auch normalerweise apathogene Produktionsstämme wie E. coli K12 oder Bacillus subtilis können bei immunsupprimierten Menschen (z.B. nach einer Chemotherapie) zu schweren Erkrankungen führen;
- wenn eine Verdrängung der normalen mikrobiellen Flora eintritt, wobei die Auswirkungen von den Eigenschaften des kolonisierten Produktionsstammes abhängen;
- wenn die Exposition gegenüber dem Produktionsstamm zu einer Sensibilisierung bzw. zu allergischen Reaktionen führt;
- wenn der Produktionsstamm Antibiotikaresistenz-Plasmide besitzt, die unter Selektionsdruck bei einer Antibiotikatherapie des exponierten Menschen auf Krankheitserreger übertragen werden können (OECD, 1986).

2.3.2. Effekte von Enzymen oder anderen rDNA-Produkten auf den Menschen

Potentielle Gefahren biotechnischer Produkte oder Nebenprodukte sind in der überwiegenden Zahl unabhängig davon, ob zur Herstellung traditionelle oder rDNA-Mikroorganismen verwendet werden. Enzyme können auf den menschlichen Organismus durch ihre spezifische Aktivität wirken. Vor allem proteasehaltige Stäube können zu schweren Schleimhautreizungen führen. Weiterhin sind Enzyme potentielle Allergene, die bei Exponierten zu allergischen Sensibilisierungen führen können. Bei Exponierten mit allergischen Krankheitsbildern können spezifische IgE-Antikörper nachgewiesen werden (Flindt, 1978). Für die Beurteilung möglicher Schädigungen durch die Freisetzung von rDNA-Produkten sollten die Kriterien

- Toxizität
- absorptive Aufnahme durch Haut und Schleimhäute
- metabolische Umwandlung in einen toxischen Stoff
- Auslösung immunologischer oder allergischer Reaktionen

herangezogen werden (OECD, 1986).

Bei der Abschätzung möglicher adverser Effekte durch Produktionsstämme und/oder deren Stoffwechselprodukte auf den Menschen kommt der Expositionsbewertung eine besondere Bedeutung zu. In der Abb. 2.2. sind Möglichkeiten der Expositionsbewertung durch ein Umweltmonitoring (Umweltexposition, Kontaktexposition) oder ein biologisches Monitoring dargestellt.

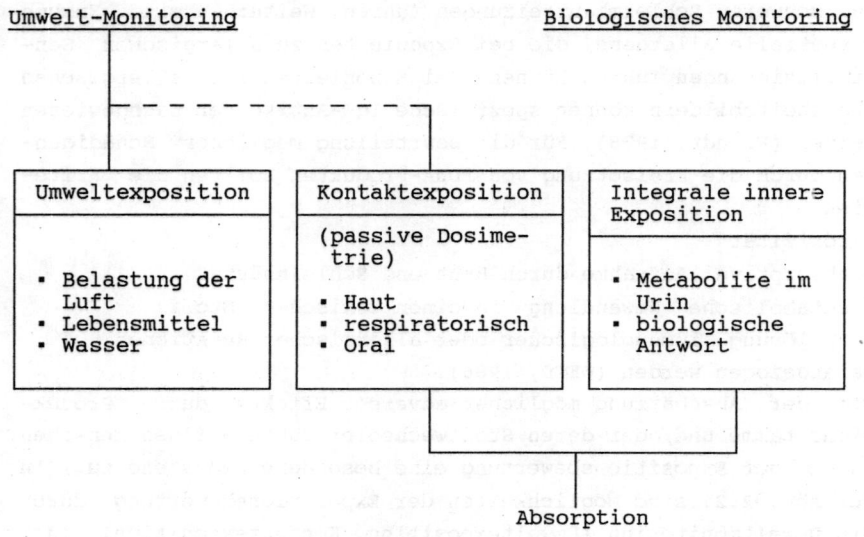

Abb. 2.2.: Möglichkeiten der Expositionsanalyse

2.4. Pathogenitätstestung für rDNA-Produktionsstämme

Für die industrielle Nutzung von rDNA-Mikroorganismen wird prinzipiell auf die Verwendung apathogener Mikroorganismen orientiert. Nur in wenigen Fällen müssen pathogene Mikroorganismen und Viren unter entspechenden "Containment"-Bedingungen in der Industrie genutzt werden, so bei der Herstellung von Vaccinen, Toxinen und Diagnostika (OECD, 1986).

Für einen Mikroorganismus, der erstmalig in einem biotechnologischen Prozeß genutzt werden soll, muß vorab abgeklärt werden, ob der künftige Produktionsstamm in der Lage ist, Krankheiten hervorzurufen. Dies setzt eine klare taxonomische Klassifizierung des Mikroorganismus und eine Charakterisierung der Fremd-DNA voraus. Auf der Grundlage bekannter Daten aus der Literatur sind erste Aussagen über zu erwartende pathogene Eigenschaften des Mikroorganismus möglich. Diese müssen jedoch unbedingt durch entsprechende Pathogenitätstests ergänzt werden (OECD, 1986).

Eine häufig geäußerte Sorge bei der Beurteilung von rDNA-Produktionsstämmen ist die, daß durch molekulargenetische Veränderung des Produktionsstammes aus einem apathogenen Mikroorganismus ein pathogener entsteht. Pathogenität ist ein multifaktorieller Prozeß, für den verschiedene mikrobielle Eigenschaften, die als Virulenz- oder Pathogenitätsfaktoren bezeichnet werden, notwendig sind (Hacker und Goebel, 1987). Für die Ausbildung pathogener Eigenschaften eines Mikroorganismus ist also eine Reihe von Genen notwendig, die zum Teil weit voneinander entfernt auf dem bakteriellen Chromosom aber auch auf Plasmiden oder lysogenen Phagen lokalisiert sein können. Es wird daher als sehr unwahrscheinlich angesehen, daß durch die molekulargenetische Veränderung einzelner Gene eines apathogenen Mikroorganismus ein pathogener Mikroorganismus entsteht (Travis und Haltemer-Frey, 1988).
Es konnte weiterhin gezeigt werden, daß fremde Virulenzdeterminanten im allgemeinen keinen Beitrag zur Pathogenität in Mikroorganismen liefern, in denen sie normalerweise nicht zur Expression gelangen (Hacker und Goebel, 1987). Es gibt jedoch auch Beispiele, wo geringe genetische Veränderungen zu einer Erhöhung der Pathogenität führten (Tab. 2.1.).

Tab. 2.1.: Erhöhte Pathogenität als Ergebnis genetischer Veränderungen (Alexander, 1985)

Organismus	verändertes Merkmal	Auswirkung
Influenza A-Virus	Antigenität	verringerte Immunität
Staphylococcus aureus	ß-Lactamase	Penicillinresistenz
Neisseria meningitidis	Kapselbildung	verschlechterte Phagozytose

Für die Beurteilung der Apathogenität neuer rDNA-Produktionsstämme sind in Abhängigkeit vom verwendeten Wirts-Vektor-System Pathogenitätstests dennoch unerläßlich. Für die Pathogenitätstestung von rDNA-Produktionsstämmen gibt es die folgenden Möglichkeiten.

2.4.1. Bestimmung von Pathogenitätsdeterminanten bzw. -faktoren

Durch Genklonierung wurden Pathogenitätsdeterminanten in den letzten Jahren auf molekularer Ebene intensiv untersucht, ihre Expression und ihr Beitrag zur Pathogenität an geeigneten Zellkulturen und in Tierversuchen studiert. Einige Pathogenitätsfaktoren und ihre Bedeutung seien kurz genannt. Für die Anheftung von Pathogenen an eukaryotisches Gewebe sind Faktoren, die als Adhäsine (Proteinmoleküle, Lipoteichonsäuren oder Glucanpolymere) bezeichnet werden, von Bedeutung. Verschiedene Faktoren, wie z.B. die O-Antigene der Enterobacteriaceae schützen die Bakterien vor der Vernichtung durch das Komplementsystem des Blutes oder durch Phagozyten. Verschiedene bakterielle Proteasen spalten spezifisch Immunglobuline; andere bakterielle Produkte, wie die M-Proteine der Streptokokken oder bestimmte Kapselantigene von E. coli werden vom Wirt auf Grund ähnlicher Domänenstrukturen nicht als fremd erkannt und rufen keine oder nur eine geringe Immunantwort hervor (mimicry). Als weiterer wichtiger Pathogenitätsfaktor seien Toxine (Enterotoxine, Hämolysine) genannt, mit deren Hilfe normale Zellen oder Zellen des Immunsystems zerstört werden (Hacker und Goebel, 1987).
Eine gezielte Untersuchung von Mikroorganismen auf das Vorhandensein von Pathogenitätsdeterminanten ist mit Hilfe der Gensondentechnik möglich. Eine Voraussetzung ist allerdings die Aufklärung entsprechender Stamm-spezifischer Pathogenitätsdeterminanten und deren Klonierung.

2.4.2. In-vitro-Testung

Mit In-vitro-Testsystemen sind Aussagen über Zytotoxizität, genotoxische Effekte, zur Bildung bzw. Stimulierung von Entzündungsmediatoren oder über die Adhäsion des Mikroorganismus an eukaryotische Zellen möglich.

2.4.3. Tierexperimentelle Untersuchungen

Am zuverlässigsten aber auch aufwendig und teuer ist nach wie vor das Tierexperiment. Folgende Parameter wurden nach einer Arbeit von Malina (1988) für die Pathogenitätstestung von mikrobiellen Produktionsstämmen herangezogen:
- Virulenz
- Infektiosität
- Verbreitung des untersuchten Mikroorganismus in den inneren Organen
- Toxizität
- Keimzahl, bei der der Mikroorganismus in der Lage ist, eine Bakteriämie auszulösen (i.p. Belastung).

Ein erheblich umfangreicheres Testschema zur Untersuchung der Unbedenklichkeit mikrobieller Pestizide, dessen Anwendung auch für die Testung von traditionellen und rDNA-Produktionsstämmen geeignet scheint, wurde von Franklin und Pervisich (1988) publiziert. Mit Hilfe der vorgeschlagenen Tests soll die Fähigkeit eines Mikroorganismus, Gewebe zu infizieren und/oder in Geweben zu persistieren, toxische Reaktionen hervorzurufen oder Irritationen des Auges, der Haut oder Hypersensitivität verursachen, beurteilt werden.

In kombinierten Tests werden Infektiösität und Toxizität nach oraler, dermaler oder inhalativer Exposition bestimmt. Die Tiere werden bis 28 Tage nach der Applikation täglich nach klinischen, biologischen, hämatologischen und histopathologischen Standardparametern untersucht. Die akute Infektiösität wird weiterhin für Bakterien und Viren nach intravenöser, für Pilze und Protozoen nach intraperitonealer Applikation bei normalen und immunsupprimierten Tieren bestimmt. Da Mikroorganismen und eine Reihe ihrer Stoffwechselprodukte potentielle Allergene sind, werden Untersuchungen der allergisierenden und sensibilisierenden Potenz empfohlen. Sind alle Untersuchungen der Stufe 1 negativ verlaufen, ist eine weitere Testung nicht notwendig (Tab. 2.2.).

Tab. 2.2.: Testschema zur Untersuchung der Unbedenklichkeit mikrobieller Produktionsstämme

Stufe 1	Stufe 2	Stufe 3
Akute Infektiösität / Toxizität:	Quantifizierung der Persistenz	Chronisch oral
- oral		Onkogenität
- dermal	Kurzzeittoxizität	
- inhalativ	(90 Tage)	Teratogenität
Akute Infektiösität (mit normalen und immunosupprimierten Tieren)	Onkogenität	Reproduktion
	Reproduktion	
- intravenös		
- intraperitoneal	Teratogenität	
- intrazerebral		
Irritation	Mutagenität	
- dermal		
- Auge		
verzögerte Hypersensitivität		
Zellkultur (Viren)		
Genotoxizität (Toxine und andere Nebenprodukte)		

2.5. Sicherheitsmaßnahmen bei der industriellen Nutzung von rDNA-Mikroorganismen

Bei der industriellen Fermentation mit rDNA-Mikroorganismen kann auf langjährige Erfahrung mit Verfahren, die traditionelle Produktionsstämme nutzen, zurückgegriffen werden. Auch für traditionelle Verfahren müssen Probleme der Sterilführung von Fermentations- und Aufbereitungsprozessen, der Reduzierung von Aerosolbildungen, der Dekontamination von Abluft, Biomasse und Abwasser durch entsprechende Technologien gelöst werden. Eine Produktion mit lebenden Organismen sollte prinzipiell nach den "Good industrial large scale practice"-Regeln durchgeführt werden. Durch physikalische und biologische Sicherheitsmaßnahmen ist es möglich, entsprechend dem Gefahrenpotential eines rDNA-Mikroorganismus, seine Freisetzung aus einer biotechnischen Anlage und sein Überleben in der Umwelt auf ein Minimum zu reduzieren bzw. auszuschließen.

2.5.1. Physikalische Sicherheitsmaßnahmen

Physikalische Sicherheitsmaßnahmen umfassen alle technischen Möglichkeiten zur Hermetisierung der Fermentation und der Aufbereitungsprozesse einschließlich einer Dekontamination von Abluft, Biomasse und Abwasser mit dem Ziel, eine Freisetzung des rDNA-Mikroorganismus aus der Produktionsanlage zu verhindern bzw. zu reduzieren. Lange vor der Nutzung von rDNA-Mikroorganismen wurden technische Lösungen für ein "physical containment" von Fermentationsanlagen entwickelt. Dem Gefährdungspotential des entsprechenden Produktionsstammes bzw. des hergestellten Produkts muß durch physikalische Sicherheitsmaßnahmen Rechnung getragen werden. Die physikalischen Sicherheitsmaßnahmen sind durch entsprechend sichere Arbeits- und Operationstechniken des Anlagenpersonals zu unterstützen (OECD, 1986).

2.5.2. Biologische Sicherheitsmaßnahmen

Die biologischen Sicherheitsmaßnahmen ("biological containment") zielen auf die Einschränkung der Fähigkeit des verwendeten Wirts-Vektor-Systems, unter Umweltbedingungen zu überleben und DNA zu übertragen. Solche natürlichen Barrieren können Auxotrophie, UV-Empfindlichkeit oder hohe Nährstoffansprüche des rDNA-

Mikroorganismus darstellen. Durch die Verwendung von nichtkonjugativen und schwer mobilisierbaren Vektorplasmiden ist es möglich, den Transfer von rekombinierter DNA und damit eine ungewünschte Verbreitung einzuschränken bzw. auszuschließen (OECD, 1986).
Eine neue Generation von Vektorplasmiden wird durch die Entwicklung von Genklonierungsvektoren mit Selektionsmarkern, die nicht auf der Resistenz gegen therapeutisch genutzte Antibiotika beruhen, sondern auf der Resistenz gegen Schwermetalle, Herbizide, gegen spezifische Hemmstoffe mikrobieller Enzyme, durch Transposon-Klonierungsvektoren oder den Einbau von Killergenen zur Verfügung stehen.
Mit einer verringerten Fähigkeit zum Überleben des rDNA-Produktionsstammes in der Umwelt nimmt auch das Risiko potentieller adverser Effekte in der Folge einer unbeabsichtigten Freisetzung aus der Fermentationsanlage ab.
Die Entwicklung von Wirts-Vektor-Systemen, die ein biologisches "Inschachhalten" von rDNA-Mikroorganismen in der Umwelt erlauben, ist daher eine wichtige Forderung an die Entwicklung von rDNA-Produktionsstämmen.

2.5.3. Konzept der "Good industrial large scale practice" (GILSP)

Das Gefahrenpotential von rDNA-Mikroorganismen kann analog zu traditionellen Produktionsstämmen beurteilt werden. Bei der industriellen Nutzung von Produktionsstämmen mit einem niedrigen Risiko werden nur geringe Kontroll- und "Containment"-Maßnahmen erforderlich sein. Von einer Expertengruppe der OECD wurde daher vorgeschlagen, das Konzept der "Good industrial large scale practice" auch auf rDNA-Mikroorganismen, die auf geringem Kontrollniveau gehandhabt werden können, zu übertragen.
Kriterien, die die Anwendung von GILSP-Bedingungen auch für rDNA-Mikroorganismen erlauben, sind in Tabelle 2.3. zusammengefaßt.
Für die industrielle Nutzung von rDNA-Produktionsstämmen sind sichere Wirts-Vektor-Systeme, die ein relativ niedriges Kontrollniveau erfordern, nicht zuletzt auch aus wirtschaftlichen Gründen interessant.

Tab. 2.3.: Kriterien für rDNA-GILSP-Mikroorganismen (OECD, 1986):

- Wirtsorganismus:

- nicht pathogen
- keine gefährlichen Produkte
- lange sichere industrielle Nutzung
- eingebaute Umweltlimitierungen, die ein optimales Wachstum in der Produktionsanlage und ein begrenztes Überleben ohne unerwünschte Effekte in der Umwelt erlauben

- rDNA-Mikroorganismus:

- nicht pathogen
- so sicher in der indurstriellen Fermentationsanlage handhabbar wie der Wirtsorganismus mit einem begrenztem Überleben ohne unerwünschte Effekte in der Umwelt

- Vektor / Insert

- gut charakterisiert und frei von schädlichen Sequenzen
- nur soviel Fremd-DNA, wie zur Aufrechterhaltung der gewünschten Funktion notwendig ist; sollte die Stabilität unter Umweltbedingungen nicht erhöhen
- sollte keine Antibiotikaresistenzmarker auf Mikroorganismen übertragen, die diese unter natürlichen Bedingungen nicht erwerben können.

2.6. Zusammenfassung

Für die industrielle Nutzung von rDNA-Mikroorganismen ist die Strategie der Risikominimierung ein wichtiger Grundsatz. Diesem Anliegen wird vorrangig durch die Verwendung von sicheren Wirtsstämmen, sicheren Vektoren und technischen Sicherheitsmaßnahmen (physical containment) Rechnung getragen. Als Sicherheitswirte kommen vor allem traditionell genutzte, allgemein als sicher geltende Produktionsstämme (sog. GRAS - generally recognized as safe - Mikroorganismen) infrage. Sicherheitsvektoren müssen gut charakterisiert und schwer transferabel sein. Sie dürfen keine Selektionsdeterminanten für therapeutisch genutzte Antibiotika besitzen (OECD, 1986). Durch die Verwendung von sicheren Wirts-Vektor-Systemen sollen das Überleben und der Gentransfer eingeschränkt (biological containment) und die Unbedenklichkeit der rDNA-Produktionsstämme für Mensch und Umwelt gesichert sein. Entsprechend dem erwarteten Gefahrenpotential des rDNA-Mikroorganismus und der durch ihn gebildeten Stoffwechselprodukte (basierend auf Literaturdaten, Pathogenitätstests, Verhalten in Modellökosystemen ⟶ Überleben, Vermehrung, Gentransfer) müssen physikalische Sicherheitsmaßnahmen realisiert werden. Produktionsbegleitend ist ein Umwelt-Monitoring und ein biologisches Monitoring zu fordern, um die Wirksamkeit der verwendeten biologischen und physikalischen Sicherheitsmaßnahmen zu kontrollieren.

2.7. Literatur

Acea, M. J. and Alexander, M., Soil Biol. Biochem. $\underline{20}$ (1988), 703.
Alexander, M.: Spread of organisms with novel genotypes. In: Biotechnoloy and the environment, risk and regulation, (Eds.: Teich, A. H., Levin, M. A., Pace, J. H.) Washington 1985, 115.
Backhaus, H., Dietz, A., Landsman, J., Niepold, F. und Wendt, K. Gentechnik und Sicherheit im Freiland, In: Biologische Sicherheit, Bundesministerium für Forschung und Technologie, Bonn 1988, 69.
Borriss, R., Manipulierte Natur ? Stand, Chancen und Risiken der Gentechnik in: Hefte aus Burgscheidungen Bd. 259.
Crane, S. R. and Moore, J. A.: Air Soil Poll. $\underline{27}$ (1986), 411.
Elsas, v., J. D., Dijkstra, A. F., Govaert, J. M. and v. Veen, J. A., FEMS Microbiol. Lett. $\underline{38}$ (1986), 151.
Flindt, M., Process Biochem. $\underline{8}$ (1978), 3.
Flint, K. P., J. Appl. Bacteriol. $\underline{63}$ (1987), 261.
Franklin, C. A. and Pervisich, N. J., Assessing human health risks of environmentally released, genetically engineered mi-

croorganisms, In: Safety assurance for environmental introductions of genetically engineered organisms, (Eds.: J. Fiksel, and V. T. Covello) NATO ASI Series vol. G18, Berlin, Heidelberg: Springer 1988, 55.

Hacker, J. and Goebel, W., Swiss Biotech 5 (1987), 21.

Harsanyi, Z., Biotechnology and the environment: An overview. In: Biotechnology and the environment, risk and regulation (Eds.: Teich, A. H. Levin, M. A., Pace, J. H.) Washington 1985, 15.

Kiss, T. Grainworth, A., Frei, R., Osterwalder, B.,'Tichelli, A., Speck, B., Schweiz. Rundsch. Med. Prax. 77 (1988), 1219.

Klingmüller, W., Risk assessment for deliberale releases. Berlin, Heidelberg: Springer 1988.

Lincoln, D. R., Fisher, E. S., Lampert, D. and Chaligny, M., Enzyme Microb. Technol. 7 (1985), 314.

Lorenz, M. G. and Wackernagel, W., Appl. Environ. Microbiol. 53 (1987), 2948.

Malina, L. I., Gig. Sanit. 11 (1988), 46.

McGarity, T. O., Legal and regulatory issues in biotechnology In: Biotechnology and environment, risk and regulation, (Eds.: Teich, A. H., Levin, M. A. and Pace, J. H.) Washington 1985, 137.

Mieschendahl, M., Frevert, J. und Kaufmann, R.: Aspekte der Sicherheitsproblematik in der Gentechnik. In: Biologische Sicherheit, Bundesministerium für Forschung und Technologie, Bonn 1988, 1.

OECD: Recombinant DNA safety consideration for industrial, agricultural and environmental applications of organisms derived by recombinant DNA-techniques. Commintee for scientific and technological policy, 1986.

Saye, D. J., Ogunseitan, O., Sayler, G. S. and Miller, R. V., Appl. Environ. Microbiol. 53 (1987), 987.

Smalla, K., Isemann, M., Levy, R. und Thriene, B., gesamte Hyg. 35 (1989), 475.

Stotzky, G. and Babich, H. Recomb. DNA Tech. Bull. 7 (1984), 163.

Stotzky, G. and Krasovsky, V. N.: Ecological factors that affect the survival, establishment, growth and genetic recombination in natural habitate, In: Molecular biology, pathogenicity and ecology of bacterial plasmids, (Eds.: Levy, S. B., Clowes, R.

C. and Koenig, E. L.) Plenum Publ. New York 1981, 31.

Strauss, H. S.: Biotechnology 5 (1987), 232.

Strauss, H. S., Haltis, D., Page, G., Harrison, K., Vogel, S. and Caldart, C.: Recomb. DNA Tech. Bull. 9 (1986), 69.

Travis, C. C. and Haltemer-Frey, H. A., Risk assessment strategies for biotechnology, In: Safety assurance for environmental introductions of genetically engineered organisms (Eds.: Fiksel, J. and Covello, V. T.) NATO ASI Series vol. G 18, Berlin, Heidelberg: Springer 1988

Trevors, J. T., Barkay, T. and Bourguin, A. W., Can. J. Microbiol. 33 (1987), 191.

Walter, M. V., Barbour, K., McDowell, M. and Seidler, R. J., Curr. Microbiol. 15 (1987), 193.

3. Charakterisierung des Wirt-Vektor-Systems

F. Laplace

3.1. Einleitung

Mit Hilfe der Gentechnik können heute sehr viele Wirkstoffe kostengünstig in großem Maßstab produziert werden, die früher nur mit großem Aufwand und in geringen Mengen isoliert werden konnten. Bekannte Beispiel für solche Produkte sind Insulin, Wachstumshormon, Gewebe-Plasminogen-Aktivator und Urokinase. Zu ihrer Herstellung werden sowohl Mikroorganismen als auch Insekten oder Säugerzellen eingesetzt.
Zu den drei Elementen, die im einfachsten Fall zur Etablierung eines solchen Systems erforderlich sind, das in der Lage ist, Fremd-Proteine zu synthetisieren, gehören das Wirtssystem, der Vektor und das zu exprimierende Gen.

3.2. Wirtssysteme

Als Wirtssysteme werden vor allem verschiedene Bakterienstämme benutzt. Dazu gehören eine große Zahl von Varianten des Rezipientenstammes Escherichia coli K12 (Curtiss, 1978), die in vielen für die Pathogenität notwendigen Eigenschaften defekt sind. Diesen Stämmen fehlen z.B. das K-Oberflächenantigen, Fimbrien zur Anheftung an Epithelzellen und Teile der Lipopolysaccharidseitenkette mit dem O-Antigen.
Die Gene, welche für diese Pathogenitätsfaktoren codieren, sind an sehr unterschiedlichen Stellen des E. coli K12-Chromosoms lokalisiert. Aus diesen Gründen ist es auch sehr unwahrscheinlich, daß durch Rekombinationsereignisse bzw. durch das Hinzufügen eines einzelnen neuen Gens die Pathogenität dieses Stammes restauriert wird. Die genannten Mutationen bewirken, daß E. coli K12 nicht in der Lage ist, den menschlichen Darm zu besiedeln (Levy et al., 1978), und damit als risokoarmer Wirtsorganismus zu betrachten ist.

Weitere bekannte Bakterien, die zur Herstellung biologisch aktiver Wirkstoffe benutzt werden, sind Pseudomonas putida, ein apathogenes Bodenbakterium, Bacillus subtilis, ein gram-positiver Organismus, der sich dadurch auszeichnet, daß er zum Export der Fremd-Proteine aus der Zelle befähigt ist und keine Endotoxine bildet, sowie Streptococcus lactis, Vertreter der N-Streptokokken, die als normale, mithin apathogene Begleitflora der Milch sehr interessante und unbedenkliche Wirtsorganismen darstellen.

Stabile Protoblastentyp L-Formen gram-negativer und gram-positiver Bakterien sind in jüngster Zeit als neue Wirte zur Synthese von Interferon genutzt worden (Laplace et al., 1989). Sie sind als potentielle Sicherheitswirte für die Biotechnologie unter anderem deshalb von Interesse, weil ihr Überleben aufgrund ihres Protoblasten-Status außerhalb des Fermenters nahezu ausgeschlossen ist.

Neben Bakterien werden auch Hefen zur Herstellung von Arzneimitteln genutzt. Vor allem die Bäckerhefe (Saccharomyces cerevisiae) ist als apathogener Organismus unter sicherheitstechnischen Aspekten von Bedeutung, weil sie in der Lebensmittelproduktion seit Jahrhunderten genutzt wird. Hefen sind auch aus einem anderen Grund für die Biotechnologie interessant: im Gegensatz zu Bakterien sind sie in der Lage, die synthetisierten Proteine zu glykosylieren.

Die Verwendung eukaryotischer Zellinien zur Synthese von Fremdproteinen erfordert einen erhöhten technologischen Aufwand. Die sicherheitstechnischen Aspekte berühren dabei z.B. solche Fragen wie den Nachweis der Reinheit einer Zellinie und den Ausschluß bakterieller Kontaminationen bzw. Virusinfektionen. Von Vorteil ist dabei stets die Verwendung etablierter, gut charakterisierter Säugerzellkulturen, bei denen im Gegensatz zu Primärkulturen das Risiko einer vorliegenden Infektion außerordentlich gering ist.

Die allgemeinen Anforderungen an mikrobielle Wirtssysteme ergeben sich zusammengefaßt aus spezifischen Risikofaktoren, die beim Umgang mit Mikroorganismen in der Biotechnologie auftreten. Dazu gehören u.a. die Tatsachen, daß Stämme selbst pathogen sein können, daß während des technologischen Prozesses eine Kontamination durch pathogene Organismen erfolgen bzw. eine geno- und phänotypische Veränderung des Wirtes eintreten kann. Deshalb sind

Wirtszellen bezüglich ihrer Herkunft exakt zu beschreiben und ihre phäno- und genotypischen Marker zu charakterisieren und während des gesamten technologischen Prozesses auf Unveränderlichkeit zu kontrollieren. Anzustreben ist in der Zukunft der Einsatz solcher Organismen, die z.B. als natürliche Begleitflora von Lebensmitteln auftreten. Dies würde den Grad der biologischen Sicherheit des Wirtssystems günstig beeinflussen.

3.3. Vektor und Fremdgen

Als Vektoren für bakterielle Expressionssysteme werden in der Hauptsache Plasmide verwendet. Grundanforderungen an diese Plasmide sind eine definierte Wirtsspezifität und eine möglichst geringe Wahrscheinlichkeit des Gentransfers auf andere Organismen.
Die für E. coli K12-Stämme benutzten Vektoren sind dabei vor allem Abkömmlinge des ColE1 Plasmids (z.B. pBR322). Die Nukleotidsequenz dieser Vektoren ist vollständig aufgeklärt. Sie codieren neben den für die Erhaltung des Vektors selbst erforderlichen Genprodukten für Resistenz gegen verschiedene Antibiotika (z.B. Ampicillin und Tetracyclin). Diese Plasmide sind nichtkonjugierbare und nichtmobilisierbare Vektoren, so daß eine Übertragung auf andere Bakterien sehr unwahrscheinlich ist. Dies wurde durch in-vivo-Experimente bestätigt (Knoke und Bernhardt, 1986). Da eine Übertragung dieser Plasmide theoretisch jedoch nie ganz ausgeschlossen werden kann und damit die Frage des Transfers der entsprechenden Antibiotikaresistenzen steht, ist die Konstruktion sogenannter "Sicherheitsvektoren" eine Frage von praktischer Relevanz.
Solche Sicherheitsvektoren könnten z.B. mit Resistenzen gegen Antibiotika ausgestattet sein, die klinisch nicht eingesetzt werden. Eine andere Möglichkeit wäre, generell auf solche Resistenzgene zu verzichten und metabolische Markergene auf diesen Plasmiden zu lokalisieren, die auxotrophe Defekte entsprechender Wirtsstämme (die speziell für solche Plasmide entwickelt werden müßten) kompensieren. In eukaryotischen Expressionssystemen werden neben separat replizierenden Vektoren vom Plasmid-Typ auch

integrative Vektoren benutzt, deren Einsatz zur Insertion des zu exprimierenden Gens in das Wirtschromosom führt. In diesen Fällen ist eine Identifizierung der Insertionsorte des Gens im Chromosom erforderlich.
Zur Expression des Fremdgens sind Expressions- und (bei gewünschter Sekretion des Genproduktes) Sekretionskontrollsignale notwendig. Die DNA-Sequenz dieser Signale muß bekannt sein, um z.B. Übereinstimmung zwischen DNA-Sequenz und Aminosäuresequenz des exprimierten Proteins feststellen zu können. Die Position dieser Signale und des mit ihnen fusionierten Gens auf dem Vektor muß durch Restriktionsanalyse und gegebenenfalls durch Sequenzierung definiert sein.

Das zu exprimierende Gen selbst ist zu charakterisieren hinsichtlich seiner Herkunft (cDNA, genomische DNA, synthetische DNA) und seiner vollständigen DNA-Sequenz. Erforderlich ist eine Dokumentation des Klonierungsschemas. Wird mRNA aus malignen Zellen zur Herstellung von cDNA isoliert, dann ist ein Identitätsnachweis zwischen dieser mRNA und der komplementären mRNA aus normalen Zellen zu führen.

3.4. Wirt-Vektor-System

Nach der Bestätigung durch die vom Gesetzgeber festgelegte zuständige Einrichtung kann das konstruierte Wirt-Vektor-System zur Synthese des Fremdproteins eingesetzt werden. Während des gesamten technologischen Prozesses ist das System auf Stabilität hinsichtlich seiner phäno- und genotypischen Eigenschaften zu testen. Die Stabilität des Vektors und sein extrachromosomaler oder integrierter Status sowie die Kopiezahl sind auf ihre Unveränderlichkeit zu überprüfen.
Von Vorteil für die Plasmidstabilität in bakteriellen Wirten kann dabei das Vorhandensein von Genen auf diesen Vektoren sein, deren Genprodukte eine "Selbststabilisierung" der Plasmide herbeiführen, so daß auf einen Selektionsdruck während der Fermentation verzichtet werden kann (Gerdes, 1988).
Erforderlich ist weiterhin eine Charakterisierung der Proteinsynthese selbst, bei der es vor allem auf die zu erwartende Se-

quenz des Proteins (authentisches Protein, Fusionsprotein) sowie um seine Lokalisation (intrazellulär, periplasmatisch, extrazellulär) ankommt.
Auch die Steuerung der Genexpression (konstitutiv, induzierbar) sowie der Nachweis des Ausschlusses der Expression unerwünschter Genprodukte bedürfen eines eindeutigen Beleges.
Die Risiken, die von einer unbeabsichtigten Freisetzung von Wirt—Vektor-Systemen ausgehen, müssen für jedes Expressionsystem gesondert abgeschätzt werden, da das Verhalten eines freigesetzten Mikroorganismus bezüglich seiner Überlebens- und Vermehrungsfähigkeit nur schwer vorhersagbar ist. Untersuchungen des Transfers von DNA freigesetzter Mikroorganismen auf andere Organismen führen zu der Aussage, daß beim Einsatz von Sicherheitswirten und Sicherheitsvektoren dieses Risiko außerordentlich gering ist. Generelle Aussagen hierzu sind jedoch nur unter Berücksichtigung der im konkreten Fall eingesetzen Komponenten "Gen-Vektor-Wirt" sowie des betroffenen Ökosystems möglich (Levin und Harvell, 1986; Morrlock, 1986).
Allgemein gilt, daß einem erhöhten biologischen Risiko durch verbesserte physikalische Sicherheitsmaßnahmen begegnet werden muß. Erst die Optimierung beider containments führt zu maximal möglicher Sicherheit beim Umgang mit Wirt-Vektor-Systemen.

3.5. Literatur

Curtiss, R.J., Infect. Dis. <u>137</u> (1978), 668-675.

Gerdes, K., Biotechnology <u>6</u> (1988), 1402-1405.

Knoke, M., und Bernhardt, H., Mikroökologie des Menschen: Mikroflora bei Gesunden und Kranken. Weinheim: VCH, 1986.

Laplace, F., Egerer, R., Müller, J., Kraft, R., Kostka, R., Gumpert, J. und Malke, H., FEMS Microbiol. Lett. <u>59</u> (1989), 59-64.

Levin, S. und Harvell, M.A., Environm. Managem. <u>10</u> (1986), 495-513.

Levy, S.B., Sullivan, N. und Gorbach, S.L., Nature <u>274</u> (1978), 395-396.

Morrlock, R., Trends Biotechnol. <u>4</u> (1986), 65-68.

4. Hochproduktivitäts-Fermentationen mit Escherichia coli zur Herstellung von rDNA-Produkten

W.-A. Knorre

4.1. Entwicklung und Markteinführung von rDNA-Produkten

Seit der ersten erfolgreichen Expression von in vitro rekombiniertem genetischen Material in E. coli im Jahre 1973 (Cohen et al.) sind zahlreiche eukaryotische Gene, die für Proteine mit potentieller therapeutischer Bedeutung codieren, in Mikroorganismen kloniert worden. Im Prinzip ist jedes gewünschte Protein in den benötigten therapeutischen Mengen herstellbar. Während noch vor 5 Jahren die Zelldichten bei Fermentationen mit E. coli bei ca. 10 g/l und die Expressionshöhen bei ca. 1-10 mg/l Kulturlösung lagen, stehen jetzt Hochproduktivitäts-Fermentationen zur Verfügung, mit denen Zelldichten bis zu 100 g Bakterientrockenmasse/pro Liter und Konzentrationen von rDNA-Produkten von 100 mg bis zu einigen Gramm pro Liter erreicht werden können. Wenn man für eine tägliche therapeutische Dosis 100 µg ansetzt, und eine Ausbeute bei der Aufbearbeitung von 10 % zugrunde legt, so können aus einem Liter Kulturlösung bis zu 1000 therapeutische Dosen gewonnen werden. Mit einem 100 l Fermentor kann dann pro Fermentationslauf eine Wirkstoffmenge gewonnen werden, die für 100.000 therapeutische Dosen ausreicht.

Diese neuen Möglichkeiten haben sehr viele Gentechnikfirmen veranlaßt, Verfahrensentwicklungen für rDNA-Produkte zu beginnen. Die Entwicklungszeiten von der Klonierung bis zur Markteinführung betragen 4-6 Jahre und die Kosten werden auf 100-200 Millionen Dollar beziffert. Von diesen Kosten entfallen etwa 1 % auf die gentechnischen Arbeiten, etwa ein Viertel auf die biotechnologische Verfahrensentwicklung und drei Viertel für die Produktentwicklung, das heißt Pharmakologie, Toxikologie, klinische Prüfung, Marketing etc. Da bisher keine der Firmen die hohen Forschungs- und Entwicklungskosten über die Gewinne bei den Verkäufen der rDNA-Produkte wieder hereingeholt hat, wird der weitere Erfolg der rDNA-Produkte als Therapeutika in starkem Maße von ökonomischen Faktoren beeinflußt werden. Hochproduktivitäts-Fermentationen mit Mikroorganismen stellen dafür eine notwendige, aber noch keine hinreichende Voraussetzung dar.

4.2. Escherichia coli als Wirtsorganismus

Die Übertragung der neuen gentechnischen Möglichkeiten vom Labormaßstab in den Produktionsmaßstab erfordert die frühzeitige Festlegung eines Wirts-Vektor-Systems. Bisher wurden für die meisten Klonierungen als Mikroorganismen E. coli, Bacillus subtilis und Hefen eingesetzt. Mit der weiteren Entwicklung der Gentechnik werden auch Streptomyceten und filamentöse Pilze als Wirtsorganismen interessant. Die Auswahl des Wirtsorganismus kann über den späteren Erfolg entscheiden. Bei der Kürze der Entwicklungszeiten besteht im Verlauf der Verfahrensentwicklung kaum noch die Möglichkeit des Wechsels des Wirtes. Daher sollten bei der Auswahl des Wirtsorganismus folgende Faktoren berücksichtigt werden: Die Art und die geplante Anwendung des gewünschten Produktes, die gesetzlichen Regelungen für seine Zulassung, die technologische Realisierbarkeit und die Anpaßbarkeit an vorhandene Anlagen/Prozesse sowie die praktischen und ökonomischen Konsequenzen für die Aufarbeitung.

4.2.1. Kriterien für die Wahl von Escherichia coli

Wenn man Anforderungen in der Tabelle 4.1. mit den Nachteilen von E. coli in der Tabelle 4.2. vergleicht, so könnte man auf den ersten Blick meinen, daß E. coli nicht die zentrale Rolle spielen sollte, die dieser Wirtsorganismus gegenwärtig spielt. Dies ist vor allem auf die Tatsache zurückzuführen, daß E. coli seit Jahrzehnten das "Haustier" der Molekularbiologen ist und ein umfangreiches Grundlagenwissen zur Verfügung steht. Darüber hinaus besitzt E. coli als Wirt einige weitere Vorteile, die seine gegenwärtige Rolle in der Praxis begründen (Tab. 4.3.).
Durch zahlreiche Untersuchungen konnte bestätigt werden, daß industriell eingesetzte E. coli-Stämme, z.B. K12 Abkömmlinge,

nicht pathogen sind. Die etablierten Aufarbeitungsverfahren ermöglichen inzwischen auch eine effektive Aufarbeitung von inclusion bodies sowie eine Entfernung der Endotoxine. Es wurden Hochleistungs-Fermentationsverfahren entwickelt, die bis zu 100 g Trockenmasse pro Liter und mehr als 1 g rDNA-Produkt pro Liter liefern. Da nach der Produktzulassung keine Verfahrensänderung mehr vorgenommen werden darf, ist es unwahrscheinlich, daß die zentrale Rolle von E. coli als Wirt für rDNA-Produkte schnell durch andere Wirte abgelöst wird. Ausnahmen davon können Produkte sein, deren Marktwert keine extensive Reinigung erlaubt, zum Beispiel Alpha-Amylasen, Produkte, welche posttranslationale Modifikationen, wie zum Beispiel Glykosilierungen erfordern, und Produkte, die für die Nahrungsmittelindustrie bestimmt sind. Trotzdem hat eine Firma Ende 1987 bei der FDA eine Zulassung für ein mit E. coli produziertes Chymosin beantragt.
E. coli steht weiterhin im Zentrum der molekularbiologischen und gentechnischen Grundlagenforschung, u.a. werden Methoden für eine Ausschleusung von Proteinen ins Medium entwickelt. Daher ist anzunehmen, daß E. coli auch künftig eine wichtige Rolle in der Biotechnologie spielen wird.

Tab. 4.1.: Kriterien für die Wahl des Wirtsorganismus
(nach Cannon, 1985)

- Akzeptierbarkeit durch den Gesetzgeber
- Biologische Sicherheit
- Stabilität des rekombinierten Gens
- Erreichbare Produktkonzentration
- Lokalisation des Produktes in der Zelle
- Notwendigkeit posttranslationaler Modifikationen
- Technische Handhabbarkeit
- Raum-Zeit-Ausbeute der Fermentation und Fermentationskosten
- Effektive Aufarbeitung
- Kompatibilität zu vorhandenen Prozessen/Anlagen

Tab. 4.2.: E. coli als Wirtsorganismus (nach Cannon, 1985)

Vorteile	Nachteile
• Es ist das Modellsystem der Molekularbiologen und Gentechniker • Die Genetik und die Faktoren, die die Expression beeinflussen, sind gut untersucht • Die Vektoren sowie die eingebauten Fremdgene sind stabil • Hohe Wachstumsgeschwindigkeit in Submerskultur • Leichte Sterilisierbarkeit, keine speziellen Kontaminationsprobleme • Biologisches Containment ist gut dokumentiert	• Nicht apathogen • Potentielle Quelle von Pyrogenen • Eingeschränkte Anwendbarkeit, z.B. nicht in der Lebensmittelindustrie • Gehört nicht zu den Organismen der GRAS-Liste (GRAS - generally recognized as save) • Die Proteine werden nicht in das Medium sezerniert und weisen eine zusätzliche Aminosäure (Methionin) auf. • Relativ wenig industrielle Erfahrung bei der Fermentation • Proteine tendieren zur Bildung von inclusion bodies • Keine Glykosilierung. Probleme bei der korrekten Faltung, wenn viele Disulfidbrücken vorhanden sind.

Tab. 4.3.: E. coli in der gegenwärtigen Praxis (Gannon, 1985)

- Die Fermentation mit hohen Zelldichten bis zu 100 mg/l wird im technischen Maßstab beherrscht
- Es existieren hochempfindliche Nachweismethoden für Pyrogene
  Es existieren gut ausgearbeitete Reinigungsverfahren für lösliche Proteine und auch für inclusion bodies
- Höhere Raum-Zeit-Ausbeuten als bei anderen Wirtsorganismen
- Die Zulassung einer Reihe von Produkten ist bereits erfolgt
- Es wurden apathogene Industriestämme selekiert.

4.2.2. Faktoren, die die Expression in Escherichia coli beeinflussen

Die Faktoren, die die Expression von homologen und heterologen Genen beeinflussen, sind auf der molekularen Ebene gut untersucht (Glick und Whitney, 1987). Einige wichtige Faktoren sind in der Tabelle 4.4. aufgelistet. Ein bedeutender Fortschritt zur Optimierung der Expression konnte durch die Konstruktion spezieller

Tab. 4.4.: Faktoren, die die Expression von Fremdgenen in E. coli beeinflussen

- Stärke des Transkriptionspromotors
- Stärke des Ribosomenbindungsortes
- Stabilität des klonierten Proteins in E. coli
- Lokalisierung des Proteins in der Zelle
- Codonhäufigkeit des Fremdgens im Vergleich zur normalen Codonhäufigkeit in E. coli
- Anzahl der Kopien des Fremdgens
- Stabilität des Fremdgens
- Fermentationskinetik

Expressionsvektoren erreicht werden, in welchen die Fremdgene mit regulatorischen Sequenzen für eine effektive Transkription und Translation verknüpft sind. Da die Proteinsynthese wesentlich für das Zellwachstum ist, ist die Bildung der Fremdproteine gewöhnlich wachstumsgekoppelt. E. coli kann in Abhängigkeit von der speziellen Art des Genproduktes unterschiedlich auf die Bildung der Fremdproteine reagieren:

- normale Wachstumskinetik, keine Inhibition durch das Fremdprotein
- normale Wachstumskinetik, niedrige Konzentration des Fremdproteins durch Proteolyse
- Inhibition des Wachstums durch das Fremdprotein
- Überproduktion des Fremdproteins in Form unlöslicher Aggregate (inclusion bodies) im Zytoplasma, Hemmung der Zellteilung.

Hohe Ausbeuten an rDNA-Produkten können daher mit induzierbaren Promotoren erreicht werden. Man läßt E. coli zu hohen Zelldichten wachsen und schaltet erst dann durch chemische Induktoren oder durch Temperaturshift die Proteinsynthese ein.

Durch chemisch synthetisierte Gene kann die Codonhäufigkeit optimal an den Wirtsorganismus angepaßt werden. Trotzdem ist es bis heute nicht möglich, Vorhersagen über die Expressionshöhe bei einer bestimmten gentechnischen Konstruktion zu machen. Die Expressionshöhe kann von zahlreichen weiteren Faktoren in starkem Maße beeinflußt werden. So publizierten beispielsweise Curry und Tomich (1988), daß der Abstand zwischen der Shine-Dalgarno Sequenz und dem Initiationscodon ATG mit 7-10 Nukleotiden optimal für die Initiation der Translation ist, daß aber durch kleine Modifikationen dieser Region die Expression eines bestimmten Gens um den Faktor 1000 beeinflußt werden kann. Ein weiterer Faktor von praktischer Bedeutung ist die Fermentationstemperatur; wie von Schein und Noleborn (1988) gezeigt wurde, beeinflußt die Fermentationstemperatur den Anteil des löslichen rekombinanten Proteins in der Zelle.

4.2.3 Überproduktion von Proteinen in Escherichia coli

Durch die Anwendung von anschaltbaren starken Promotoren und

Plasmiden mit hoher Kopiezahl können die Produkte der klonierten Fremdgene bis zu 50 % des gesamten Zellproteins akkumulieren. So kann z.B. Rinderwachstumshormon bis zu 30 % des E. coli-Proteins erreichen (Schoner et al., 1985). Dieses hohe Expressionsniveau führt zur Bildung cytoplasmatischer Granula, die im Phasenkontrastmikroskop sichtbar werden. Wenn die E. coli-Kultur bei 25 °C wächst, wird kein Rinderwachstumshormon gebildet. Durch einen Temperaturshift bilden sich abnormal verlängerte Zellen mit vielen lichtbrechenden inclusion bodies. Die Autoren benutzten ein thermoinduzierbares runaway-Plasmid, dessen Kopiezahl durch den Temperaturshift von 25 °C auf 37 °C von 10 Kopien von jeder Zelle auf über 1000 Kopien pro Zelle anwächst.

Es ist eine Vielzahl von Arbeiten mit hochexpremierten Proteinen in E. coli publiziert worden. Die meisten Arbeiten wurden jedoch nur im Schüttelkolben durchgeführt. Nur wenige Arbeiten im Laborfermentormaßstab sind publiziert worden. Burnette et al. untersuchten 1988 die Expression der Untereinheiten des Keuchhustentoxins. Die Autoren fanden, daß im Unterschied zum Schüttelkolben nur bei der Fermentation im Laborfermentor das reife Protein gebildet wurde. Die Expressionshöhen lagen zwischen 10 und 30 %, wobei aus unbekannten Gründen für bestimmte Untereinheiten überhaupt keine Expression gefunden wurde.

4.3. Hochproduktivitäts-Fermentationen

Die Fermentation ist die Schlüsseltechnologie für die Massenproduktion von Mikroorganismen und mikrobiellen Produkten in Bioreaktoren. Drei grundsätzliche Operationsweisen werden angewendet. Die reine batch-Fermentation, die kontinuierliche Fermentation und die fed-batch-Fermentation. Die Ziele für die Entwicklung von Hochproduktivitäts-Fermentationen sind:
- hohe volumetrische Produktivität durch hohe Zelldichte
- hohe Produktkonzentration
- Hoher Konversionsgrad vom Substrat in das Produkt
- hohe Ausbeute bei der Aufarbeitung und Reinigung
- niedrige Material- und Betriebskosten

Um eine hohe Zelldichte in reinen batch-Fermentationen zu erreichen, wäre eine entsprechend hohe Anfangskonzentration der Nährstoffe erforderlich. Dies kann zu Schwierigkeiten führen, sowohl hinsichtlich der Löslichkeit als auch durch Substratinhibitionen. Daher werden Fermentationen mit hoher Zelldichte durch fed-batch-Prozesse realisiert. Dabei werden bestimmte Substrate nach vorgegebenen Profilen oder in Abhängigkeit vom aktuellen Stand der Kultur zudosiert. Häufig wird die Gelöstsauerstoff-Konzentration dabei als Regelgröße genutzt. Die Vorteile von Fermentationen mit hohen Zelldichten sind:
- Reduzierte Fermentorgröße
- Reduktion der Volumina der zu sterilisierenden Nährlösungen sowie der Abfallvolumina
- Hohe Produktkonzentration in der Kulturlösung
- Reduzierte Volumina in der Aufarbeitung
- Verbesserte Ausbeuten bei der Reinigung
- Reduzierung der Betriebs- und Herstellungskosten.

In Schüttelkolben werden gewöhnlich Zelldichten in der Größenordnung von 1 - 2 g/l Trockenmasse erreicht. In Fermentoren sind die Zelldichten beträchtlich höher und erreichen etwa 10 g/l. Diese erhöhten Zelldichten sind vor allem auf die Steuerung der verschiedenen wachstumsbeeinflussenden Faktoren wie pH, pO_2 zurückzuführen. Wenn die Zufütterung von Substraten, der pH-Wert und andere Größen optimal geregelt werden, so tritt eine Begrenzung der Zelldichte bei etwa 10 g/l Trockenmasse ein, die durch den maximalen Sauerstoffeintrag bedingt ist.

4.3.1. Experimentelle Ergebnisse mit nichtrekombinantem Escherichia coli

Grundlegende Untersuchungen zum Wachstum von E. coli zu hohen Biomassen wurden im Zeitraum von 1974 - 1981 (Bauer und Shiloach, 1974; Shiloach und Bauer, 1975; Bauer und Ziv, 1976; Bauer und White, 1976; Gleiser und Bauer, 1981) publiziert. Beispielsweise konnten Bauer und White (1976) in einem Pilotfermentor durch

Begasung mit reinem Sauerstoff und schrittweiser Temperaturabsenkung von 35 °C auf 19 °C 47 g E. coli-Trockenmasse/l erreichen. Die Produktivität betrug 3,6 g/l/h. Inzwischen wurden Ergebnisse mit 85 - 95 g E. coli-Trockenmasse bei Produktivität von 8,5 - 9,5 g/l/h mitgeteilt.

4.3.2. Experimentelle Ergebnisse mit rekombinantem Escherichia coli

Experimentelle Ergebnisse zur halbtechnischen Fermentation mit rekombinierten E. coli zur Gewinnung von rDNA-Produkten sind bisher in der Literatur aus kommerziellen Gründen nur spärlich publiziert. Eine der ersten Arbeiten von Fieschko und Ritch (1986) behandelt die Herstellung von humanem alpha-consensus-Interferon mit einem definierten Medium in einem Pilotfermentor. Mit einem temperatursensitiven Multikopieplasmid unter lambda-Promotor-Kontrolle und einem vollständig chemisch synthetisierten Gen mit optimaler Codon-Häufigkeit wurden Interferon-Konzentrationen von 5,5 g/l bei einer Biomasse von 78 g/l in 60 Stunden Fermentationszeit erreicht. Die Abbildung 4.1. zeigt den Verlauf der Glukose, der Biomasse und des Interferons nach dem Temperaturshift, der den Promotor anschaltet.

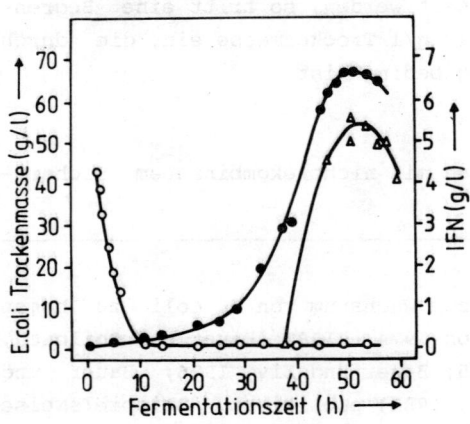

Abb. 4.1.:
Fed batch-Fermentation eines rekombinanten E. coli mit der Bildung von alpha consensus Interferon.
(Fieschko und Ritch, 1986)

Es wurden Expressionshöhen von etwa 8 % der E. coli-Trockenmasse in einem 16 l Fermentor mit einer normalen Ausrüstung ohne Sauerstoffbegasung erreicht.
Die Abbildung 4.2. zeigt Ergebnisse von Riesenberg et al. (1989). In einem 30 l Pilotfermentor wurden in 24 Stunden E. coli-Trokkenmassen von 60 g/l und Interferon alpha 1-Konzentrationen von 200 mg/l erreicht.

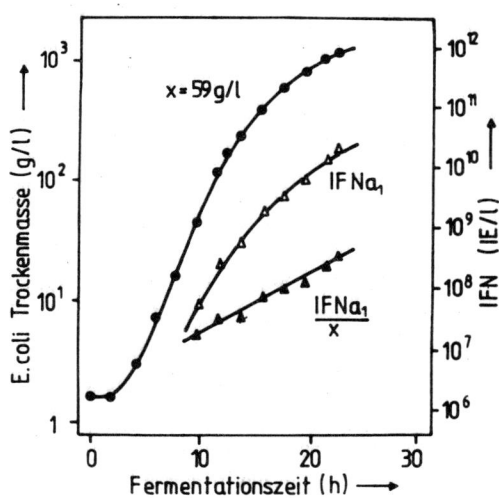

Abb. 4.2.: Fed batch-Fermentation eines rekombinanten E. coli mit der Bildung von Interferon alpha 1. (Riesenberg et al., 1989)

4.4. Zusammenfassung

Aus den bisher publizierten Resultaten lassen sich für Hochproduktivitäts-Fermentation mit E. coli folgende Regeln ableiten:
- Verwendung definerter Medien
- Dosierung von Glukose, Ammonium und Hefeextrakt nach einem speziellen Regime
- Realisierung von Profilen für die spezifische Wachstumsrate, die sowohl das Einhalten von Grenzwerten für den pO_2 als auch

die Unterdrückung der Bildung von Azetat und anderen unerwünschten Fermentationsprodukten gewährleisten.
- Ermittlung der optimalen Werte für die spezifische Produktbildungsrate mittels Chemostaten-Versuche.

4.5. Literatur

Bauer, S. and Shiloach, J., Biotechnol. Bioeng. 16 (1974), 933-941.

Bauer, S. and Ziv, E., Biotechnol. Bioeng. 18 (1976), 81-94.

Bauer, S. and White, M.D., Biotechnol. Bioeng. 18 (1976), 839-846.

Burnette, W.N., Mar, V.L., Cieplak, W., Morris, C.F., Kaliot, K.T., Marchitto, K.S., Sachdev, R.K., Locht, C. and Keith J.M., Biotechnology 6 (1988), 699-706.

Cohen, S.N., Chang, A.C.Y., Boyer, H.W., and Helling, R.B., Proc. Nat. Acad. Sci. USA 70 (1973), 3240-3244.

Curry, K.A. and Tomich, C.-S.C., DNA 7 (1988), 173-179.

Fieschko, J. and Ritch, T., Chem. Eng. Commun. 45 (1986), 229-240.

Gannon, F., The choice of host organisms for industrial genetic engineering use. Therapeutic agents produced by genetic engineering "Quo Vadis" Symposium, Sanofi Group, May 29-30, 1985, Toulouse-Labége, France.

Gleiser, I.E. and Bauer, S., Biotechnol. Bioeng. 23 (1981), 1015-1021.

Glick, B.R. and Whitney, G.K., J. Ind. Microbiol. 1 (1987), 277-282

Riesenberg, D., Behnke, D., Breitling, R. und Menzel, K.: persönliche Mitteilung (1989)

Schein, C.H. and Noleborn, M.H.M., Biotechnology 6 (1988), 291-294.

Schoner, R.G., Ellis, L.F. and Schoner, B.E., Biotechnology 3 (1985), 151-154.

Shiloach, J. and Bauer, S., Biotechnol. Bioeng. 17 (1975), 227-239.

5. Aufarbeitung und Reinigung von rDNA-Produkten

R. Wondraczek

5.1. Ziele und Probleme der Aufarbeitung und Reinigung rekombinanter Proteine

Die Gewinnung eines biologisch aktiven Proteins aus der Zellmasse oder dem zellfreien Überstand einer Kulturlösung einer Fermentation genetisch veränderter Mikroorganismen ist ein kritischer Teil des Gesamtprozesses. In ihm ist oft der größte Anteil der Produktionskosten gebunden.
Im Vergleich zu klassischen Produkten biotechnologischer Verfahren gibt es einige Besonderheiten, die die Strategie zur Isolierung von rDNA-Produkten beeinflussen:
- Die Konzentration des Zielproduktes in der Kulturlösung ist relativ niedrig (vgl. Tab. 5.1.). Dwyer (1984) führte beispielsweise eine Korrelationsanalyse von Produktpreis und Konzentration durch. Für den typischen Konzentrationsbereich von rDNA-Proteinen ist danach die Aufarbeitung dominant für die Verfahrenskosten.
- Das Zielprodukt selbst hat Eigenschaften, die seine Isolierung oft nicht einfach gestalten:
  - meist intrazelluläres Produkt, oft in Form unlöslicher Aggregate ("inclusion bodies" = IB's)
  - makromolekulare Spezies mit physikalisch-chemischen Eigenschaften, die denen der Hauptverunreinigungen sehr ähnlich sind
  - oftmals geringe Stabilität, d.h. schnelle Denaturierung durch Medienbedingungen und/oder proteolytischen Abbau
  - für systemische Anwendungen in der Humanmedizin sind extrem hohe Reinheiten gefordert.
- Es handelt sich um die Expression eines Wirkstoffes in einem Fremdorganismus, d.h. es ist die Frage der Authentizität des exprimierten Proteins mit dem unter natürlichen Bedingungen gebildeten zu klären:

- Die originären Codons sind nicht immer optimal für den Wirtsorganismus
- oft werden Fremdgene überexprimiert
- der Wirtsorganismus besitzt oft nicht den Enzymapparat, um wichtige co- und posttranslationale Modifizierungen vorzunehmen
- nicht-natürliche Syntheseumgebung führt manchmal zu strukturellen Änderungen im rDNA-Protein, die dessen Wirkungsweise deutlich verändern können
- Strukturen, die nicht-nativ exprimiert werden, sind nicht selten von Konsequenz für die Kompliziertheit der Aufarbeitung/Reinigung
- für jedes rDNA-Protein stellen sich außerordentlich hohe Anforderungen für den Nachweis der Produktreinheit und -identität.

- Die internationalen Richtlinien für die Verarbeitung genetisch manipulierter Organismen verlangen, daß kein lebender Organismus die Produktionseinheit verlassen darf. Konkret kann das erreicht werden durch:
  - biologische Inaktivierung nach beendigung der Fermentation noch im Bioreaktor
  - biologische Inaktivierung während der Primäraufarbeitung, z.B. durch Homogenisierung/Lyse der Zellmasse bei intrazellulären Produkten oder Sterilisiation der Zellmasse bei extrazellulären Wirkstoffen.

Beide Vorgehensweisen sind oft mit erheblichen Verlusten an biologischer Aktivität verbunden.

Insbesondere die geforderte Produktreinheit, die sich auf den Anteil biologisch aktiver Substanzen im Gesamtmaterial bezieht, hat großen Einfluß auf das Design der Aufarbeitungsstrategie. Insbesondere die Abwesenheit kritischer Verunreinigungen (Toxine, Immunogene, Pyrogene, Nukleinsäuren etc.) ist oft ausschlaggebend für die Festlegungen zur Produktreinheit. Höhere Anforderungen an die Produktreinheit sind generell mit geringen Ausbeuten und damit höheren spezifischen Kosten verbunden. Der optimale Aufarbeitungsprozeß erfüllt die speziellen Qualitätsanforderungen bei minimalen Produktionskosten.

Tab. 5.1.: Typische Konzentrationen von Fermentationsprodukten (nach Wang, 1987)

Produkt	Konzentration $/g \cdot l^{-1}/$	
	intrazellulär	extrazellulär
Antibiotika		25
Aminosäuren		100
Alkohole		100
organische Säuren		100
Enzyme		20
rDNA-Proteine[a]	$10^{[b]}$	

(a) unter der Annahme einer Zelldichte von 40 g/l bei 40 % Anteil des rDNA-Proteins am Gesamtprotein ("Überproduktionsstämme")
(b) unlösliche "inclusion bodies"

5.2. Methoden der Proteinreinigung

Das Problem der Produktisolierung besteht darin, ein spezielles Protein in seiner nativ wirksamen Konformation aus einer Vielzahl in ihren Eigenschaften sehr ähnlichen Makromolekülen abzutrennen. In einer E. coli-Zelle, dem bevorzugten Wirt für die Expression von rDNA-Proteinen, werden beispielsweise ca. 1000 Proteine, ca. 1000 RNA und weitere 500 Biopolymere (Lipide, Polysaccharide etc.) gebildet. Von sogenannten "Überproduktionsstämmen" abgesehen, beträgt der Anteil des Zielproduktes am Gesamtprotein 1 %. Es müssen demnach Reinigungsschemata erstellt werden, in deren Ergebnis Anreicherungsfaktoren von 100 - 10.000 stehen.
Das in Tabelle 5.2. dargestellte Schema zu Prinzipien der Proteinreinigung spiegelt allgemeine Vorgehensweisen wider, die für den konkreten Fall zu präzisieren wären.
Tabelle 5.3. summiert die wichtigsten Methoden zur Proteinreinigung und die ihnen zugrunde liegenden physikalischen Trennprinzipien. Zu Details ist die einschlägige Fachliteratur zu Rate zu ziehen, die hier nicht in vollem Umfang zitiert werden kann.

Tab. 5.2.: Allgemeines Schema zur Isolierung von rDNA-Proteinen aus Mikroorganismen

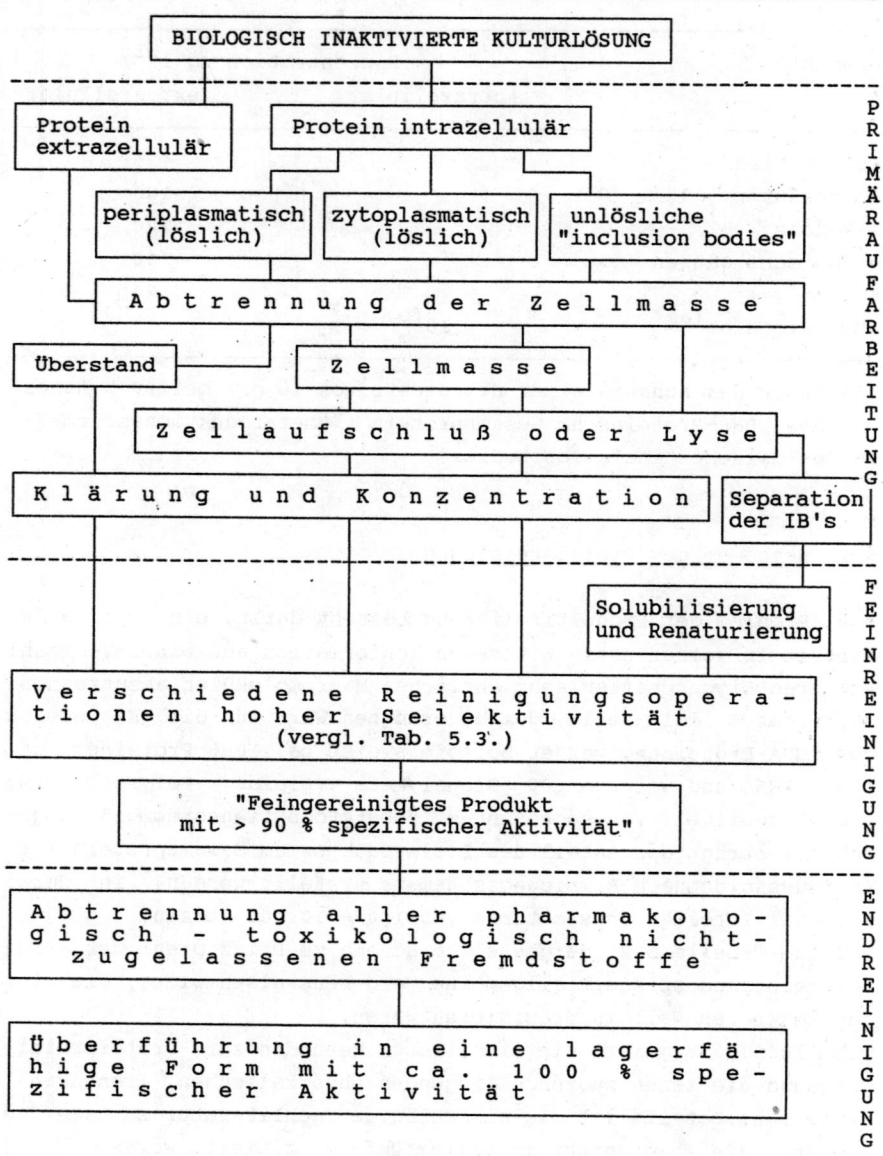

Wichtige Übersichten geben: Scopes (1982), Verall und Hudson (1987), Bungay und Belfort (1987), Wheelwright (1987), Bonnerjea et al. (1986), Marston (1986), Hill und Hirtenstein (1983). An dieser Stelle kann nur ein Überblick über die Methoden und ein Versuch der Wichtung für die einzelnen Verfahrensstufen gegeben werden. Während sich "Primäraufarbeitung" und "Feinreinigung" für rDNA-Proteine kaum von entsprechenden Vorgehensweisen bei natürlich gebildeten Enzymen unterscheiden, gewinnt iunsbesondere die "Endreinigung", d.h. die Aufarbeitung des Wirkstoffs entsprechend den Richtlinien für rDNA-Produkte, an entscheidender Bedeutung für das Verfahren.

Tab. 5.3.: Übersicht zu Methoden der Aufarbeitung und Reinigung von rDNA-Proteinen

Separations-technik	Physikalisches Trennprinzip	Anreicherung	Kapazität
CHROMATOGRAPHIE			
Ionenaustausch-	Ionenladung	5 (100)	hoch
Größenausschluß-	hydrodynamisches Volumen	5 (100)	niedrig
hydrophobe	Hydrophobizität	20 (100)	hoch
hydrophile	Hydrophilie	5 (20)	hoch
Chromatofokussierung	isoelektrischer Punkt	10 (100)	mittel
Adsorptions-	Oberflächeneigenschaften	20 (200)	mittel
Affinitätstechniken:			
- Metallionen	Koordination (Histidin)	20 (200)	mittel
- Thiophilie	Koordination (Cystein)	50 (200)	hoch
- Farbstoffe	spezifische Bindungen	50 (200)	hoch
- Substratanaloga	Bindungskonformation	100 (500)	hoch
- Immun-	Antigen-Antikörper Reaktion	100 (1000)	hoch
- Rezeptor-	native Proteinkonformation	1000 (10000)	hoch

(Fortsetzung Tab. 5.3.)

Separationstechnik	Physikalisches Trennprinzip	Anreicherung	Kapazität
ELEKTROKINETISCHE METHODEN			
Gelelektrophorese	hydrodynamisches Volumen	100 (500)	niedrig
Isoel. Fokussierung	isoelektrischer Punkt	50 (200)	mittel
Isotachophorese	Ionenbeweglichkeit	100 (1000)	niedrig
Autofokussierung	isoelektrischer Punkt	5 (50)	niedrig
freie Elektrophorese	Ionenbeweglichkeit	10 (1000)	hoch
MEMBRANVERMITTELTE PROZESSE			
Mikro/Ultrafiltration	hydrodynamisches Volumen	2 (10)	hoch
Elektrodialyse	Ionenbeweglichkeit	5 (10)	hoch
Reverse Osmose	hydrodynamisches Volumen	2 (10)	hoch
PHASENSEPARATIONSPROZESSE			
Sedimentation	Sedimentationsgeschwindigkeit	2 (5)	hoch
Zentrifugation	Dichte	2 (5)	hoch
Extraktion	Löslichkeit, Verteilung	5 (10)	hoch
Flokkulation	Oberflächeneigenschaften	2 (10)	hoch
fraktionierte Fällung	Löslichkeit	2 (50)	hoch
wässrige Zweiphasenverteilung	Verteilungskoeffizient	5 (300)	hoch

Anreicherungsfaktoren: erster Wert = Durchschnitt,
zweiter Wert = höchster Wert aus der Literatur

5.2.1. Primäraufarbeitung

Ziel der Primäraufarbeitung ist die Gewinnung einer angereicherten Wirkstoffsuspension aus der Kulturlösung bei entscheidender Volumen- und Massereduktion. Solte aus verfahrenstechnischen Gründen eine biologische Inaktivierung im Fermentor nicht möglich sein, muß diese während der Primäraufarbeitung erfolgen; d.h. letztere ist bis zur biologischen Inaktivierung im "geschlossenen System" unter Sterilbedingungen zu führen.
Die Abtrennung der Zellmasse erfolgt am häufigsten durch Zentrifugation bei 5000 - 15.000 g oder Tangential-Fluß-Filtration. Für intrazellulär gebildete Proteine schließt sich ein Zellaufschluß an:

- mechanischer Zellaufschluß (Hochdruckhomogenisation, Mahlen mit abrasiven Körpern, Ultraschallhomogenisation, Prallstrahlverfahren etc.)
- Zellyse (Enzymatischer Aufschluß, Aufschluß mit membranaktiven Substanzen oder chaotropen Reagentien, osmotischer Schock, wiederholtes Einfrieren/Auftauen).

Im Laborversuch vermag der Ultraschallaufschluß in Kombination mit enzymatischer Zellyse oft die besten Resultate zu liefern. Für großtechnische Anwendungen spielen jedoch Hochdruckhomogenisation und chemische Zellyse mittels hoher Harnstoff-(6-10M) oder Guanidinhydrochloridkonzentrationen (2-6M) unter Zugabe membranaktiver Substanzen (Triton X-100: 0.1 - 2.0 % v/v) die wichtigste Rolle. Verbesserungen im Aufschlußgrad werden oft durch Vorbehandlung mit Lysozym oder Schock-Gefrieren der Zellmasse erreicht. Zusätze von Redoxmitteln wie Mercaptoethanol oder Dithioerythritol zum Aufschlußpuffer dienen der "Entfaltung" von Aggregaten und der Verhinderung von Oxidationsprozessen durch Luftsauerstoff.
Die Entfernung der Zellbruchstücke, die "Klärung" der Suspension erfolgt wiederum durch hochtourige Zentrifugation (10.000 - 20.000 g). Eine echte Alternative zu den sehr teuren Ausrüstungen für die hochtourige Zentrifugation stellen Tangential-Fluß-Filtration, Elektrodialyse, Flokkulation und insbesondere die Verteilung in wässrigen Zweiphasensystemen dar. Letztere Methode

beruht auf den unterschiedlichen Verteilungskoeffizienten von Proteinen in durch Zusatz phasenunverträglicher Polymere (z.B. Polyethylenglykol und Dextran) erzeugten Zweiphasensystemen und bringt oft schon Anreicherungsfaktoren von 2 - 10 mit sich (Walter und Johansson, 1986; Kula 1987).
Durch Kaskaden-Schaltung von Micro- und Ultrafiltrationsmodulen in der Tangential-Fluß-Filtration können neben der Abtrennung der Zellreste ebenfalls schon Vorfraktionierungen mit Anreicherungsfaktoren von 10 erzielt werden.
Das nach Entfernung der Zellen/Zellreste erhaltene "Klarlysat" wird durch anschließende Konzentrationsschritte
- selektive Fällung (Zugabe von Salzen, pH-Änderungen, organische Lösungsmittel, Polyethylenimin und andere Flokkulanten)
- Ultra-/Diafiltration
- Verteilung in wässrigen Zweiphasensystemen

in eine Rohproduktsuspension überführt, die der sich anschließenden "Feinreinigung" unterworfen wird. Voraussetzung jedoch ist, daß durch die Primäraufarbeitung neben hoher Wirkstoffausbeute auch eine möglichst vollständige Eliminierung der Störfaktoren für die Feinreinigung (Trübstoffe, Nukleinsäure, Lipide, Bestandteile des Kulturmediums und Prozeßhilfsstoffe) stattgefunden hat.

5.2.2. Feinreinigung

Im Prozeß der Feinreinigung soll eine möglichst hoch angereicherte (= 90 %) Wirkstoffsuspension bei möglichst hoher Durchsatzrate gewonnen werden:
- geringe Anzahl hochselektiver Separationsschritte durch jeweilige Ausnutzung der maximalen Unterschiede der physikalischen Eigenschaften
- schnelle Volumenreduktion
- effektive Entfernung der die folgenden Schritte störenden Komponenten.

In Tabelle 5.3. ist eine Übersicht über die wichtigsten Separationstechniken gegeben. Die angeführten Bereiche erzielbarer Anreicherungsfaktoren sind Durchschnittwerte und können für konkrete Verfahren stark unterschiedlich sein.

Offenbar kommt den Affinitätstechniken besondere Bedeutung zu.
Die Vorteile liegen auf der Hand:
- hohe Anreicherungsfaktoren
- hohe Kapazitäten und Durchsatzraten, technisch einfache Maßstabsvergrößerung
- hohe Selektivitäten.

Demgegnüber stehen Nachteile, die für die Verfahrensentwic oftmals entscheidend sein können:
- hohe Kosten für Matrix, Liganden und Hilfssubstanzen
- Entfernung von Liganden (Antikörper, Farbstoffe, Metalli etc.), die während der Elution abgespalten werden, muß g chert sein
- oftmals hohe Anforderungen an die Operationsbedingungen wäh. Adsorption und Elution.

Gerade der Einsatz von monoklonalen Antikörpern in der Imm affinitätschromatographie verdeutlicht diese Problematik: Ein seits können sehr hohe Anreicherungsfaktoren (100-1000) Durchsätze erzielt werden, andererseits stehen für in-vivo Anw dungen dann außerordentlich strenge Anforderungen für das Prod (1 g G-Freiheit, Virusfreiheit, Nukleinsäurefreiheit), wenn Mo klonals eingesetzt werden, deren hohe Kosten meist nicht er scheidend sind.

5.2.3. Endreinigung

Aufgabe der Endreinigung ist die Gewinnung des Produktes in eine stabilen, lagerfähigen Form gemäß den Qualitäts- und Reinheits anforderungen; d.h. Entfernung aller nicht zugelassenen Fremdstoffe:
- Toxine, Immunogene, Pyrogene
- Nukleinsäuren
- Proteine des Wirts
- Viren, Bakterien etc.
- Hilfssubstanzen des Aufarbeitungsprozesses (Metallionen, Detergentien etc.)

Meist wird das Produkt nach der Feinreinigung noch einer Größenausschlußchromatographie unterworfen, die sowohl die Abtrennung

wesentlicher Fremdsubstanzen als auch die Überführung in ein geeignetes Puffersystem gestattet.
Spezielle Adsorbentien für Endotoxine, Pyrogene, Nukleinsäuren, Detergentien sind dann von Nutzen, wenn erhebliche Mengen dieser Substanzen im "feingereinigten Produkt" anwesend sind.
Generell sollte während dieser letzten Aufarbeitungsstufe unter 'Sterilbedingungen' gearbeitet werden, hochreines, pyrogenfreies Wasser verwendet und nur solche Hilfsstoffe eingesetzt werden, die für den Verwendungszweck des Endproduktes zugelassen sind.
Letzteres hat besondere Bedeutung für die Überführung in die lagerfähige Endform (Lyophilie, Einfrieren, Suspension oder Emulsion).
In einer Literaturanalyse über die Häufigkeit bestimmter Separationstechniken für die einzelnen Verfahrensstufen stellten Bonnerjea et al. (1986) folgende Reihenfolge als häufigstes Reinigungsschema fest:
- Hochdruckhomogenisation zum Zellaufschluß und Zentrifugation zur Klärung des Homogenates
- Fraktionierte Salz-Fällung zur Konzentration
- Ionenaustausch und/oder Affinitätschromatographie als Hauptreinigungsschritte
- Größenausschlußchromatographie zur Endreinigung.
Die meisten Reinigungsschemata bestehen aus 2-9 Schritten. 75 % wenden die Anionen-Austauschchromatographie und 60 % Affinitätschromatographien (davon allein 20 % Triazinfarbstoffe) als Hauptanreicherungsschritte an. Die für Produktionsverfahren immer mehr an Bedeutung gewinnenden Verteilungen in wässrigen Zweiphasensystemen werden in dieser Arbeit noch nicht erwähnt.
In Tabelle 5.4. sind zwei Reinigungsschemata für Produktionsverfahren von rDNA-Proteinen für die Humanmedizin, Interferon alpha 2 (rHuIFN-2(a)) und Interleukin-2 (rHuIL-2), dargestellt. Beide liefern die Produkte in höchster Reinheit, beide setzen Affinitätstechniken als chromatographischen Hauptreinigungsschritt ein.
Insgesamt werden in mehr als 95 % der publizierten Verfahren zur Gewinnung von rDNA-Proteinen in der Fein- und Endreinigung chromatographische Methoden angewendet. Entscheidend für den Erfolg einer Chromatographie ist die Wahl des Trennmediums. Über dessen

Einsatzmöglichkeit bestimmen seine Eigenschaften
- chemische Stabilität
- physikalische und mechanische Stabilität
- Wirtschaftlichkeit des Einsatzes
- Kapazität, Durchsatzrate, Trennleistung

Die chemische Stabilität bestimmt wesentlich die Lebensdauer des Trennmediums. Insbesondere bei der Regenerierung und der Dekontamination werden teilweise extreme Bedingungen angewandt (chaotrope Substanzen, organische Lösungsmittel, hohe pH-Werte, Autoklavierung). Andererseits soll der Träger auch chemisch inert sein, also nicht mit der Probe oder dem Elutionsmittel irreversibel reagieren. Physikalische und mechanische Stabilität sind wichtige Voraussetzung für die Maßstabsvergrößerung und Prozeßplanung, beispielsweise bestimmt die Druckfestigkeit die Säulenlänge und die Flußgeschwindigkeit. Die Quelleneigenschaften sind ausschlaggebend für die Auswahl der mobilen Phasen und deren Aufeinanderfolge bei Adsorption und Elution.

Die Trennmethoden (vgl. Tab. 5.3.) und die verfügbaren Trennmedien setzen die Rahmenbedingungen bei der Entwicklung von Reinigungsverfahren. Die zu optimierenden Zielgrößen wie Trennleistung, Durchsatzrate oder Kapazität beeinflussen die anzuwendende Technik (Nieder-, Mittel- oder Hochdruckflüssigkeitschromatographie). Nur allzu häufig enden im Labor entwickelte Verfahren bei der Übertragung in den Pilotmaßstab in einer Sackgasse, weil die eingesetzten Medien für eine Maßstabübertragung nicht geeignet sind. In analytischen Reinigungen wünschenswerte hohe Trennleistungen in Form guter Auflösung des Gemisches in seine Einzelkomponenten sind im Produktionsmaßstab oft nicht nötig, da es darauf ankommt, das Zielprodukt von den Fremdstoffen selektiv abzutrennen. Lange Elutionszeiten und linear ansteigende Gradienten sind großtechnisch oft nachteilig und werden deshalb durch hohen Fluß und Stufengradienten ersetzt.

Während bei Anwendung der Hochdruck-Flüssigkeitschromatographie (HPLC) im Labor vor allem die Kosten der Instrumentierung ins Gewicht fallen, spielen im Produktionsmaßstab Trägermaterial und Elutionsmittel die bestimmende Rolle bei der Kostenbildung.

Hohe Kapazitäten werden druch hohe spezifische Oberflächen (50-200 m^2/g des Trennmediums erreicht. Diese großen Oberflächen stellen im großtechnischen Maßstab eine erhebliche Kontaminationsgefahr dar. Die zu ihrer Realisierung eingesetzten stationären Phasen sind oft hochporös und von geringer mechanischer Stabilität oder sehr teuer. Die Elution erfolgt meist bei relativ geringem Fluß. Pellikuläre Materialien, d.h. unporöse Träger, besitzen geringe Oberflächen, haben dafür aber ausgezeichnete Flußeigenschaften, sind mechanisch stabil und meist leicht zu dekontaminieren.

In Ionenaustausch- oder Affinitätschromatographie kommt im analytischen Maßstab meist die Elutionstechnik zum Einsatz. Die Zielprodukte werden mit guter Auflösung in einfachen Elutionsmitteln, aber relativ großem Volumen erhalten. Verdrängungschromatographie bringt dann, wenn kostengünstige "Verdränger" eingesetzt werden können, den Vorteil sehr kleiner Volumen, in denen das Zielprodukt abgelöst wird, mit sich und ist daher für Produktionsprozesse oft günstiger.

Die biologische Dekontamination oder die Lagerung erfolgt in der Regel durch Zusatz toxischer Substanzen (z.B. Natriumazid) zum Chromatographiemedium. Bei großem Bettvolumen ist das arbeitsschutztechnisch oft ausgeschlossen. Biologisch inerte autoklavierbare Medien sind dann trotz höherer Anschaffungskosten günstiger.

Trotz aller genannten Probleme ist die Chromatographie nach wie vor das "Arbeitspferd" der Proteinreinigung. Neue technische Möglichkeiten wie freie Durchflußelektrophorese im Pilotmaßstab oder Gegenstromchromatographie in wässrigen Zweiphasensystemen zeigen bei speziellen Anwendungen vielversprechende Möglichkeiten, werden aber die chromatographischen Methoden sicher auch in Zukunft nicht überfüssig machen.

5.3. Neue Tendenzen und Möglichkeiten

Insbesondere durch neuere Erfolge der Gentechnik zeichnen sich für Aufarbeitung und Reinigung von rDNA-Wirkstoffen alternative Wege ab, die zu wesentlichen Vereinfachungen der Prozesse und Erhöhung der Durchsatzraten führen können.

5.3.1. Der Einsatz von "Überproduktionsstämmen" und die Produktaufarbeitung aus "inclusion bodies" (IB's)

Obwohl die Mechanismen der Formierung von IB's noch nicht geklärt sind, scheint es so, daß diese vor allem in sogenannten "Überproduktionsstämmen" gebildet werden, d.h. bei Expressionsleistungen von 5-40 % Wirkstoffanteil am Gesamtprotein. Die im Schema der Tabelle 5.2. dargestellte Vorgehensweise umfaßt als Primärreinigung der IB's mit bis zu 50 % Wirkstoffanteil durch wiederholte Zentrifugation und Waschungen des Zellhomogenates. Die Feinreinigung setzt sich zusammen aus Solubilisierung (z.B. durch Suspension in 6 M Guanidinhydrochlorid) und anschließende Renaturierung (Dialyse unter speziellen Redoxbedingungen) sowie einen einfachen Reinigungsschritt (z.b. Ionenaustauschchromatographie). Kritisch ist vor allem die Frage der Solubilisierung und Renaturierung unter Erhalt der biologischen Aktivität (Wang, 1987). Der Einsatz von IB's bildenden Überproduktionsstämmen bietet vor allem den Vorteil kleinerer Fermentationsvolumina und einfacher Techniken für die Feinreinigung.

5.3.2. Die Expression von Fusionsproteinen mit speziellen, für die Aufarbeitung günstigen physikalischen Eigenschaften

Durch die Expression von Fusionsproteinen, die in einem Molekülteil den Wirkstoff realisieren und in einem zweiten günstige Reinigungseigenschaften aufweisen, ergeben sich neuartige Möglichkeiten für hocheffektive, kostengünstige Produktionsisolieren (Brewer und Sassenfield, 1985; Marston, 1986).
Die "Reinigungskomponente" des Fusionsproteins muß erstens für eine spezielle Separationsmethode unter hochselektiven Trennbedingungen zugänglich sein und sich zweitens vollständig von der "Wirkstoffkomponente" abspalten lassen, so daß die letztere in biologisch aktiver Form erhalten werden kann.
Als "Reinigungskomponente" werden C-terminales Polyarginin, das die Basizität des Proteins stark erhöht und somit selektive Io-

nenaustauschchromatographie gestattet, hohe Gehalte an freiem Histidin für die Metall-Chelatchromatographie, spezifisch an Triazinfarbstoffe bindende Reste oder auch Protein A (Bindung an Immunglobuline) eingesetzt.
Seitens des Kenntnistandes der Gentechnik sind solche Fusionen schon fast zu "Routineaufgaben" geworden. Entscheidend ist jedoch die chemische oder enzymatische Nachbehandlung zur Gewinnung der Wirkstoffkomponente, die mit dem nativen Protein authentisch ist. Eine selektive Spaltung am C-Terminus des Zielproduktes ist für dessen Authentizität entscheidend und von der Sequenz, der Konfiguration und Konformation der Reinigungskomponente abhängig. Die Konstruktion von Fusionsproteinen, die für Expression und Reinigung optimale Bedingungen bieten, ist ein wichtiges Aufgabengebiet des "Protein Engineering" in Rahmen der Verfahrensentwicklung für die Produktion von rDNA-Produkten.

5.3.3. Die Expression von Rezeptorproteinen und deren Einsatz zur Rezeptor-Affinitätschromatographie (Bailon et al., 1987)

Der Einsatz immobilisierter Rezeptoren in der Affinitätschromatographie erlaubt nicht nur höchste Anreicherungsfaktoren und Durchsatzraten, sondern sichert auch, daß das Protein nur in seiner authentischen biologisch aktiven Form bindet.
Oligomere, Fragmente und nicht aktive Isomere, die durch Monoklonals oft mit gebunden werden (Hochuli, 1988), werden vom Rezeptor nicht erkannt und bleiben im Durchlauf bzw. in den Wasserlösungen. Gleichzeitig sind die Elutionsbedingungen so gestaltbar, daß Denaturierung des Wirkstoffes ausgeschlossen werden kann.
Zweifelsohne stellt die Rezeptor-Affinitätschromatographie eine äußerst potente Reinigungstechnik dar, die besonders für sehr labile Proteinwirkstoffe im Produktionsprozeß große Zukunftsaussichten besitzt.

5.3.4. Einige Probleme der Analytik

Die In-Prozess-Kontrolle dient vor allem der Überwachung des Reinigungserfolges und wird durch eingeführte Routinemethoden (ELISA, UV/VIS-Spektroskopie, SDS-PAGE) abgedeckt. Die Analyse des Endproduktes stellt außerordentlich hohe Anforderungen hinsichtlich des Nachweises von Identität/Authentizität und Reinheit:

- Identität
  - spektroskopische Charakteristik
  - Aminosäurezusammensetzung und -sequenz
  - für jede Charge N- oder C-terminale Sequenz (10-15 Aminosäuren)
  - Peptidkartierung durch HPLC-Trennung endoproteolytischer Fragmente
  - HPLC-Analyse und SDS-PAGE im Vergleich zu Referenzsubstanzen
  - biologische Aktivität, spezifische Aktivität
  - Immunogenität

- Reinheit:
  - Abwesenheit von im Herstellungsprozeß eingesetzten Substanzen wie Antibiotika, Induktoren, Proteasehemmern, Chromatographiemedien
  - Bei Einsatz der Immun-Chromatographie: Abwesenheit von Antikörpern im Produkt, Nachweis der Virus- und DNA-Freiheit der Antikörper
  - Gehalt an Aggregaten, Fragmenten, Isomeren des Produktes
  - Gehalt an Wirtsproteinen und/oder Zellbestandteilen
  - Gehalt an DNA
  - Abwesenheit mikrobieller Verunreinigungen
  - Bestimmung der spezifischen Aktivität im Bioassay

Insbesondere für Wirkstoffe zur Anwendung in der Humanmedizin gelten extrem hohe Reinheitsanforderungen (z.B. 10 pg DNA pro Dosis, Fremdproteine im ppm-Bereich), die höchste Ansprüche an die Endreinigung stellen und vor der Ausarbeitung eines Reinigungsschemas beachtet werden müssen.

5.3.5. Strategien bei der Entwicklung von Verfahren zur Produktisolierung

Das in Tabelle 5.2. dargestellte Schema stellt die generelle Vorgehensweise bei der Isolierung von rDNA-Proteinen dar. Bei der Auswahl der Methoden und deren Abfolge für die Verfahrensentwicklung sollte wie folgt vorgegangen werden:

- Festlegung der Zielstellung
  - Was ist das Endprodukt, welche Eigenschaften hat es ?
  - Wie sol es angewendet werden ?
  - Welche Reinheitsanforderungen müssen erfüllt sein ?
  - Welche maximalen Konzentrationen an Verunreinigungen sind zugelassen, welche Fremdstoffe müssen völlig ausgeschlossen sein ?
  - Werden durch die Produktreinheit Stabilität und/oder Toxizität beeinflußt ?

- Gewinnung analytischer Mengen des nativen und rekombinanten Produktes zur physikalischen Charakterisierung
  - Aminosäuresequenz, Authentizitätsprüfung
  - Isoelektrischer Punkt, Molmasse, Hydrophobizität
  - Löslichkeitscharakteristika (pH, Puffer, organische Lösungsmittel)
  - Stabilität (pH, Ionenstärke, Temperatur, Proteasen etc.)
  - Sedimentations- und Diffusionscharakteristika
  - Lokalisierung des Proteins in der Wirtszelle

- Charakterisierung des Ausgangsmaterials
  - Herkunft (Wirtsorganismus, Expressionsvektor, Gen)
  - Medienbestandteile

- Charakterisierung der Hauptverunreinigungen
  - Gehalt und Eigenschaften der Nukleinsäuren
  - Proteine des Wirts (Menge und physikalische Eigenschaften)

- Membranbestandteile
- Prozeßhilfsstoffe (Antischaummittel, Induktoren, Antibiotika)

- Festlegung der Separationsschritte
  - Suche nach Methoden, die die größten Unterschiede in den physikalischen Eigenschaften von Produkt und Fremdstoffen ausnutzen (Tab. 5.3.)
  - Durchführung der größten Schritte (Volumenreduktion, Abtrennung der Verunreinigungen) am Anfang des Prozesses
  - Durchführung des teuersten Schrittes am Ende
  - Abstimmung der Separationsschritte (Konzentrationen, Puffer, Hilfssubstanzen)
  - Möglichst einfache Arbeitstechniken auswählen

Der eigentlichen Verfahrensentwicklung gehen oft Produktgewinnungen im Labormaßstab voraus, die der physikalischen Charakterisierung und der Etablierung der Begleitanalytik dienen. Häufig wird in den Fehler verfallen, eine Verfahrensentwicklung für die Produktion durch lineare Maßstabvergrößerung der Labormethoden erreichen zu wollen. Dabei lassen sich viele im Labor günstigen Arbeitstechniken, wie Ultraschallhomogenisation, hochtourige Zentrifugation, HPLC-Trennungen, präparative Gelelektrophorese, Isotachophorese nicht oder nur unter hohen Investitionskosten für den Produktionsmaßstab realisieren.

Für das Produktionsverfahren ist es wichtig, die im Labor erreichte und durch Standards festgelegte Produktreinheit zu reproduzieren und dabei durch möglichst wenige Separationsschritte und einfache Teilprozesse hohe Durchsatzraten zu realisieren. Tabelle 5.2. zeigt, daß für Verfahrensentwicklungen die Zahl der Bearbeitungsstufen entscheidend für die Produktivität ist. Selbst bei hoher Ausbeute auf den einzelnen Stufen ist die Effektivität des Gesamtprozesses niedrig, wenn viele Schritte bis zum Endprodukt benötigt werden.

In der Praxis treten die Hauptverluste in der Primäraufarbeitung und Endreinigung auf. In den meisten der in der Literatur beschriebenen Reinigungsschemata beginnt die Berechnung der "Ausbeute" erst ab Klarlysat. In der Endreinigung bestimmen die Reinigungsschritte die Ökonomie des Verfahrens.

Nur die detaillierte Abstimmung Gentechnik - Fermentation - Aufarbeitung/Reinigung, wobei die Anforderungen an das Zielprodukt und dessen Einsatz Ausgangspunkt sein müssen, erhält die Chance der erfolgreichen Entwicklung von Verfahren zur Gewinnung von rDNA-Produkten.

Tab. 5.4.: Beispiele für Reinigungsschemata in Produktionsverfahren zur Gewinnung von rDNA-Proteinen aus E.coli

I. Reinigung von rHuIFN-α2(a) (Hochuli, 1988)	II. Reinigung von rHuIL-2 (Bailon et al., 1987)
PRIMÄRREINIGUNG	
Zellernte durch hochtourige Zentrifugation und Schockgefrieren der Biomasse	Zellernte durch hochtourige Zentrifugation und Schockgefrieren der Biomasse
Suspension der Biomasse in 4 l/kg 6M GuHCl, 0.1 % Triton pH=7.5, anschließend Hochdruckhomogenisation	Suspension der Biomasse in 30 mM Tris/HCl, 5 mM EDTA pH=8, anschließend Hochdruckhomogenisation
10-fache Verdünnung mit PBS Klärung durch hochtourige Zentrifugation	Zentrifugation (24.000 g) Waschen des Pellets mit 4 l/kg 1.75 M GuHCl und Zentrifugation (24.000 g)
Konzentration des Überstandes durch Ultrafiltration	Solubilisierung der IB's in 7 M GuHCl und Klärung durch Zentrifugation
FEINREINIGUNG	
Immun-Affinitätschromatographie mit immobilisierten monoklonalen Antikörpern Cu-Chelat-Chromatographie zur Abtrennung von Oligo-	Renaturierung durch 40-fache Verdünnung mit PBS und "Altern" bei 4 °C (mindestens 24 h) Klärung durch Zentrifugation

(Fortsetzung Tab. 5.4.)

meren und Fragmenten Kationen-Austauschchromatographie zur Abtrennung von Detergentien, Metallionen etc.	Rezeptor-Affinitätschromatographie mit immobilisierten gentechnisch gewonnenen IL-2 Rezeptoren
E N D R E I N I G U N G	
Größenausschlußchromatographie an Sephadex G 50	Größenausschlußchromatographie an Sephadex G 50
|	|
NATIVES und HOMOGENES rHuIFN-α2(a) für in-vivo-Anwendung	NATIVES und HOMOGENES rHuIL-2 spez. Aktivität $1.9 \cdot 10^7$ IE/mg Gesamtausbeute 41 %

5.4. <u>Literatur</u>

Bailon, P., Weber, D.A., Keeny, R.F., Fredericks, J.E., Smith, C., Familetti, P.C., and Smart, J.E., Biotechnology <u>5</u> (1987), 1195-1198.

Bonnerjea, J., Oh, S., Hoare, M. and Dunnill, P., Biotechnology <u>4</u> (1986), 954-958.

Brewer, S.J. and Sassenfield, H.M., Trends Biotechnol. <u>3</u> (1985), 119-122.

Bungay, H.R. and Belfort, G. (Eds.) Adv Biochem Engineering, Whiley Interscience, 1987.

Dwyer, J.L., Biotechnology 2 (1984), 957-960.

Hill, E.A. and Hirtenstein, M.D., Affinity Chromatography: Its Application to Industrial Scale Processes. Adv. Biotechn. Processes 1 (1983), 31-66

Hochuli, E.J., Chromatography 444 (1988), 293-302.

Kula, M.R., In: Protein Purification: Micro and Macro, UCLA Symp. Mol. Cell. Biol. Vol. 68, (Ed. Burges, R.). Alan R. Liss, 1987, p. 99-115.

Marston, F.A.O., Biochem. J. 240 (1986), 1-12.

Scopes, R.K., Protein Purification: Principles and Practice, Berlin, Heidelberg, New York: Springer Verlag, 1982.

Verall, M.S. and Hudson, M.J. (Eds.), Separations for Biotechnology. Chichester, Ellis Horwood Ltd., 1987.

Walter, H. and Johansson, G.: Anal. Biochem. 155 (1986), 215-242.

Wang, D.I.C., Separations for Biotechnology. In: Separations for Biotechnology (Eds.: Verall, M.S. and Hudson, R.). Chichester: Ellis Horwood Ltd., 1987.

6. Grundlagen und Möglichkeiten des Plasmidtransfers in biotechnologischen Produktionsverfahren

H. Tschäpe

6.1. Einleitung

Das ubiquitäre Vorkommen der Plasmide in Bakterien fast aller Gattungen weist darauf hin, daß sie nicht Sonderfälle des genetischen "Make up" darstellen, sondern daß ihnen eine bedeutungsvolle Rolle im Gattungsleben der Bakterien zukommen muß. Plasmide lassen sich heute als genetische Elemente der Bakterien verstehen, die die genetische Last der Variabilität, der Anpassungsfähigkeit tragen, also für solche Eigenschaften und Funktionen sich entwickelt haben, die für der Auseinandersetzung der Bakterien mit der belebten und unbelebten Umwelt gebraucht werden. Plasmide sind diesem Verständnis nach die materiellen Träger der Genreserven der Bakterien.

Alle natürlich vorkommenden Plasmide der Bakterien zeichnen sich neben ihrer autonomen Replikationsfähigkeit und der Zellstabilität durch die für ihre evolutionäre Bedeutung so wichtige Eigenschaft ihrer Übertragbarkeit von einer Zelle auf die andere aus. Erst mit dieser Eigenschaft der Übertragbarkeit sind Plasmide in der Lage, die von ihnen kodierten Leistungen quasi als Gegengabe für ihren parasitären Zustand der Bakterienpopulation insgesamt zur Verfügung zu stellen. Dabei ist evolutionär interessant, daß es sich nicht nur um einen innerartlichen Austausch von genetischer Information handelt, sondern daß dieser Austausch auch über Gattungen, Familien, ja sogar Ordnungen hinaus gehen kann. Ein evolutionär ziemlich drastischer Schnitt erfolgte in dieser Hinsicht zwischen den grampositiven und den gramnegativen Bakterien. Aber nicht nur die Übertragbarkeit von Eigenschaften zwischen beiden Gruppen unter natürlichen Verhältnissen ist praktisch ausgeschlossen, sondern auch die genetischen bzw. physiologischen Systeme zur Zellstabilität und zur Übertragung der Plasmide haben sich konzeptionell sehr verschieden entwickelt. Während es bei den gramnegativen Bakterien die Regel ist, daß Plasmide ihre Übertragbarkeit selbst kontrollieren oder von autonom transferablen Plasmiden mitgenommen, d.h. mobilisiert werden, haben sich bei den grampositiven Bakterien in der Regel indirekt wirksame Übertragungsmechanismen entwickelt, z.B. Bakteriophagen als Helferzellen oder Verklumpungsfaktoren der Bakterienzelle, die zu einer Teilverschmelzung der betroffenen Zellen und zum Austausch von genetischem Material, insbesondere von extrachromosomalen Elementen führen kann.

6.2. Der autonome Transfer von Plasmiden

6.2.1. Der konjugative Transfer von Plasmiden in gramnegativen Bakterien

---

Betrachtet man die molekularen Größen der natürlich vorkommenden Plasmide im Zusammenhang mit ihrer Fähigkeit, sich konjugativ zu verbreiten, so stellt man fest, daß nur Plasmidtypen mit einer Größe von über 25-30 kbp zum autonomen konjugativen Transfer in der Lage sind. Voraussetzung zu dieser Eigenschaft ist die Fähigkeit zur Paarbildung, was einen Zell-zu-Zellkontakt zwischen der plasmidhaltigen Donorzelle und der Rezipientenzelle bedingt und eine vom Plasmid gesteuerte "extra" Replikation hervorruft, auch konjugative Replikation genannt. Die konjugative Replikation ist neben der vegetativen Replikation der Plasmide, die abgestimmt mit der Zellteilung der Wirtszelle erfolgt und die eine identische Weitergabe der Plasmidkopien von der Mutter- auf die Tochterzelle garantiert, eine Ergänzung und Erweiterung. Das Wesen der konjugativen Replikation besteht darin, identische Plasmidkopien bereitzustellen, die nicht auf Tochterzellen, sondern auf fremde Zellen (Rezipientenzellen) nach einem Zell-zu-Zellkontakt übertragen werden. Dieses auch als infektiöse Vererbung bezeichnete Phänomen bedingt eine sehr schnelle, radiale Verteilung der genetischen Information auf die nebeneinander existierenden "Mitglieder" einer bestimmten Bakterienpopulation und führt damit zu einer raschen Anpassung an eine sich verändernde Umwelt. Bei der Plasmidübertragung zwischen gramnegativen Bakterien ist stets ein vom Plasmid kontrollierter, Sex-Pilus vermittelter, polarer, d.h. vom Donor auf den Rezipienten erfolgender Prozess vorhanden, der das Plasmid in identischer Kopie sowohl im Donor als auch im Rezipienten bereitstellt. Dabei unterscheidet man neben den Genen für die Paarbildung (Herstellung der Sex-Pili) die Gene für das System der konjugativen Replikation selber. Die Gene, die die Ausbildung der Sex-Pili kontrollieren, kodieren auch für die Bildung der Konjugationspore, der Ort, an dem die konjugative Replikation stattfindet. Die konjugative Replikation beginnt damit, daß das betreffende Plasmid an einer definierten Stelle, dem oriT (Anfang für den Transfer), aufgeschnitten und das entstandene 5' Ende als Kopf und das entstandene 3' Ende als Schwanz markiert wird. Diese Markierung entsteht durch die feste Bindung jeweils eines Teiles des Inzisionsproteins und verhindert die Schließung durch eine Ligase. Gleichzeitig bindet sich der 5' Kopf und das 3' Ende an Membrananheftungsstellen direkt an der Pore. Die durch die Inzision entstandene ocDNA wird durch die gemeinsame Aktion von Gyrase und plasmiddeterminierter Helikase entdrillt, schrittweise in Einzelstränge zerlegt und gleichzeitig an jeweils verschiedenen Replikationspunkten an der Konjugationspore verdoppelt. Diese replikative Verdopplung beider entdrillter Einzelstränge bedingt, daß sowohl eine Replikation im Donorbakterium, d.h. die Verdopplung des im Donor verbliebenen Einzelstranges und eine gleichzeitig stattfindende Replikation im Rezipientenbakterium, d.h. Verdopplung des transferierten Stranges vorkommt. Dieses Hindurchreplizieren des zu transferierenden Stranges, der durch seine Kopf-Schwanz-Polarität markiert ist, und daher nur unidirektionell die Konjugationspore passieren kann, ermöglicht es, daß zwar ein Plasmid-DNA Einzelstrang vom Donor auf den Rezipienten übertragen wird, daß dieser aber nur einen kurzen Augenblick tatsächlich als Einzelstrang vorliegen muß. Sowohl die Donor DNA Synthese, als auch die Rezipienten DNA Synthese wird von der Polymerase III vorgenommen, was für die Donor Synthese die kontinuierliche Bildung des komplementären 5' zu 3' Stranges bedeutet, für die Rezipienten DNA Synthese, daß an dem zu übertragenden Strang, der sich mit dem 5' Kopf an die Pore angeheftet hat, der jeweils komplementäre Strang durch die Polymerase III angestückelt werden muß. Das erfordert eine besondere

DNA Einzelstrangbindung durch die SSB-Proteine an die Polymerase III und eine vielfältige RNA Primer Bindung (Primase). Beide Vorgänge determinieren die Plasmide selbst. Es ist interessant, daß diese SSB-Proteine und die Primase im Donor schon gebildet werden und angeheftet mit dem DNA Einzelstrang in die Konjugationspore transportiert werden. Plasmide mit eigenproduziertem Primosom vergrößern damit ihr Wirtsspektrum, weil sie weitgehend von der Replikationsmaschinerie der Wirtszelle unabhängig sind. So bilden die ubiquitär vorkommenden Plasmide der Gruppen I1, W, N, P, M, C oder B derartig autonome Primasen aus, was ihr häufiges Vorkommen in zahlreichen Arten der gramnegativen Bakterien erklären kann.

Liegt der transferierte und gleichzeitig verdoppelte Strang der Plasmid DNA im Rezipienten vor, so erfolgt dessen Zirkularisierung durch Verbindung des 5' Kopf-Proteins mit dem 3' Schwanz-Protein, was molekular offenbar in umgekehrter Folge geschehen kann, wie die Trennung der beiden Teile durch Inzision am oriT. Da es sich hierbei um ein Wiederzusammenfügen eines Proteinkomplexes handelt, ist die Zirkularisierung der Plasmid DNA auch ohne Homologierekombination gesichert.

Nach der Zirkularisierung der transferierten DNA werden die Primer-Sequenzen durch die Polymerase I entfernt. Durch die DNA Gyrase wird die Plasmid DNA in die Form getwistet, welche für die Transkription und die Initiation der vegetativen Replikation nötig ist. Die anschließende vegetative Replikation der übertragenden Plasmid DNA stellt die plasmidspezifische Kopiezahl her. Diese konjugative Replikation erfolgt in wenigen Minuten, was zur Folge hat, daß innerhalb einer nur kurzen Zeit eine anfangs plasmidfreie Bakterienpopulation mit dem konjugierten Plasmid "durchinfiziert" ist. Dabei macht die konjugative Replikation nicht vor Art-, Gattungs- oder Familiengrenzen halt, sondern eine Übertragung der Plasmide auf diesem Wege ist prinzipiell zwischen allen Bakterien der gramnegativen Gruppe möglich, ausgenommen wahrscheinlich ein größerer Teil der anaeroben gramnegativen Bakterien. Eine Übertragung von Plasmid DNA auf diesem hier geschilderten "replikativen" Wege ist nicht auf grampositive Bakterien (wie auch umgekehrt) möglich. Offenbar liegt zwischen diesen beiden Gruppen von Bakterien, die sich auch evolutionär total unterscheiden, eine besondere genetische Grenze vor, die nicht überschritten werden kann. Auch die Plasmidarten, die bei den grampositiven Bakterien vorkommen, spiegeln diese evolutionäre Eigenständigkeit wider.

6.2.2. Konjugativer Transfer von Plasmiden der grampositiven Bakterien

Plasmide der grampositiven Bakterien besitzen meistens nicht die Fähigkeit zur autonomen plasmidgesteuerten konjugativen Replikation, die zusätzlich zur vegetativen Replikation vorkommt. Das stimmt auch mit ihren generell geringen molekularen Größen überein, meistens zwischen 5 und 20 kbp und ihrer Anpassung an Helferelemente, meistens Bakteriophagen, die für ihre Verbreitung sorgen. Trotzdem gibt es einige Plasmidarten insbesondere bei den D-Streptokokken, die hinsichtlich ihrer Größe auffallen (meistens zwischen 35 und 55 kbp groß), die das Phänomen der konjugativen Übertragung aufweisen. Dieser Übertragungsweg, der relative enge Art- und Gattungsgrenzen nicht überspringt, ist ein plasmidabhängiger und spezifischer gerichteter Transfer von Plasmid DNA nach Zellaggregation, welche durch Sex-Pheromone hervorgerufen wird. Solche Plasmide weisen eine hohe Transferfrequenz auf (ähnlich wie sie bei den gramnegativen Bakterien zu verzeichnen ist). Die Sex-Pheromone werden von der Rezipientenzelle ausgeschieden und veranlassen die Bildung des plasmidspezifischen Verklumpungsfaktors und offenbar eine Art konjugativer Replikation (die DNA Größe, die für diese Syntheseleistungen gebraucht wird, umfaßt ca. 25 kbp und besetzt somit den größten Teil der Plasmid-DNA). Hat das Plasmid die Rezipientenzelle erreicht, dann unterdrückt es die Bildung des betreffenden Sex-Pheromons, läßt aber die Bildung anderer artspezifischer Pheromone ungehindert geschehen. Ein Rezipientenstamm kann also mehrere Sex-Pheromone ausbilden und daher für verschiedene Plasmide attraktiv sein.
Ein analoger Mechanismus der Plasmidübertragung ist für Staph. aureus Stämme beschrieben worden. Stämme, die mit Bakteriophagen der Serogruppe B lysogen sind, entweder im Donor oder im Rezi-

pienten (!), können Plasmide in Mischkulturen effizient übertragen, jedoch handelt es sich dabei nicht um einen Transduktions-ähnlichen Vorgang, sondern die Phagen induzieren lediglich eine Zellverklumpung (auch defekte Phagen können den Plasmidtransfer induzieren) und wirken somit ähnlich wie die Sex-Pheromone der Streptokokken.

6.2.3. Übertragung von Plasmiden nach künstlich erzwungener Aggregation

Besonders bei grampositiven Bakterien wie den Streptokokken, Bacillen und Staphylokokken sind immer wieder Übertragungen von Plasmiden in zwar geringer Häufigkeit, doch in reproduzierbarer und jederzeit herstellbarer Variation beschrieben worden. Dabei handelt es sich nicht um eine plasmidabhängige, aber doch autonome Übertragung von Determinanten (es werden nicht nur Plasmide, sondern auch Transposons oder chromosomale Sequenzen übertragen), die durch spontane Zellwandverschmelzung insbesondere aber durch die erzwungene Kollision von Zellen nach Mischen auf einem Membranfilter auftreten. Dieser Mechanismus der Übertragung läßt sich auf die Besonderheit der grampositiven Zellwand zurückführen. Die Zellwand der grampositiven Bakterien ist relativ gut durchlässig für große Moleküle, sie ist besetzt mit verschiedenen Proteinen, die zum Verklumpen der Zellverbände führen, und durch die Lipoteichonsäuren treten hydrophobe Ladungen an der Zelloberfläche auf, die wiederum Verklumpungen bedingen. Durch die leicht zu erreichenden Verklebungen und den dichten Zell-zu-Zellkontakten, die die grampositive äußere Zellwand ermöglicht, können kleine Plasmabrücken auftreten, über die insbesondere extrachromosomale, aber auch chromosomale lokalisierte Determinanten zur Übertragung gelangen. Allerdings konnte kürzlich für einige dieser Plasmide gezeigt werden, daß auch sie Gene besitzen (bisher drei analysiert), die für einen Transfer kodieren. Entweder handelt es sich dabei um Funktionen, die beim Übertritt in die Rezipientenzelle eine Art konjugative Replikation auslösen oder es handelt sich um Oberflächenproteine, die ähnlich wie die Verklumpungsfaktoren wirken. Für diese Vorgänge, die sehr selten erfolgen, gibt es bisher keine experimentellen Beweise, daß sie auch unter ökologischen Gegebenheiten vorkommen. Da aber diese Art des Transfers von Plasmiden Art- und Gattungsgrenzen bei den grampositiven Bakterien überspringen kann und damit universell ist, könnte dieser Übertragungsweg im Rahmen einer Biosicherheitsdiskussion in Betracht kommen.

6.3. Übertragung von Plasmiden durch Helferelemente

Sowohl in gramnegativen aber besonders in grampositiven Bakterien gibt es eine Vielzahl kleiner Plasmide (unter 20 kbp), die zwar nicht durch eigene Leistungen verbreitet werden können, die sich aber dennoch unter in-vivo Verhältnissen und unter ökologischen und epidemiologischen Gesichtspunkten in Bakterienpopulationen zeitlich und geographisch ausbreiten. Solche kleinen Plasmide sind auf Helferelemente angewiesen, die sich entweder als Plasmide oder häufiger als Bakteriophagen definieren lassen.

6.3.1. Die Mobilisierung

Die Mobilisierung von nicht selbstkonjugativen Plasmiden durch autotransferable Plasmide erfolgt molekular durch zwei grundlegend verschiedene Mechanismen: 1. Es kommt zu einer vorübergehenden physikalischen Kopplung (Ko-Integration) des DNA-Moleküls des transferablen mit dem nicht-transferablen Plasmid, was über gemeinsame DNA-Sequenzen z.B. IS-Elemente oder Transposons rekombinativ abläuft. Diese zeitweise Ko-Integration beider Moleküle ermöglicht es, daß während des konjugativen Transfers die Mitnahme des nicht-selbstkonjugativen Plasmides passiert. 2. Eine physikalische Kopplung des DNA-Moleküls des autotransferablen und des nicht selbst-konjugativen Plasmides ist nicht nötig, es findet eine Komplementation auf der Ebene der Paarbildung und der konjugativen Replikation statt. Offenbar gibt es eine Reihe von Plasmiden, z.B. die Plasmide der ColE1 Familie, welche eine dem oriT ähnliche oder verwandte Struktur aufweisen, was dann sowohl eine donorspezifische als auch eine rezipientenspezifische Replikation auslöst. Dabei ist verwunderlich, daß vom Helferplasmid lediglich die Gene für die Paarbildung, nicht aber die Gene für die konjugative Replikation nötig sind. Während die Plasmide mit einer kointegrativen Mobilisierung keine Spezifität zu ihren Helferplasmiden aufweisen, sind die Plasmide mit komplementativer Mobilisierung nur durch ganz bestimmte Plasmidgruppen, dann aber mit hoher Frequenz zu übertragen. So kann z.B. das Plasmid ColE1 durch Transferplasmide der Gruppe FI mit hoher Effektivität übertragen werden, durch andere Transferplasmide wie K, M, P, C etc. erfolgt praktisch keine Mobilisierung. Andererseits sind Transferplasmide der Gruppe P in der Lage, die nicht selbst-transferablen Plasmide der Gruppe Q 100%ig zu übertragen, was Transferplasmide der Gruppen F, K, M, C etc. nicht vermögen. Die quantitativ nicht sehr hohe Übertragbarkeit von nicht-selbsttransferablen Plasmiden durch zeitweilige physikalische Kopplung mit dem Transferplasmid kann von Plasmid zu Plasmid sehr unterschiedlich sein und hängt mit dem entsprechenden Besatz an IS Elementen zusammen. So können einige nicht-selbsttransferablen Plasmide eine besondere Tendenz zur Mobilisierbarkeit durch den Besitz eines sehr aktiven IS-Elements aufweisen. Solche IS Sequenzen springen replikativ auf das Transfer-Replikon über, ähnlich den replikativen Transposons, was zu einer zeitweiligen Kointegration führt. Dabei ist bemerkenswert, daß bei diesem Vorgang der Mobilisation entweder das Helferplasmid durch Hinzufügen eines IS Elements oder aber das Helferplasmid durch Hinzufügen eines Transposons oder IS Elements verändert wird. Eine solche Transposon oder IS vermittelte kointegrative Mobilisierung wird auch vielfach als Sexduktion bezeichnet.

6.3.2. Transduktion

Plasmide können durch Bakteriophagen übertragen, tranduziert werden. Bakteriophagen replizieren ihre DNA wie Plasmide auch in Bakterienzellen und parasitieren in wesentlichen Schritten am DNA Metabolismus der Wirtszelle. Im Gegensatz zur den Plasmiden stimulieren die meisten Bakteriophagen den DNA Metabolismus total zu ihren Gunsten um, so daß nur Phagen-DNA hergestellt wird. Offenbar ist von diesem Stoppsignal die Plasmid Replikation in der Regel nicht betroffen und einige Bakteriophagen wie der P1 Phage stimulieren und erhöhen noch zusätzlich die Plasmid DNA Kopiezahl. Vermehrt sich ein Bakteriophage in einer plasmidhaltigen Wirtszelle, so entsteht ein hoch angereicherter "pool" von DNA Sequenzen, der zum großen Teil aus Phagen DNA, jedoch auch aus Plasmid DNA Kopien und aus chromosomalen Bruchstücken besteht. Kommt für die Bakteriophagenreifung das Signal zur Hüllproteinbildung, so kondensieren sich die Phagenkopfproteine um jede vorhandene Sequenz, gleichgültig, ob sie chromosomaler oder plasmidaler Natur ist oder ob sie von der Bakteriophagen Replikation herstammt. Es wird jeweils soviel DNA in den Kopf verpackt, bis seine Kapazität erschöpft ist. Solche in den Phagenkopf verpackte DNA kann daher infektiöse Phagen-DNA oder aber fremde DNA enthalten. Da während des Einpackens auch die Information zur Infektion einer Bakterienzelle (Lysozym) mitgegeben wird, können auch Phagenpartikel mit fremder DNA ihre DNA in neue Wirtszellen infizieren. Diesen Vorgang nennt man Transduktion, die dazu befähigten Bakteriophagen "generell transduzierende" Phagen (die speziell transduzierenden Phagen wie der Bakteriophage Lambda sind in der Regel nicht geeignet, Plasmid DNA zu übertragen). Da der transduzierende Phage maximal immer nur soviel DNA in seinem Kopf aufnehmen kann, wie sein eigenes Chromosom groß ist, so können meistens nur kleine Plasmide transduktiv verbreitet werden. Sind Plasmide größer als die Kopfkapazität, dann werden sie zerschnitten bzw. in ihrer Integrität als Plasmidart zerstört. Daher ist es verständlich, daß besonders die kleinen Plasmide, die nicht selbsttransferabel sind, leicht und als integrierte Moleküle durch Bakteriophagen verbreitet werden können. Eine solche Verbreitung von Plasmiden durch Bakteriophagen ist besonders bei den grampositiven Bakterien bekannt, z.B. für Staphylokokken, Streptokokken und Bacillen, die einerseits über einen Reichtum an Bakteriophagen verfügen, andererseits meistens Plasmide besitzen, die im Größenbereich zwischen 3 und 30 kbp liegen.

6.3.3. Transformation

Bei der Transformation erfolgt die Übertragung von Plasmid DNA auf relevante Rezipientenzellen durch nackte DNA, die von einer Donorzelle extrahiert, mit kompetent gemachten Rezipientenzellen vermischt wird und intrazellulär eindringt, sich zirkularisiert und dann repliziert. Während alle bisher geschilderten Übertragungsarten auch unter in vivo Verhältnissen vorkommen können, dürfte allerdings die Transformation ähnlich wie die Übertragungsvorgänge nach künstlicher Zellaggregation (6.2.3.) kaum von Bedeutung sein. Nackte DNA wird erstens sehr schnell abgebaut, es kommen ubiquitär unspezifisch wirkende Exonukleasen vor, andererseits müssen die Rezipientenzellen, um nackte DNA aufnehmen zu können, besonders präpariert sein, sie müssen kompetent gemacht werden.

6.4. Bedingungen des Transfers unter experimentellen und ökologischen Verhältnissen

Unter experimentellen Bedingungen hat man immer auf optimale Verhältnisse für eine Übertragung der Plasmide Wert gelegt, so daß man wenig Aussagen über die Reaktionsbreite der verschiedenen Plasmide hinsichtlich ihrer Übertragbarkeit machen kann. Zwar kann man behaupten, daß Plasmide zur Übertragung (neben den strukturellen Erfordernissen) insbesondere einen optimal funktionierenden Energiestoffwechsel, adäquate Temperaturen und genügend Feuchtigkeit des Milieus benötigen, überprüft man aber z.B. die Temperatur zur Übertragung der verschiedenen Plasmidarten, dann stellt sich ein breites Spektrum an optimalen Temperaturen (20-37 Grad) heraus, je nachdem, welche Plasmidart man untersucht. Auch gibt es eine Vielzahl von Faktoren, die den Plasmidtransfer verhindern oder wesentlich reduzieren. So regulieren Plasmide ihre Autotransferabilität durch eine Kaskade von Regulationsvorgängen (z.B. durch flip-flop-Schalter), um "wilde" und sinnlose Übertragungen und damit unnötige energetische Belastungen zu vermeiden. Unter ökologischen Verhältnissen gibt es viele Faktoren, insbesondere oberflächenaktive Substanzen (Detergenzien, Gallensäuren), die Anaerobiose etc., also Verhältnisse, wie wir sie im Darm der meisten Warmblüter antreffen, die zur drastischen Reduzierung der Übertragbarkeit führen. Trotzdem treffen wir in der belebten und unbelebten Umwelt eine Vielzahl guter Gelegenheiten für Plasmide an, sich auszubreiten. Was die Nährstoffangebote betrifft, so herrschen in der Darmflora, im Abwasser, der Gülle, aber auch in Lebensmitteln optimale Verhältnisse vor. Auch ist unter diesen Verhältnissen die notwendige Keimdichte gegeben, die für einen erfolgreichen Zell-zu-Zellkontakt vorhanden sein muß. Plasmidtransfer kann daher im Abwasser (Stall, Toilette), in Lebensmitteln, Futtermitteln, Getränken etc. stattfinden, gerade hier können sich optimale Bedingungen wie Nährstoffe, Sauerstoff, Temperaturen und Keimdichte kombinieren. Solche Vorgänge der Plasmidverbreitung in der Natur werden mit dem Terminus Plasmidzirkulation belegt und der Zirkulation der Bakterien selbst zur Seite gestellt.

Daß Plasmide sehr effektiv zu einer solchen in vivo Zirkulation befähigt sind, kann man am besten dort beobachten, wo ihre Verbreitung durch Selektionsdruck gefördert wird. So ließ sich z.B. in der DDR ein einmaliges Modell für die Plasmidzirkulation studieren, weil man in der Landwirtschaft zu nutritiven Zwecken das Antibiotikum Nourseothricin einsetzte, nicht aber in anderen Anwendergebieten (Veterinärmedizin, Pflanzenschutz, Humanmedizin). Dadurch konnte die Entstehung und Ausbreitung von Resistenzplasmiden gegen dieses Nourseothricin verfolgt werden. In Tabelle 6.1. ist ein Beispiel aus diesen Untersuchungen ausgewählt: Das Plasmid pIE636, ein 82 kbp großes I2 Plasmid mit dem Transposon Tn1825 und das 38 kbp große W3 Plasmid pIE638 mit dem Transposon Tn1826 ließen sich zeitlich abgestuft in immer weiteren ökologischen Abständen vom Ort des Selektionsdruckes (Schweineproduktion) finden, erst in der normalen Fäkalflora der behandelten Schweine, in der Gülle, dann in der Fäkalflora der Pfleger und der Angehörigen, dann nach einer längeren Periode auch in der Stuhlflora gesunder Personen der Normalbevölkerung und schließlich in humanpathogenen Bakterien wie E.coli aus Harnwegsinfektionen und Shigellen, die strikt an den Menschen adaptiert sind (Tab. 6.1.).

Tab. 6.1.: Erstes Auftreten der Plasmide pIE636 (IncI2, 82 kbp, Tn1825) und pIE638 (W3, 38 kbp, Tn1826) in der Flora von belasteten und unbelasteten Populationen

Herkunft	1982	1983	1985	1986	1987	1988
Tiere	-	I2, W3	-	-		
Gülle	-	I2, W3	-	-		
Personal	-	-	I2	I2, W3		
Angehörige	-	-	I2	I2, W3		
Personen ohne Kontakt	-	-	-	I2		
Lebensmittel	-	-	-	I2		
kranke Tiere	-	-	-	I2, W3		
Salmonellosen	-	-	-	-	I2, W3	
Shigellosen	-	-	-	-	-	I2

|
Beginn des Einsatzes
von Nourseothricin

Diese Analysen bewiesen, daß im wesentlichen die Verbreitung der Plasmide selbst unabhängig von der Verbreitung der plasmidhaltigen Stämme vorkommt. Diese ökologischen Prozesse in verschiedenen Bakterienpopulationen unterschiedlicher ökologischer Nischen erfolgt in der Regel unerkannt und unbeachtet vom Menschen.

6.5. Übertragung von Plasmiden unter biotechnologischen Produktionsverfahren

Aus Sicherheitserwägungen bereits Mitte der siebziger Jahre wurde für gentechnische und später für biotechnologische Zwecke gefordert, daß alle Klonierungsvehikel, d.h. die dazu benutzten Plasmide nicht zur autonomen Transferabilität oder zur Mobilisierbarkeit durch Helferelemente in der Lage sein dürfen. Dabei ging man

in den meisten Fällen von den ColE1 Plasmiden aus, die so zusammengeschnitten wurden, daß praktisch nur die kleine 1-2 kbp große "rep" Region vom natürlichen ColE Plasmid übrig blieb, was neben einer hohen Instabilität des Plasmids (es kann nur unter Antibiotikaselektionsdruck gehalten werden) den völligen Verlust der Übertragbarkeit durch Helferelemente mit sich brachte. Ähnliche Entwicklungen erfolgten bei den grampositiven Plasmiden, wo man von sehr kleinen Resistenzplasmiden wie pC194 etc. ausging. Solche Entwicklungen minimieren das Problem der Übertragung erheblich, könne aber das sehr seltene Ereignis einer Zell-zu-Zell-verschmelzung nicht verhindern (6.2.3.). Das hat besonders Anlaß zur Sorge gegeben, weil ja unter biotechnologischen Produktionsverfahren tonnenweise derartige Bakterien hergestellt werden und die Chancen statistisch gesehen daher größer sind. Obwohl das so ist, hat noch keiner unter ökologischen Bedingungen einen derartigen Transfer von Vektorplasmiden im Prozess der biotechnologischen Nutzung auf Bakterien der Standardflora oder auf pathogenen Bakterien beobachtet bzw. bewiesen. Der bisher existierende Selektionsdruck zur Verbreitung von natürlichen Plasmiden durch den Einsatz von Antibiotika in der Landwirtschaft zu ergotropen Zwecken, zu veterinärmedizinischen Zwecken oder zur stationären Behandlung von Infektionskrankheiten ist stets noch sehr viel größer als die wenigen Übertragungen von Resistenzdeterminanten in solchen Anlagen (z.B. auf die Nasenflora von Beschäftigten).
Um aber im Rahmen der Biosicherheit diese Möglichkeiten auch auszuschließen, werden Forderungen erhoben, Resistenzdeterminanten zu verwenden, die keine human- oder veterinärmedizinische Bedeutung aufweisen. Hier bieten sich solche Resistenzgene an, die keine human- oder veterinärmedizinische Bedeutung aufweisen. So wurde das Resistenzgen "sat" vorgeschlagen (ein Gen, welches eine Streptothricinacetyltransferase determiniert). Da Nourseothricin nicht in der Human- oder Veterinärmedizin therapeutisch eingesetzt wird, bleibt eine mögliche Ausbreitung solcher Determinanten ohne gesundheitspolitische Bedeutung. Biotechnologische Produktionsverfahren bieten zwar auf Grund der Temperatur, des Nährstoffangebots, der Keimdichte etc. ideale Bedingungen für eine Plasmidübertragung, doch ist eine Ausbreitung wegen der genannten Eigenschaften der Vektoren praktisch nicht möglich.

Werden jedoch Gensequenzen kloniert, die aus Stabilitätsgründen auf natürlich vorkommende Plasmide in Produktionsstämmen inseriert werden, dann ist in jedem Fall anzunehmen, daß solche Plasmide in der Lage sind, sich effektiv auszubreiten. Es muß deshalb eine entsprechende Unbedenklichkeit ausgewiesen werden. Heute sind weitere Sicherheitsfaktoren bekannt, z.B. Inversionselemente, die Killergene an- oder ausschalten und damit die Selbstzerstörung des Produktionsstammes in der Umwelt hervorrufen können. Alle diese aus biologischen Sicherheitserwägungen entstandenen Möglichkeiten dürfen aber nicht darüber hinwegtäuschen, daß ein gehöriges Maß an physikalischen Sicherheitskriterien Voraussetzung für eine biotechnologisch übliche Standardproduktion ist.

6.6. Schlußfolgerungen

Die Transferabilität von Plasmiden muß als ein evolutionär inhärentes Merkmal betrachtet werden, mit deren Hilfe sie neben der autonomen Replikation und Zellständigkeit und der Fähigkeit, heterologe DNA zu integrieren, ihre Rolle als materielle Träger der genetischen Last der Variabilität der Bakterien wahrnehmen können. Die Vielfältigkeit der genetischen wie physiologischen Konzepte der Übertragbarkeit von Plasmiden spricht ebenfalls für diese Vorstellung.

Für gentechnische und für biotechnologische Anwendungen sind alle eingesetzen Plasmide zum Transfer nicht in der Lage, so daß sie nur noch durch erzwungene Zellaggregation in sehr seltenen Fällen (meist nur bei grampositiven Bakterien) von einer Zelle auf eine andere übertragen werden können. Für derartig seltene Fälle unter Bedingungen industrieller Produktion gibt es bisher zwar keine exakten Beweise, dennoch sollten die Vektoren so konstruiert sein, daß humanmedizinisch oder veterinärmedizinisch relevante Determinanten nicht auf den Vektoren lokalisiert sind, und daß die physikalischen Sicherheitsvorkehrungen bei der Produktion derartige Ereignisse entscheidend unterbinden können.

6.7. Literatur

Tschäpe, H., Plasmide - biologische Grundlagen und praktische Bedeutung. Berlin: Akademieverlag, 1987.

Catenhusen, W.M. und Neumeister, H. (Hrsg.), Gentechnologie - Chancen und Risiken. München: J. Schweitzer Verlag, 1987.

7. Qualitätsanforderungen an rDNA-Arzneimittel

H.-R. Reh und H.-J. Jacker

7.1. Allgemeine Grundsätze und Anforderungen

rDNA-Arzneimittel (rDNA-AM) gehören verschiedenen Wirkstoffklassen an (z.B. Hormone, Enzyme, Impfstoffe, Antikörper). Ihre grundlegende Gemeinsamkeit besteht neben dem Proteincharakter im Einsatz gentechnischer Methoden zur Konstruktion der Produktionszellen; der weitere Weg zum Produkt kann jedoch verschieden sein. Deshalb werden Anforderungen an ihre Qualität nur relativ allgemein formuliert und eine Zulassung wird ausgehend von den Grundsätzen "case by case" erteilt.

rDNA-AM unterliegen den allgemeinen Forderungen nach
- umfassender Charakterisierung aller Ausgangsmaterialien
- Validierung des Produktionsprozesses
- gezielter Kontrolle des Endprodukts.

Produkt und Produktionsverfahren bilden eine Einheit, da die Qualität des AM wesentlich durch die Sicherheit und Reproduzierbarkeit der Herstellung bestimmt wird.

Hinsichtlich der Art und des Umfangs der notwendigen Prüfungen ergeben sich Unterschiede zu klassischen biologischen AM. Als hochgereinigte, häufig sehr komplexe Moleküle erfordern rDNA-AM eine entsprechend aufwendige Analytik.

Zur Charakterisierung des biologischen Ausgangsmaterials (proteinkodierendes Gen, Expressionsvektor, Wirts-Vektor-System - WVS) werden zahlreiche molekularbiologische und gentechnische Methoden eingesetzt.

Die Produktion selbst erfordert bei Beachtung jeweiliger Spezifika die üblichen Kontrollen während der Massenkultivierung von Mikroorganismen/Säugerzellen bzw. bei der Hochreinigung von Proteinen aus biologischem Material.

Die Prüfungen am Endprodukt bleiben trotz vorhergehender Kontrollen ein Schwerpunkt. So werden international an die Verifizierung der Identität hohe Anforderungen gestellt. Ein wesentliches Problem ist auch die geforderte Reinheit. Da die Reinigung von einem gut definierten, in ausreichender Menge verfügbaren Material ausgeht und die potentiellen Kontaminanten bekannt sind, sollte es möglich sein, Reinheiten von bis zu > 99 % zu erreichen - Anforderungen, denen konventionelle Biologika zumeist nicht genügen. Eine Reihe problematischer Verunreinigungen (z.B. Erreger der Creutzfeld-Jacob-Disease in hypophysärem humanem Somatotropin (HGH), HIV und HBV in aus Blut gewonnenen Präparaten) spielen keine Rolle mehr. Andere Kontaminanten wie DNA und weitere Zellbestandteile aus dem WVS, bestimmte Viren und modifizierte Proteine sind jedoch von großer Relevanz.

Fragen im Zusammenhang mit der Herstellung und der Qualität von rDNA-AM werden in jüngster Zeit eingehend in der Literatur diskutiert (WHO 1983; Liu et al., 1985; Lasagna, 1986; Duncan et al., 1987; Graham, 1987; Löwer, 1987; APV, 1988; Bachmayer, 1988; Cassani, 1988; EOQC, 1988; Finkle, 1988; Garnick et al., 1988; Werner et al., 1988; Garnik, 1989; Werner und Langlouis-Gau, 1989). Auch entsprechende Empfehlungen und Richtlinien liegen vor, z.T. noch als Entwurf oder nicht verbindliche Regelung.

7.2. Internationale und nationale Empfehlungen und Regelungen

Eine wesentliche Diskussionsgrundlage sind die "Points to consider" der US-amerikanischen Arzneimittelbehörde zur Qualität von rDNA-AM (FDA, 1985). Im Arzneispezialitätenausschuß (Committee for Proprietary Medical Products - CPMP) der Europäischen Gemeinschaft wurde ein Arbeitsausschuß für Biotechnologie/Pharmazie gebildet, der Materialien zur Charakterisierung von rDNA-AM (CPMP, 1987) und Cytokinen (CPMP, 1988) sowie zur präklinischen Prüfung biotechnologischer AM (CPMP, 1989) erarbeitet hat. Die WHO publizierte bereits 1983 allgemeine Anforderungen an rDNA-AM, es folgten konkrete Requirements für rekombinante Hepatitis-B-Impfstoffe (WHO, 1987) und humane Interferone (WHO, 1988). Gegenwärtig werden "Guidelines for assuring the quality of pharmaceutical preparations made by recombinant DNA technology" diskutiert. Die Aufnahme von Monographien über biotechnologische AM in die US-Pharmakopöe ist vogesehen (Schmitz et al., 1988; PMA, 1989).

In der Europäischen Gemeinschaft ist seit 1987 ein sogenanntes "Konzertierungsverfahren" für rDNA-AM und monoklonale Antikörper (mAk) obligatorisch (Granitza, 1988). Gemäß der entsprechenden Richtlinie des Rates (Rat der EG, 1987) erteilt der CPMP (bestehend aus Vertretern der Zulassungsbehörden der 12 Mitgliedsländer) den nationalen Kontrollbehörden, denen ein Antrag vorliegt, eine Empfehlung für oder gegen das Inverkehrbringen. Damit wird eine weitgehende Harmonisierung der Anforderungen erreicht, wobei die Grundlage für die Beurteilung des Zulassungsteils "Chemische, pharmazeutische und biologische Dokumentation" die genannten Empfehlungen sind.

7.3. Charakterisierung der Produktion

7.3.1. Produktionszellen

Ausgangspunkt der Produktion sind rekombinante prokaryotische (z.B. E. coli, B. subtilis) oder eukaryotische Expressionssysteme (z.B. Hefen, Insekten-, Säugerzellen), deren "design" wesentlich die Qulität des produzierten Proteins bestimmt. Prüfungen sind deshalb bereits auf dieser Stufe notwendig. Es müssen Angaben vorliegen zu
- Herkunft, Identifizierung und DNA-Sequenz des proteinkodierenden Gens
- Konstruktion des Vektors, Lage von (Resistenz-) Markern, Lage wichtiger Restriktionsorte und bekannter Expressions-Kontrollelemente, ggf. DNA-Sequenz des Vektors
- phäno- und genotypische Charakterisierung der Wirtszelle
- Methodik des Vektortransfers, Status des Vektors im Wirt
- Marker zur Charakterisierung des WVS.

Die Wahl des WVS hängt von den Eigenschaften des herzustellenden Proteins ab. So werden komplexe Proteine (hohe Molekülmasse, viele Disulfidbrücken, Glykosilierung / andere posttranslationale Modifikationen) bevorzugt in Eukaryoten produziert.
Im Hinblick auf mögliche Gefahren durch Verunreinigungen im Produkt bestehen beim Einsatz von Säugerzellen jedoch bestimmte Bedenken. Das Problem einer Kontamination von AM aus kontinuier-

lichen Zellinien (unabhängig davon, ob sie rekombiniert sind oder nicht) mit DNA, Viren und transformierten Proteinen ist bereits intensiv diskutiert worden (van Wezel, 1982; Petricciani, 1985, 1987; Petricciani et l., 1982; WHO, 1987a, 1987b). Entsprechende Empfehlungen zu den Anforderungen wurden erarbeitet (FDA 1987; WHO 1987c; CPMP 1988a). Danach werden Zellinien auf das Vorhandensein von Bakterien, Pilzen, Mykoplasmen, Viren und aktivierten Onkogenen sowie auf tumorigene Eigenschafen geprüft. Wesentlich ist auch der Identitätsbeweis anhand morphologischer, immunologischer und zytogenetischer Kriterien. Natürlich können diese Anforderungen nicht losgelöst vom Produkt gestellt werden. So sind die Art der Reinigung, die Indikation und der Applikationsmodus des AM zu berücksichtigen. Auch die Spiezes und der Zelltyp beeinflussen das potentielle Risiko (hoch z.B. bei humanen Knochenmarlk- und Blutzellen, niedrig bei Zellen aviären Ursprungs (WHO, 1987 a) und damit den Umfang notwendiger Prüfungen.

7.3.2. Kultivierung

Der Einsatz des WVS muß nach einem von der nationalen Kontrollbehörde bestätigten Saat-lot-Verfahren erfolgen. Durch eine umfassende Charakterisierung des primären Saatmaterials (Master Cell/Seed Bank) und Gewinnung des sekundären Saatmaterials (Manufacturer's Working Cell/Seed Bank) unter definierten Bedingungen wird die notwendige Homogenität gewährleistet.
Voraussetzung für diese Verfahrensweise ist die nachgewiesene Stabilität des WVS bei Lagerung.
Das Saatmaterial muß frei sein von infektiösen Agentien (Bakterien, Pilze, Mykoplasmen, Viren). Das Vorhandensein endogener Viren kann in Ausnahmen akzeptiert werden, wenn durch den Reinigungsprozeß eine Virus-Inaktivierung oder -Eliminierung gesichert ist (CPMP, 1987).
An die Kultivierung selbst können aufgrund der Verschiedenartigkeit der verwendeten WVS, der Medien und der Kultivierungstechnik nur allgemeine Forderungen gestellt werden. Ziel der Prüfungen ist es, zur Sicherung eines hohen Grades der Reproduzierbarkeit des Verfahrens einen hohen Grad der Reproduzierbarkeit der quali-

tativen und quantitativen Leistungen des WVS zu erreichen.
Optimale Bedingungen für eine sichere Produktion müssen gegeben
sein (validierte Ausrüstung, Sterilbedingungen, Prozeßüberwachung
etc.). Alle verwendeten Medien und Hilfsstoffe müssen geprüft
sein. Der Zusatz von Antibiotika und Seren zu den Medien ist
weitgehend zu vermeiden; ß-Lactam-Antibiotika dürfen nicht eingesetzt werden. Mindestens für den Zeitram der Kultivierung muß
die Sterilität des WVS gewährleistet sein.
Der Nachweis der Reproduzierbarkeit des Kultivierungsverfahrens
erfolgt an mehreren unabhängigen Produktionsläufen. Erfaßt werden
wesentliche Prozeßparameter, die Produktausbeute und der Prozentsatz vektortragender Zellen. Von entscheidender Bedeutung ist der
Beweis der Integrität des Vektors und des insertierten Gens durch
Restriktionsnanalyse, DNA-Sequenzierung bzw. Charakterisierung
auf Transkriptionsebene nach Abschluß der Kultivierung.

7.3.3. Reinigung

Durch eine Kombination insbesondere chromatographischer Verfahren
gelingt es, eine Proteinreinheit von > 99 % zu erreichen (Werner
u. Berthold, 1988; Sene u. Boschetti, 1988; s. auch Wondraczek,
1991). Voraussetzung ist die Kenntnis der Sicherheit, Effizienz
und Reproduzierbarkeit der Reinigungsschritte. Ein entsprechender
Nachweis ist an mehrern Produktionsläufen zu führen. Eine Validierung ist vor allem im Hinblick auf die Reduzierung relevanter
Verunreinigungen erforderlich. Durch Modelluntersuchungen mit
markierten Kontaminanten wird der Reduktionsfaktor einzelner
Reinigungsschritte ermittelt. So führten Jones und O'Connor
(1985) entsprechend die Validierung von in E. coli exprimiertem
HGH durch. Nach Kultivierung des WVS (ohne HGH-Gen) mit ^{14}C- und
^{35}S-markierten Substraten wurde der markierte E. coli-Extrakt der
in üblicher Weise geernteten Biomasse zugesetzt und die Abnahme
der Radioaktivität verfolgt. Im Produkt wurde eine Restkontamination von 0,1 % nachgewiesen.
Zu den ersten Reinigungsschritten gehört im allgemeinen die Affinitätschromatographie (effiziente Produktkonzentrierung, Abtrennung proteolytischer Enzyme). Die Immunaffinitätschromatographie

(IAC) wird jedoch durch eine mögliche Immunglobulin-Kontamination des Produkts kompliziert. So wies Hochuli (1988) im Eluat der IAC-Säule zur Reinigung von Interferon α-2a meßbare Mengen Maus-Immunoglobulin nach, die aber durch nachfolgende Reinigung bis unter die Nachweisgrenze des eingesetzten ELISA entfernt wurden. Da eine Kontamination mit mAk nicht völlig ausgeschlossen werden kann, müssen diese hinsichtlich ihrer Reinheit durch Methoden charakterisiert sein, die auch für mAk zur Anwendung am Menschen eingesetzt werden (CPMP, 1988 b).
Lambert (1989) schlägt darüber hinaus vor, in der mAk-Produktion grundsätzlich einen Virusinaktivierungsschritt vorzusehen, die Leakage der Säulen zu reduzieren und die Wiederverwendung zu standardisieren.
Ein weiterer, wesentlicher Aspekt der Reinigungsverfahren ist natürlich ihre Kompatibilität mit dem zu reinigenden Produkt, die gesichert sein muß.

7.4. Charakterisierung des Arzneistoffes

7.4.1. Identität

Die Charakterisierung des rekombinanten Proteins bleibt trotz Validierung der Produktion das wichtigste Anliegen der Prüfungen. Zur Verifizierung der Identität sollte in die Untersuchungen, soweit möglich, eine Standardsubstanz einbezogen werden. Durch die WHO wird deshalb angestrebt, biologische Standards nicht nur für den Bioassay, sondern auch für physikochemische Untersuchungen zur Verfügung zu stellen (1988 a). Als Vergleich kann ein hochgereinigtes, konventionell produziertes Protein dienen. Für modifizierte Moleküle (protein design) ist dies natürlich nicht möglich.
Der Identitätsnachweis erfolgt hauptsächlich durch die im folgenden diskutierten physikochemischen, biochemischen, biologischen und immunologischen Methoden.
Essentiell ist die Ermittlung der Primärstruktur mit Hilfe der üblichen Verfahren. Ob eine vollständige Sequenzierung erforderlich ist, hängt von der Art und den Ergebnissen weiterer Unter-

suchungen ab. Immer aber ist eine Bestimmung der aminoterminalen Aminosäuren und des Carboxy-Terminus erforderlich.
Da proteinkodierende Gene in bakteriellen Systemen zumeist ohne Signalsequenzen kloniert werden, beginnt das synthetisierte Protein stets mit der Aminosäure (As) Methionin (bzw. N-Formyl-Met oder N-Acetyl-Met (Rose et al., 1987) und ist damit um eine As verlängert. Durch die bakterielle Met-Aminopeptidase wird diese As wieder abgespalten; der Prozeß verläuft aber nicht immer vollständig und hängt von der nächstfolgenden As ab (Ben-Bassat und Bauer, 1987).
Die zusätzliche As kann die immunogenen Eigenschaften des Proteins so verändern, daß eine Antikörperbildung resultiert, wie sie z.B. für Met-HGH beschrieben wurde (Kaplan et al., 1986). Durch geeignete Verfahren gelingt es, authentische Proteine auch in bakteriellen Systemen zu produzieren. So z.B. HGH in E. coli durch aminoterminal verlängerte Präkursor-Moleküle, die enzymatisch anschließend auf die korrekte Länge gekürzt werden (Dalboge et al., 1987; Fryklund 1987). Es ist evident, daß auch dieses proteolytische Prozessing durch die Charakterisierung des Aminoterminus überwacht werden muß.
Eine hervorragende Ergänzung der Teilsequenzierung ist das peptide mapping. Dabei werden die nach endoproteolytischer Spaltung (z.B. mit Trypsin) erhaltenen Proteinfragmente zumeist mittels HPLC getrennt. Das Peakmuster ist charakteristisch für das Protein (und die eingesetzte Endoprotease). Die Sensitivität dieser Methode ist sehr hoch. So lassen sich HGH und Met-HGH eindeutig unterscheiden, ebenso authentischer und mutierter Gewebsplasminogenaktivator [Austausch Glu → Arg in Position 275] (Garnick et al., 1988).
Zur Charakterisierung der räumlichen Struktur bieten sich die CD-Spektroskopie, die Röntgendiffraktometrie und die NMR an. Die Röntgenstrukturanalyse wird häufig eingesetzt [z.B. TNF (Lewitt-Bentley et al., 1988); IL2 (Fujishima et al., 1987); GM-CSF (La-Londe et al., 1989)]. Dies sind jedoch keine Routinemethoden und ihr Einsatz zur Charakterisierung der Raumstruktur wird nicht notwendig gefordert. Wesentliche Hinweise erwartet man vielmehr aus einer Synopsis weiterer Ergebnisse, insbesondere vergleichender Untersuchungen mit dem nativen Protein zur biologischen Wirk-

samkeit (Bioassay - Integrität rezeptorbindender Areale) und zu den immunologischen Eigenschaften (EIA etc. - Epitop-Integrität). Für modifizierte Proteine ist dieses Herangehen weniger geeignet.

Wichtig ist auch die Prüfung der korrekten Ausbildung von Disulfidbrücken (Gellersfors et al., 1989; Raschdorf et al., 1988). Die Charaktersierung der Kohlenhydratseitenketten ist von Bedeutung, da ihre qualitative und quantitative Zusammensetzung biologische Aktivität, Immunogenität und pharmakokinetische Parameter beeinflussen kann. Da die Glykosilierung spezies- und zellspezifisch erfolgt, werden rekombinante Glykoproteine sich stets mehr oder weniger vom nativen Protein unterscheiden.

Welche Abweichungen zulässig sind und wie eingehend die Charakterisierung erfolgen muß, ist eine - besonders bei N-Glykosilierungen - noch offene Frage (Parekh et al., 1989). Das bereits zugelassene Erythropoietin ist ein Beispiel, bei dem die Glykosilierung eingehend analysiert wurde (Sasaki et al., 1987, 1988; Broudy et al., 1988; Gotto et al., 1988; Fukuda et al., 1989). Offenbar treten aber schon in vivo im Serum verschiedene Molekülformen auf (Sherwood et al., 1988) und die Aussagefähigkeit eines Vergleiches zwischen dem aus Urin isolierten "nativen" Erythropoietin und dem rekombinanten Protein ist ohnehin zweifelhaft (Hirth et al., 1988).

Elektrophoretische und chromatographische Techniken sind ein weiterer Schwerpunkt. Es werden Angaben zur Molekülmasse, zum Muster bei der isoelektrischen Fokussierung und zum Retentionsverhalten in unterschiedlichen chromatographischen Trennsystemen erhalten, die gleichzeitig auch im Sinne einer Reinheitsprüfung ausgewertet werden können.

Der Stellenwert biologischer und immunologischer Methoden wurde bereits angedeutet. Die vielen Einflußfaktoren bei der Durchführung eines Bioassays sind ein analytisches Problem. Mit keinem anderen Verfahren ist aber eine so komplexe Aussage über die funktionelle Integrität möglich.

Eine umfassende Charakterisierung biologischer Wirkungen in verschiedenen In-vivo- und In-vitro-Systemen ist eine wesentliche Forderung.

7.4.2. Reinheit

Prinzipiell dürfen im Herstellungsprozeß eingesetzte Substanzen (z.B. Antibiotika, Proteasehemmer, Sorbentien) im Produkt nicht mehr nachweisbar sein.
Grenzwerte werden festgelegt für:
- Fremdproteine (aus dem WVS, Kulturmedien)
- DNA, Viren, Endotoxine
- modifizierte Arzneistoffmoleküle (durch Sulfoxidierung, Amidierung, Desamidierung etc.)
- Aggregate und Fragmente des Proteins.

Der zulässige Gehalt an Fremdproteinen wird in Abhängigkeit von deren physikochemischen Eigenschaften (Entfernbarkeit) und biologischen Wirkungen (insbesondere Immunogenität) sowie dem vorgesehenen Einsatz des AM festgelegt. Bei einer systemischen Dauertherapie bedeutet das z.B. eine strikte Begrenzung im ppm-Bereich. Zum Nachweis von Zellprotein werden immunologische Techniken (ELISA) eingesetzt, wobei polyklonale Seren im Immunblot mit dem zu erwartenden Proteinspektrum zu prüfen sind.
Eine viel diskutierte Verunreinigung ist DNA aus dem WVS. Bei Einhaltung eines Grenzwertes von 100 pg DNA proparental applizierter Humandosis (WHO, 1987 a) besteht nach heutigem Wissensstand allein aus quantitativen Gründen praktisch kein Risiko einer Tumorinduktion beim Patienten. Darüber hinaus ist residuale DNA infolge Fragmentierung biologisch weitgehend inaktiv; sie wird in vivo rasch abgebaut und auch eine Aufnahme in Zellen ist wenig wahrscheinlich (Petricciani et al., 1982; Doehmer, 1987). Der DNA-Gehalt in den zugelassenen Produkten liegt im allgemeinen deutlich unter der WHO-Grenze. Möglicherweise bringt aber erst die breite Anwendung von rDNA-AM neue Erkenntnisse.
Zum direkten Nachweis von DNA werden die üblichen DNA-Hybridisierungstechniken eingesetzt, zunehmend sicher mit nicht radioaktiv markierten Sonden. Die Nachweisgrenze der Verfahren liegt bei 0,1 bis 1 pg DNA. Nachteilig ist jedoch der hohe Aufwand bei der Durchführung und die Abhängigkeit der Ergebnisse von den konkreten Versuchsbedingungen (Sondeneigenschaften, Prähybridisierung, Stringenz von Waschschritten). Eine Alternative bietet

z.B. eine speziell zur AM-Kontrolle entwickelte, unspezifische Methode auf der Basis DNA-bindender Proteine und Anti-DNA-mAk (Briggs et al., 1989; McKnabb et al., 1989). Die Virusabwesenheit im Produkt wird durch entsprechende Kontrollen des WVS und der Produktion gewährleistet, in bestimmten Fällen ist auch eine Produktprüfung notwendig. Zum Nachweis bieten sich zunehmend Techniken auf der DNA-Ebene durch Hybridisierung, ggf. nach PCR-Amplifizierung vorhandener viraler DNA an.
Endotoxine können aus den für die konventionelle Biologika-Produktion bekannten Quellen in das Produkt gelangen. Daneben sind sie als spezifische Verunreinigung bei Einsatz bakterieller Systeme zu beachten (Krüger, 1989). Hinsichtlich der Grenzwerte gelten die üblichen Anforderungen.
Der Einsatz des Kaninchen-Pyrogentests und des Limulus-Amöbocyten-Lysat-Tests allein scheint nicht immer ausreichend zu sein. So führte eine in beiden Tests negative Met-HGH-Charge zu pyrogenen Nebenwirkungen bei Probanden (Dinarello et al., 1984). Nur mit einem speziellen Testsystem (Inkubation der Substanz mit isolierten, peripheren Humanmonocyten und Messung des IL 1- und TNF-Release) war ein Pyrogennachweis möglich. Das Problem ist nicht auf rDNA-AM beschränkt, auch für Humanalbumin wurde ein analoges Phänomen beschrieben (Poole et al., 1988). Entsprechende Untersuchungen sollten zumindest bei der Verfahrensetablierung vorgenommen werden.
Die Festlegung des zulässigen Gehalts modifizierter Arzneistoffmoleküle hängt von deren Eigenschaften, insbesondere ihrer biologischen Wirksamkeit und toxikologischen Relevanz ab. Höhere Konzentrationen dieser Verunreinigungen deuten auf ein nicht-optimales Produktionsverfahren hin.
Ein Monosulfoxid- und zwei isomere Desamido-Derivate von rekombinantem HGH weisen z.B. die gleiche biologische Aktivität wie HGH auf und verhalten sich in einem Sandwich-ELISA (2 mAk mit differenten Paratopen) identisch (Becker et al., 1988). Sie sind also aus dieser Sicht unbedenklich.
Die Aggregierung und Fragmentierung ist ein weiteres, generell für Protein-AM relevantes Problem. Die Festlegung eines Grenzwertes ist nur für das konkrete Produkt bzw. Herstellungsverfahren möglich. Der Nachweis dieser Verunreinigungen kann problematisch

sein, da Aggregate unter den Analysebedingungen häufig gespalten werden. So konnten Becker et al. (1987) ein HGH-Dimer durch Ausschlußchromatographie (HPSEC - High Performance Size Exclusion Chromatography) nachweisen, nicht aber mit den gerade für Reinigungsprüfungen eingesetzten PAGE-Techniken. Das nachgewiesene HGH-Dimer ist deutlich weniger wirksam als HGH und wurde in Konzentrationen von 1-2 % nachgewiesen.
Chromatographische und elektrophoretische Verfahren sind essentiell für die Reinheitsprüfung von rDNA-AM. Eine wichtige Forderung ist die elektrophoretische Homogenität des Proteins.
Schließlich unterliegen rDNA-AM den üblichen Reinheitsprüfungen, wie Prüfung auf Sterilität, oder Prüfung auf anomale Toxizität etc.

7.4.3. Gehalt / Wirksamkeit

Die Bestimmung des Proteingehalts erfolgt mit den üblichen Methoden. Die quantitative Bestimmung der Aminosäurezusammensetzung ist das zuverlässigste, zugleich aber auch aufwendigste Verfahren, das für Proteine mit einer Molekülmasse von < 10 kD zugleich Informationen zur Identität liefert.
Die Durchführung eines Bioassays ist zur Identitätsprüfung essentiell, bei der quantitativen Wertbemessung setzen sich zunehmend alternative Verfahren (Radiorezeptorassay (RRA), chromatographische Techniken) durch. So wurde zur Insulin-Wertbestimmmung der RRA vorgeschlagen (Sjödin u. Viitanen, 1987, Baxter 1986); die amerikanische Pharmakopöe sieht eine HPLC-Bestimmung vor /USP, 1985/.
Riggin et al. (1988) fanden eine ausgezeichnete Korrelation der HPSEC-Bestimmung von HGH mit den Ergebnissen des Tibia-Tests. Die Deklaration der Wirksamkeit des HGH-Präparats Syzen^R (SERONO) basiert auf einem RRA.
Untersuchungen der Korrelation der biologischen Wertbestimmung mit anderen Methoden sollten ein fester Bestandteil der Produktcharakterisierung sein.

7.5. Qualitätssicherung bei Routineproduktion

Nachdem im Rahmen der Begutachtung die Reproduzierbarkeit und Sicherheit der Produktion sowie die Wirksamkeit und Reinheit des AM nachgewiesen wurden, erfolgt mit der Zulassung die Festlegung der notwendigen Prüfungen zur Qualitätssicherung bei Routineproduktion. Diese Fragen müssen auf das jeweilige AM bezogen konkret diskutiert werden.

Unter Berücksichtigung der Vorschläge von Bachmayr (1988) könnte die chargenmäßige Prüfung am Endprodukt etwa wie folgt aussehen:
- Bestimmung des Proteingehaltes und der biologischen Aktivität (sowie der spezifischen Aktivität)
- Bestimmung der aminoterminalen AS, peptide mapping
- Bestimmung der Molekülmasse und des isoelektischen Punktes
- Bestimmung des Gehaltes an Aggregaten und Fragmenten
- Prüfung auf bestimmte Verunreinigungen (z.B. mAk, DNA, Viren, Fremdproteine)
- Prüfung auf Sterilität, Endotoxine, anomale Toxizität.

Ziel aller Überlegungen muß eine sinnvolle Kombination von Prüfungen der Ausgangsmaterialien, der Produktion und des Produkts sein, die bei vertretbarem Aufwand eine hohe Qualität des rDNA-AM gewährleistet.

7.6. Literatur

APV - Arbeitsgemeinschaft für Pharmazeutische Verfahrenstechnik, Qualitätsbeurteilung von Arzneimitteln auf gentechnologischer Basis, Seminar 17.-18.10.1988, Mainz.
Bachmayer, H., Arzneimittelforsch. $\underline{38}$ (1988), 590-591.
Baxter, D., J. Biol. Stand. $\underline{14}$ (1986), 319-330.
Becker, G.W., Bowsher, R.R., Mackellar, W.C., Biotechnol. Appl. Biochem. $\underline{9}$ (1987), 478-487.
Becker, G.W., Tackitt, P.M., Bromer, W.W., Biotechnol. Appl. Biochem. $\underline{10}$ (1988), 326-337.
Ben-Bassat, A., Bauer, K., Nature $\underline{326}$ (1987), 315.

Briggs, J., Jung, V.T., Pontis, G., Am. Biotechnol. Lab. 7 (1989), 34-38.
Broudy, V.C., Tait, J.F., Powell, J.S., Arch. Biochem. Biophys. 265 (1988), 329-336.
Cassani, G., Arzneimittelforsch. 38 (1988), 762-764.
CPMP, Trends Biotechnol. 6 (1988 a), G9-G12.
CPMP, On the acceptability of cell substrates for the manufacture of biologicals intended for clinical use. Draft, 1988 a.
CPMP - Committee for Proprietary Medical Products, Trends Biotechnol. 5 (1987), G1-G4.
CPMP, Trends Biotechnol. 6 (1988 b), G5-G8.
CPMP, J. Biol. Standard 17 (1989), 203-212.
Dalboge, H., Dahl, H.H.M., Pedersen, J., Biotechnology 5 (1987), 161-164.
Dinarello, C.A., O'Conner, J.V., Lo Preste, G., Swift, R.L., J. Clin. Microbiol. 20 (1984), 323-329.
Doehmer, J., Develop. Biol. Standard. 68 (1987), 33-41.
Duncan, M.E., Charlesworth, F.A., Griffin, J.P., Trends Biotechnol. 5 (1987), 325-328.
EOQC - European Organization for Quality Control, Pharma Section, Quality assurance in the manufacture of products derived from biotechnology, Conference 1.-2.12.1988, Frankfurt/M.
Finkle, B., J. Chem. Technol. Biotechnol. 43 (1988), 313-327.
FDA - Food and Drug Administration, Office of Biologics Research and Review, Points to consider in the production and testing of new drugs and biologicals produced by recombinant DNA technology, Draft, 1985.
FDA, Points to consider in the characterization of cell lines used to produce biologicals, Draft, 1987.
Fryklund, L., Acta Paediatr. Scand. 331 (1987), 5-8.
Fujishima, A., Hakoshima, T., Tomita, K., J. Mol. Biol. 197 (1987), 373-374.
Fukuda, M., Sasaki, H., Fukuda, M.N., Contrib. Nephrol. 76 (1989), 78-89.
Garnick, R.L., J. Pharm. Biomed. Anal. 7 (1989) 255-266.
Garnick, R.L., Solli, N.J., Papa, P.A., Anal. Chem. 60 (1988), 2546-2557.

Gellerfors, P., Eketorp, G., Fhölenhag, K., J. Pharm. Biomed. Anal. 7 (1989), 173-183.

Goto, M., Akai, K., Murakami, A., Biotechnology 6 (1988), 67-71.

Graham, Ch.E., Preclinical safety of biotechnology products intended for human use. New York: Alan R. Liss, 1987.

Granitza, A., Pharm. Ind. 50 (1988), 49-53.

Hirth, P., Wieczorek, L., Scigalla, P., Contrib. Nephrol. 66 (1988), 38-53.

Hochuli, E., J. Chromatogr. 444 (1988), 293-302.

Jones, A.J.S., O'Connor, J.V., Dev. Biol. Stand. 59 (1985), 175-180.

Kaplan, S.L., August, G.P., Blethen, S.L., Lancet I (1986), 697-700.

Krüger, D., Pharm. Ind. 51 (1989), 671-674.

La Londe, J.M., Hanna, S.L., Rattoballi, R., J. Mol. Biol. 205 (1989), 783-785.

Lambert, K.J., J. Chem. Technol. Biotechnol. 45 (1989), 45-47.

Lasagna, L., Regul. Toxicol. Pharmacol. 6 (1986), 385-390.

Lewitt-Bentley, A., Fourme, R., Kahn, R., J. Mol. Biol. 189 (1988), 389-392.

Liu, D.T., Gates, F.T., Goldman, N.D., Dev. Biol. Stand. 59 (1985), 161-166.

Löwer, J., J. Pharmatechnol. 7 (1986/1987), 4, 36-39.

McKnabb, S., Rupp, R., Tedesco, J.L., Biotechnology 7 (1989), 343-347.

Parekh, R.B., Dwek, R.A., Edge, C.J., Rademacher, T.W., Trends Biotechnol. 7 (1989), 117-122.

Petricciani, J.C., Dev. Biol. Stand. 59 (1985), 149-153.

Petricciani, J.C., in: Animal cell biotechnology, Vol. 3 (Eds.: Spier, R.E., Griffiths, J.B.), London: Academic Press Ltd., 1988, 14-25.

Petricciani, J.C., Salk, P.L., Salk, J., Noguchi, P.D., Dev. Biol. Stand. 50 (1982), 15-25.

PMA - Pharmazeutical Manufacturer's Association, Quality Control Section, Pharmacop. Forum 15 (1989), 5402-5405.

Poole, S., Thorpe, R., Meager, A., Gearing, A.J.H., Dev. Biol. Stand. 69 (1988), 121-123.

Raschdorf, F., Dahinden, R., Maerki, W., Biomed. Environm. Mass Spectrom. 16 (1988), 3-8.

Rat der Europäischen Gemeinschaft, Richtlinie des Rates vom 22. Dezember 1986 (87/22/EWG), Bundesanzeiger v. 2.7.1987.

Riggin, M.R., Shaar, C.J., Dorulla, G.K., J. Chromatogr. 435 (1988), 307-318.

Rose, K., Savoy, L.-A., Simona, M.G., Anal. Biochem. 165 (1987), 59-69.

Sasaki, H., Bothner, B., Dell, A., Fukuda, M., J. Biol. Chem. 262 (1987), 12059-12076.

Sasaki, H., Ochi, N., Dell, A., Fukuda, M., Biochemistry 27 (1988), 8618-8626.

Schmitz, A.J., Fitzgerald, E.A., Gray, A., Dabbah, R., Pharmacop. Forum 14 (1988), 4616-4620.

Sene, C., Boschetti, E., in: Downstream processes: equipment and techniques (Ed.: Mizrahi, A.). New York: Alan R. Liss Inc., 1988, 205-240.

Sherwood, J.B., Carmichael, L.D., Goldwasser, E., Endocrinology 122 (1988), 1472-1477.

Sjödin, L., Viitanen, E., Pharm. Res. 4 (1987), 189-194.

USP - United States Pharmacopeia XXI, Rockville: USP Convention, 1985, 537.

Werner, R.G., Berthold, W., Arzneimittelforsch. 38 (1988), 422-428.

Werner, R.G., Langlouis-Gau, H., Arzneimittelforsch. 39 (1989), 108-111.

Werner, R.G., Langlouis-Gau, H., Walz, H., Arzneimittelforsch. 38 (1988), 855-862.

Wezel, A.L. van, Marel, P. van der, Beveren, C.P. van, Dev. Biol. Stand. 50 (1982), 59-69.

WHO - World Health Organization, Bull. WHO 61 (1983), 897-911

WHO, WHO Techn. Rep. Ser. 760 (1987), 106-138.

WHO, Acceptability of cell substrates for production of biologicals, WHO Techn. Rep. Ser. 747 (1987 a).

WHO, Cells, products, safety, Dev. Biol. Stand. 68 (1987 b).

WHO, WHO Techn. Rep. Ser. 745 (1987 c), 93-107.

WHO, WHO Techn. Rep. Ser. 771 (1988), 170-193.

WHO, WHO Techn. Rep. Ser. 711 (1988 a), 11-12.

Wondraczek, R., Aufarbeitung und Reinigung von rDNA-Produkten. In: Aktuelle Probleme der Toxikologie, Bd. $\underline{8}$ (Hrsg.: Klöcking, H.-P., Hoffmann, H., Güttner, J.), Berlin: Verlag Gesundheit GmbH 1991, S. 43

8. Die toxikologische Prüfung von rekombinanten DNA-Produkten

U. Horn und H. Hoffmann

8.1. Einleitung

Die Entwicklung der rekombinanten DNA-Technik ermöglicht die Herstellung von speziesspezifischen natürlichen oder modifizierten Wirkstoffen. Herstellung, Qualitätskontrolle und Anwendungssicherheit derartiger biologisch aktiver Proteine, die durch pro- und eukaryotische Systeme produziert werden, werfen eine Reihe von Problemen auf, die bei "klassischen" Arzneimitteln nicht auftreten.
Die Erfahrungen auf diesem Gebiet der Wirkstoffherstellung und -prüfung sind derzeit noch begrenzt. Dies schließt auch ein, daß notwendige Prüfstrategien diskutiert werden, die einerseits die hinreichende Sicherheit bei der klinischen Anwendung dieser Produkte garantieren, andererseits ihre Entwicklung nicht hemmen.

Bei der Anwendung humanspezifischer Proteine wie Interferone, Interleukine, Tumornekrosefaktor u.a. am Patienten traten Nebenwirkungen auf, die in vorangegangenen präklinischen Prüfungen nicht beobachtet worden sind. So kam es z.B. nach Gabe von α-Interferon bei Patienten zu Fieber, Gewichtsverlust, Leukopenie und gelegentlich zum Anstieg der Transaminasen (Dziewanowska et al., 1984; Scott et al., 1981; Sherwin et al., 1982; Honisberger et al., 1983; Rohatiner et al., 1983; Omata et al., 1985; Wagstaff et al., 1984). Diese Art von Nebenwirkungen können im Tierversuch relativ gut verifiziert werden. Der Grund für das Versagen der Tiermodelle im Falle der rekombinanten DNA-Produkte ist darin zu sehen, daß diese Proteine an nichthomologen Spezies getestet werden. Ihre wiederholte Applikation führte vor allem zu unspezifischen und spezifischen Immunreaktionen bis zur Bildung neutralisierender Antikörper.

8.2. Die Sicherheitsprüfung rekombinanter DNA-Produkte

Konkrete international akzeptierte Anforderungen an die Charakterisierung des Wirts-Vektor-Systems, die Herstellung- und Reinigungsverfahren sowie des Endprodukts bezüglich Identität, Reinheit und Gehalt sind formuliert worden (Alder und Zbinden, 1988; s. Reh und Jacker, 1990). Diese Angaben für ein bestimmtes Produkt sind die Voraussetzung für dessen experimentelle toxikologische Prüfungen. Obwohl heute für einige biologische Erzeugnisse (darunter biotechnologische Erzeugnisse) ein Reinheitsgrad von 95 % erzielt werden kann, sind die einzelnen Chargen wegen des Charakters der biologischen Produktion im allgemeinen größeren Schwankungen ausgesetzt als die entsprechenden chemisch definierten Erzeugnisse. Unter diesen Umständen erhalten Kontrollen der laufenden Produktion und die Grundsätze guter Herstellungspraktiken (GMP) eine wesentlich größere und die vorklinischen Toxizitätstests eine wesentlich geringere Bedeutung als dies für chemisch definierte Erzeugnisse der Fall wäre (Regelung der Arzneimittel in der EG, 1989).

1985/86 stellte sich eine Expertengruppe aus Vertretern führender Pharmakonzerne die Aufgabe, die bisher vorliegenden Erfahrungen und Ergebnisse auf diesem Gebiet zusammenzufassen und eine Strategie für zukünftige Testungen zu entwickeln (Teelman et al., 1986). Die daraus resultierenden Anforderungen an die Sicherheitsprüfung von rekombinanten DNA-Produkten weist Tabelle 8.1. aus. Die in diesem Rahmen erforderlichen klinisch-chemischen Untersuchungen werden sich nach dem Wirkungsspektrum der Substanz richten. So wird das Spektrum der Untersuchungen bei der Prüfung z.B. von Tumornekrosefaktor anders aussehen als die von Insulin oder Gewebeplasminogenaktivator. Die Untersuchungen bei wiederholter Gabe sollten abgebrochen werden, sobald eine positive Immunantwort auftritt. Darüber hinaus werden Untersuchungen über die lokale Verträglichkeit sowie die Testung auf Pyrogenität gefordert. Über die Durchführung von reproduktionstoxikologischen Untersuchungen solle von Fall zu Fall entschieden werden. Ausschluß der Mutagenität sei entbehrlich, wenn Identität und Reinheit des Produktes belegt sind. Dennoch wird ein eingeschränktes Untersuchungsprogramm empfohlen, welches einen Test auf Genmutation und einen zytogenetischen Test beinhaltet.

Tab. 8.1.: Sicherheitsprüfung für rekombinante DNA-Produkte (nach Teelman u. Mitarb., 1986)

	einmalige Gabe	wiederholte Gabe
Spezies	Ratte	Ratte
		Nichtnager
Geschlecht	männlich	männlich
	weiblich	weiblich
Anzahl/Geschlecht/		10 (Ratte)
Gruppe	3 - 5	4 (Nichtnager)
Dosis	10x Anwenderdosis	Anwenderdosis (Mensch)
	(Mensch)	10x Anwenderdosis
		(Mensch)
Applikationsroute	wie Mensch	wie Mensch
Behandlungsdauer	1 x	wie bei Mensch bzw. bis
		positive Immunantwort
Nachbeobachtung	14 Tage	von Fall zu Fall entscheiden
Standardparameter	klinische Beobachtung	klinisch-chemische Untersuchungen entsprechend Richtlinien
Spezielle		
Parameter	-	Immunreaktion
Autopsie	ja	ja
Histologie	bei Bedarf	ja

Der Aussagewert klassischer tierexperimenteller Toxizitätsprüfungen mit rekombinanten Proteinen ist für den Menschen wenig relevant. Dies dürfte auch dann gelten, wenn die für humane Interferone nachgewiesene hohe Speziesspezifität für andere rekombinante Produkte nicht zutrifft. Die potentielle Toxizität humanspezifischer rDNA-Produkte wird entscheidend von Verunreinigung wie

Proteinen nicht humanen Ursprungs (E. coli, Viren), residuale
DNA, Toxine, Fermentations- und Reinigungsrückstände u.a. bestimmt.
Auch wenn bei Anwendung hochempfindlicher Analysemethoden
Identität und Reinheit eines gegebenen Protein- bzw. Peptidpräparates belegt sind, halten Bass und Scheibner (1987) sowie Wilson
(1987) eine tierexperimentelle Sicherheitsprüfung für notwendig.
Es gibt auch Auffassungen, nach denen sich bei hochgereinigten
Präparaten die tierexperimentelle Untersuchung erübrigen könne
(Beining et al., 1987). Dies erscheint insofern anfechtbar, als
bei der Applikation einer bestimmten Verbindung die Konzentration
in einzelnen Organen zeitweilig höher als der physiologische
Level sein dürfte. Mit lokalen Reaktionen muß ebenfalls gerechnet
werden. Um unerwartete Effekte auszuschließen, kann auf subakute
und gegebenenfalls subchronische Studien am Tier nicht verzichtet
werden.

1989 wurden Hinweise und Empfehlungen zur vorklinischen Prüfung
von biotechnologisch hergestellten Arzneimitteln für die EG-Länder herausgegeben (Regelung der Arzneimittel in der EG, 1989).
Hierin werden die Produkte in vier große Erzeugnisgruppen eingeteilt:
- Hormone, Zytokine und andere Regulationsfaktoren
- Blutprodukte
- monoklonale Antikörper
- Vakzine

Jede dieser Gruppen ist aufgrund biochemischer Gesichtspunkte in
drei Kategorien unterteilt worden:
- Polypeptide und Proteine, die nachweislich mit natürlichen
  Human-Polypeptiden und -Proteinen identisch sind
- Polypeptide und Proteine, die mit Human-Polypeptiden und -Proteinen eng verwandt sind, aber bekannte Unterschiede in den
  Aminosäuresequenzen und/oder nach der Translation erfolgte
  Modifikation(en) aufweisen, die die biologische Wirksamkeit
  oder die Immunogenität oder beide beeinflussen können. In diese
  Kategorie gehören auch Proteine, deren Struktur mit derjenigen
  des natürlichen Produktes möglicherweise identisch ist, ohne
  daß dies bisher nachprüfbar wäre.
- Polypeptide und Proteine, die mit Human-Polypeptiden und -Proteinen entfernt verwandt oder nicht verwandt sind (z.B. mono-

klonale Antikörper murinen Ursprungs und virale/ bakterielle Antigene).

Für die Unbedenklichkeitsprüfung werden folgende Empfehlungen gegeben:
- Wahl der Tierart
Die Wahl der geeigneten Tierart sollte anhand der Ergebnisse von pharmakokinetischen und pharmakodynamischen Untersuchungen bezüglich Immunreaktivität und artenspezifischer pharmakologischer Wirkungen erfolgen. Bei länger dauernden Tests (über 4 Wochen) sollten Tierarten benutzt werden, die bekanntermaßen langsam Antikörper gegen die Prüfsubstanz erzeugen.
- Wahl der Dosierung
Bei der Wahl der Dosierung ist die zur Anwendung beim Menschen vorgeschlagene therapeutische und/oder Höchstdosis und die beabsichtigte klinische Verwendung zu berücksichtigen. Eine Reihe ansteigender Dosen sollte zur Untersuchung der Dosis-Zielorgan-Toxizität verwendet werden, wobei es allerdings wahrscheinlich nicht immer möglich ist, solche Dosen anzuwenden, die toxische Wirkungen hervorrufen.
- Pharmakokinetische Untersuchungen
Ziel dieser Untersuchungen sollte es sein, Verhalten und Verlauf von Absorption, Verteilung, Metabolismus und Ausscheidung des Wirkstoffes und dessen Metaboliten bei Tieren zu bestimmen und diese Daten auf den Menschen zu beziehen. Eine pharmakokinetische Untersuchung des biotechnologisch hergestellten Erzeugnisses sollte in einer möglichst frühen Phase der Erzeugnisentwicklung stattfinden. Dazu sollte die Messung der Wirkstoffkonzentration in Abhängigkeit von der Zeit und des zeitlichen Verlaufs der pharmakologischen Wirkung gehören. Diese Angaben sind eine nützliche Orientierung bei der Wahl der Tierart für pharmakologische und toxikologische Prüfungen sowie auch bei der Festlegung der Dauer von Untersuchungen mit wiederholter Verabreichung.
- Pharmakodynamische Untersuchungen
Die pharmakodynamischen Testverfahren sind von Prüfpräparat zu Prüfpräparat unterschiedlich. Das Ziel sollte darin bestehen, unter Verwendung verschiedener Versuchstechniken zu einem Bild

der grundlegenden Wirkungen und Wirkungsweisen innerhalb der bedeutsamen physiologischen Systeme zu gelangen.
- Toxikologische Untersuchungen
Die Wahl der Tierart, der Dosis, des Verabreichungsweges, der Behandlungs- / Versuchsdauer und der Anzahl der verwendeten Tiere soll durch die verfügbaren Daten zur Pharmakokinetik, zum Metabolismus, zur Pharmakodynamik und zur Immunreaktivität des Erzeugnisses sowie durch die möglichen Unterschiede zwischen der verwendeten Tierart und dem Menschen begründet sein.
Nichtphysiologische Dosen oder Verabreichungswege können die Verteilung, die biologischen Wirkungen und das toxikologische Profil des Erzeugnisses beeinflussen. Es sollen Toxizitätsuntersuchungen bei einmaliger und wiederholter Verabreichung erfolgen. Die Wirkungen einer einzelnen hohen Dosis auf die wichtigsten physiologischen Systeme sollten unter Verwendung einer breiten Auswahl von Verfahren untersucht werden. Die für diesen Zweck und für andere Toxizitätsuntersuchungen gewählte Dosis sollte der beabsichtigten Dosierung und Verabreichungsdauer beim Menschen angemessen sein.
Toxizitätsuntersuchungen nach wiederholter Verabreichung sollten durchgeführt werden, wenn die Ergebnisse aus pharmakodynamischen und/oder aus toxikologischen Untersuchungen nach einmaliger Verabreichung als unzureichend für die Beurteilung der Unbedenklichkeit des Prüferzeugnisses betrachtet werden.
Die Beurteilung einer potentiellen Toxizität nach lokaler Anwendung ist wie bei einer chemisch hergestellten Verbindung vorzunehmen.
Die für Arzneimittel geforderten Tests zur Untersuchung des mutagenen und kanzerogenen Potentials werden für biotechnologisch hergestellte Erzeugnisse wahrscheinlich ungeeignet oder undurchführbar sein. Die Forderung nach Anwendung von Kurzzeitstudien zum Nachweis eines mutagenen und kanzerogenen Potentials hängt im großen Maße von der Verfügbarkeit und Empfindlichkeit der Analyseverfahren zur Beurteilung der Identität, Qualität und Reinheit des Erzeugnisses ab. Die Durchführung geeigneter Tests zum Nachweis eines onkogenen/kanzerogenen Potentials hat von der Art des Erzeugnisses, dessen Kontaminanten und dessen Wirkungen auszugehen. Langzeitstudien an Tieren

sollten nur dann durchgeführt werden, wenn in Langzeittests spezielle biologische Wirkungen eines Produktes (z.B. Induktion hyperplastischer oder neoplastischer Zellreaktionen), oder Hinweise auf Toxizitätseigenheiten oder Langzeit-Retention aus früheren Untersuchungen festgestellt werden.

Die beobachteten Wirkungen der biotechnologisch hergestellten Produkte auf das Immunsystem der gewählten Tierart sind möglicherweise nur von geringer Relevanz für die Unbedenklichkeit derartiger Erzeugnisse beim Menschen, da sie die Antikörperbildung und die anschließende Immunkomplexbildung induzieren können. Hinzu kommt, daß zahlreiche neue Erzeugnisse, z.B. Zytokine, tiefgreifenden Einfluß auf das Immunsystem haben und dieser einen wesentlichen Teil ihrer therapeutischen Wirkung(en) darstellen kann. Eine feste Kombination von Tests wird nicht empfohlen.

Zum gegenwärtigen Zeitpunkt kann keine Kombination von Unbedenklichkeitsprüfungen angegeben werden, die auf alle Arten von Erzeugnisgruppen und alle heute verfügbaren chemischen Gruppen anwendbar wäre. Empfehlungen für die Unbedenklichkeitsprüfungen der o.g. Erzeugnisgruppen sind (Regelung der Arzneimittel in der EG, 1989).

8.3. Literatur

Alder, S., Zbinden, G., National and International Drug Safety Guidelines, M.T.C. Verlag Zollikon 1988, Switzerland.

Bass, R., Scheibner, E., Arch. Toxicol. Suppl. 11 (1987), 182-190.

Beining, K., Berghoff, J., Fünfhaus, A., Häußner, W., Schönheit, C., Wolf, M., Studie aus dem Forschungszentrum für Biotechnologie, Berlin, DDR, 1987, unveröffentlicht.

Dziewanowska, Z.E., Bernhardt, L.L., Fein, S., Human clinical trials of bacteria-derived human alpha interferon. In: Recombinant DNA products: insulin, interferon and growth hormone. (Ed. Bollon, A.P.) Boca Raton, Florida: CRC Press Inc., 1984, 115-128.

Honisberger, L., Fielding, J.M., Priestman, T.J., Br. Med. J. 286 (1983), 719.

Omata, M., Imazekiu, F., Yokosuda, O., Ito, Y., Uchiumi, K., Mori, J., Gastroenterology 88 (1985), 870-880.

Regelung der Arzneimittel in der Europäischen Gemeinschaft, Bd. III, Hinweise zur Qualität, Unbedenklichkeit und Wirksamkeit der für den Menschen bestimmten Arzneimittel, 1989.

Reh, H.-R., Jacker, H.-J., Aktuelle Probleme der Toxikologie, Bd. 8, (Hrsg.: Klöcking, H.-P., Hoffmann, H., J. Güttner), Berlin: Verlag Gesundheit GmbH, 1991, S. 78

Rohatiner, A.Z.S., Prior, P.F., Burton, A.C., Smith, A.T., Balkwill, F.R., Lister, T.A., Br. J. Cancer 47 (1983), 419-422.

Scott, G.M., Secher, D.S., Flowers, D., Bate, J., Cantell, K., Tyrell, D.A.J., Br. Med. J. 282 (1981), 1345-1348.

Sherwin, S.A., Knost, J.A., Fein, S., Abrams, P.G., Foon, K.A., Ochs, J.J., Schoenberger, C., Maluish, A.E., Oldham, R.K., JAMA 248 (1982), 2461-2466.

Teelman, K., Hohbach, C., Lehmann, H., and The International Working Group, Arch. Toxikol. 59 (1986), 195-200.

Wagstaff, J., Chadwick, G., Howell, A., Thatcher, N., Scraffe, J.H., Crowther, D., Cancer Chemother. Pharmacol. 13 (1984), 100-105

Wilson, A.B., Arch. Toxicol. Suppl. 11 (1987), 194-199.